佐藤博信◉編

中世東国の社会と文化

中世東国論７

岩田書院

まえがき

本論集『中世東国の社会と文化　中世東国論７』および『中世東国の政治と経済　中世東国論６』は、佐藤博信先生が二〇一六年十月をもって古稀を迎えるにあたり、日頃先生に指導をいただいている者たちが集い、先生への感謝の意を込めて、研究成果を刊行するものである。

先生は一九八〇年四月、千葉大学に着任され、二〇一二年三月末日の定年退職まで、文学部史学科及び大学院等で教鞭を執られた。先生の御研究は、広く東国史を見据えることで関東各地の中世史を解明しようという視角に貫かれている。とりわけ、関東足利氏との関連のなかで安房里見氏・上総武田氏・下総千葉氏について新たな権力像を提示し、「江戸湾」をめぐる水運・商工業者をも視野に入れつつ、安房妙本寺を中心とする日蓮宗寺院の研究等を進められてこられた。さらに先生は、千葉歴史学会の発足時から運営に尽力し、二〇〇五年から二〇一三年五月まで会長として広範囲にわたる人々の中心となり、歴史研究・歴史教育等の発展に貢献されてきた。加えて、先生は自治体史編纂にも携わり、一九九一年から発足した千葉県史編纂事業には当初から参画、やがて中世史部会長として最新の研究成果を反映させた『千葉県の歴史』中世編(資料編・通史編)の執筆・編集・刊行に力を尽くした。

このように歴史研究・教育活動に尽力された先生のもとには、中世東国史の研究を志す者たちが必然と広く集うことになった。その範囲は千葉県内のみならず、関東一円から、職業・経歴・年齢も問わなかったのである。先生が主導してきた千葉歴史学会中世史部会において、文献史学を中心にしつつも、宗教史・考古学・歴史地理学・城郭史・交通史等の様々な分野にわたり、多くの者たちが日頃の成果を報告し、討論を重ね、研鑽を積んできたことはその現れである。先生が千葉大学を定年退職したのちも中世東国史の研究を志す若手を中心に、新たな参加者を得ていることは、先生が築き上げた千葉歴史学会中世史部会の存在の大きさを物語るといえよう。また、何より先生ご自身が今なお、ご論考を多数発表されている事実は、われわれへの大きな励みとなっている。

これまで、われわれは『中世房総の権力と社会』（高科書店、一九九〇年）、『中世東国の地域権力と社会』（岩田書院、一九九六年）、『中世東国の政治構造　中世東国論上』『中世東国の社会構造　中世東国論下』（岩田書院、二〇〇七年）、『中世房総と東国社会　中世東国論4』『関東足利氏と東国社会　中世東国論5』（岩田書院、二〇一二年）という六冊の論集を刊行し、その研究成果を世に問うている。本論集はそれに続くものであり、前回に引き続き多くの方々から論考が寄せられたため二巻構成とし、中世東国史の政治史と経済史を扱った巻と、社会史と文化史を扱った巻とに分けて、論考を収載した。本論集の企画及び編集作業はすべて編集委員会の責任でおこなったが、先生には編者になっていただくとともに、各巻に原稿の執筆をしていただいた。

最後に厳しい出版状況にもかかわらず、本論集の出版を快くお引き受けくださった岩田書院の岩田博氏には心より感謝申し上げる次第である。

二〇一六年十二月

佐藤博信先生古稀記念論集編集委員会
石橋一展　石渡洋平　久保賢司
黒田基樹　滝川恒昭　遠山成一
外山信司　長塚　孝　細田大樹

中世東国の社会と文化　中世東国論7　目次

源範頼をめぐる諸問題

盛本　昌広

はじめに

源範頼は源義朝の六男で、頼朝の弟として、一般的にもそれなりに有名な人物であり、源平合戦や初期の鎌倉幕府に関する概説書や小説などで記述されている。その評価や叙述の多くは、その弟で義朝の九男の義経と対比される形でなされ、義経は軍事的に有能であったが、頼朝からは自立的であり、一方の範頼は頼朝の命に忠実であったが、軍事的には無能であった、という評価が一般的である。そうした評価も影響し、義経に比して、範頼に関して専論と言えるのは野口実氏の論文ぐらいしかない(1)。これには、範頼が後白河院の近臣藤原範季によって、養育されていたことなどが述べられている(2)。

『尊卑分脈』には範頼の母は遠江池田宿の遊女と記されているため、遊女や女性史の研究で言及されることもあるが、これも範頼の専論ではなく、あくまでも事例の一つとしての言及である。これに関連して、源義朝が青墓（岐阜県大垣市）の遊女と交際していたことも注目されているが、範頼の母の存在と関連させて捉えて、その意味を追究する必要があると思われる。また、頼朝の乳母をめぐる問題は女性史のテーマの一つである乳母研究の事例として、しばしば言及される。後述するするように、『吉見系図』は頼朝の乳母の比企氏と源氏一族や有力な御家人が婚姻関係を結んでいたことが記されており、(3)田端泰子氏などによる研究がある。(4)この『吉見系図』は範頼の子孫吉見氏に関する系図である。

ほかに範頼に関しては、横浜市金沢区にある太寧寺に範頼の墓があり、範頼の遺品や肖像画を所蔵していることが知られている。地元では範頼に関する関心が比較的高く、金沢文庫では範頼に関する展示が行なわれ、図録も刊行されている。(5)範頼は遠江国蒲御厨で出生したので、蒲冠者と呼ばれ、金沢区や横須賀市にある蒲谷という名字は範頼の蒲冠者に由来すると言われている。こうした伝承が生まれた理由については従来から様々な推測がなされているが、(6)不明な点が多い。

範頼が史料に初めて現れるのは、『吾妻鏡』の野木宮合戦の際である。野木宮合戦は、治承七年(一一八三)に源(志田)義広(源義朝の弟、頼朝・範頼の叔父)と小山朝政を中心とした武士が下野国野木(栃木県野木町)で戦ったものであり、概説書や北関東の自治体史などでよく言及されている。この合戦の時に範頼が初めて登場することは、なぜか従来あまり注意が向けられていないが、そのこと自体が範頼の前半の生涯を知る手掛かりになると思われる。

以上、範頼に関する研究状況について簡単にまとめたが、本格的な研究が少ないこともあり、範頼については謎が多い。そこで、本稿では範頼に関するいくつかの問題に検討を加え、範頼の実態を明らかにしたい。

一　野木宮合戦以前の範頼の居場所

志田義広と小山朝政らが戦った野木宮合戦が、『吾妻鏡』で範頼の名が見える最初である。この合戦は『吾妻鏡』

では養和元年（一一八一）閏二月二十三日条に記されているが、[7] 石井進氏により、実際は治承七年（寿永二年〔一一八三〕）二月二十三日に起きたことが明らかにされている。[8] この日の記述が範頼の史料上の初見である。同日条は野木宮合戦の推移を詳細に記し、最後の方で小山朝政に加わった武士を列記している。

その部分は「此外八田武者所知家、下妻四郎清氏、小野寺太郎道綱、小栗十郎重成、宇都宮所信房、鎌田七郎為成、湊河庄司景澄等加朝政、蒲冠者範頼同所被馳来也」というものである。範頼より前は常陸・下野の武士が列記されているが、範頼のみ別扱いされているような記述になっている。この記述の仕方自体に、他の武士と異なる範頼の地位をみることが可能である。これが初見であることは従来その意味が問われていなかったが、これ以前に範頼はどこにいて、小山氏といかなる関係があったかが問題となる。

この点について、『小山市史　通史編Ⅰ　自然　原始・古代　中世』では、範頼が「鎌倉から援軍として駆けつけた」とするが、[9] 鎌倉から来たとは書かれていないので、何の根拠もない。「馳けつけた」は、ニュアンスとしては、ただ来たというよりも、何らかの縁があって来たように感じられる。一方、他の武士の名前からみても、それほど遠くないところから来たと考えられる。この点を考える上で、範頼の子孫が吉見氏となったことが注目される。

『尊卑分脈』には、範頼の子範円に「吉見中納言公、順大寺阿闍梨、母藤九郎盛長女」、その弟源昭には「慈光寺順大寺等別当、二位僧都」とある。これによれば、範頼の室は安達藤九郎盛長の娘であった。『吉見系図』にも同様の記述があり、範円に「禅師住神大寺」、源昭に「慈光寺、神大寺等別当」とあり、慈光寺や神大寺に住んだり、別当になったとある。さらに、『尊卑分脈』には範円の子為頼に「号吉見二郎、依外家所領相続号吉見」とあり、吉見の名字を名乗ったとする。

慈光寺（埼玉県比企郡ときがわ町）は坂東三十三箇所霊場の第九番で、天武二年（六七三）に慈訓応召が千手観音を本尊としたのに始まると伝える。後に天台宗となり、清和天皇の勅願で関東天台別院となり、頼朝から寺領を寄進され、奥州藤原氏攻めのため、愛染明王像を贈られたと伝えられる。また、後鳥羽上皇や藤原兼実などが書写した法華経一品経・阿弥陀経（国宝）を所蔵している。(10)

『吾妻鏡』建久三年（一一九二）五月八日条には、後白河法皇の四十九日の法要を勝長寿院（南御堂）で行なったことが記されている。法要は一〇〇人の僧による百僧法で、一口に白布三段と袋米一が与えられた。慈光寺は一〇口、鶴岡は二〇口、勝長寿院は一三口、伊豆山と箱根山は一八口、浅草寺・大山寺などが三口なので、慈光寺はかなりの規模の寺で、頼朝から重視されていたことがわかる。『尊卑分脈』には範頼の子に「順大寺」の注記があるが、『吉見系図』では神大寺（深大寺）とある。この神大寺は東京都調布市にある神大寺（深大寺）と思われる。同寺は天台宗で、天平五年（七三三）創建と伝えられる古刹である。慈光寺も天台宗なので、その可能性が高い。

このように、範頼の子が比企郡内の慈光寺に住み、子孫が吉見氏を名乗った点が注目される。『吉見系図』は範頼の子孫の吉見氏に関する系図だが、頼朝の乳母比企尼とその子孫に関する記述があり、以前から注目されている。比企尼や寒川尼（小山政光の妻、八田宗綱の娘）など四人の頼朝の乳母に関しては、田端泰子氏がまとまった記述をしているが、範頼に関しては言及していない。(11)

系図によれば、比企尼の夫は比企掃部允で、三人の娘があった。嫡女は二条院に仕え、丹後内侍と呼ばれ、惟宗広言と密通し、忠久を産み、その後に関東に下向して、安達盛長に嫁し、数子を産んだ。その娘は「盛長女範頼之内室給」とあり、源範頼の妻となった。『尊卑分脈』には範円に「母藤九郎盛長女」とあり、この記述が裏づけられる。弟の源昭には「母」とのみあるが、同じく盛長の娘の子と考えられる。二女は河越重頼の妻、その娘が義経の妻となった。三女は伊東祐親の子伊藤（伊東）祐清（史料により名前異なる）の妻となったが、祐清の死後に平賀義信の妻となり、その娘は朝雅を産んだ。このように、比企尼の娘や孫娘は有力な武士や源氏一族に嫁ぎ、乳母という関係から源氏や嫁ぎ先の武士を擁護する立場にあった。

また、範頼に関して、「豆州号流罪、於武州金沢父子二人郎従四人以上六人被誅、其廟在金沢」とあるが、この記述については後述する。さらに「建久四年八月、範頼生害之時、嫡子六歳ニテ同生害、二男・三男、四歳・二歳、二人子有之、盛長妻丹後内侍女ナレバ、比企禅尼幷内侍命申請、則二人令出家、比企之内慈光山之別当トナル、範円・源照是也、雖然凡僧ニテ不守戒法、在子、比企禅尼比企郡六十六郷之也、其子吉見庄与、号吉見三郎為頼、吉見先祖是也」とある。『尊卑分脈』には範円の子の為頼に「号吉見次郎」という注記があり、この点が裏づけられる。

つまり、頼朝の乳母であった比企局とその娘の安達盛長の妻丹後内侍の嘆願により、範頼の二人の子が助命されて、慈光寺の別当となった。そして、その子に吉見庄が与えられ、吉見為頼と名乗ったという。吉見庄は『吾妻鏡』などの一次史料にはその名が見えないが、『吉見岩殿山略縁起』には範頼が吉見荘を領し、この地に蟄居したとする。[12]

この地域一帯は古代には横見郡と呼ばれていたが、『和名抄』巻五には「横見〈与古美今称吉見〉」とあり、平安中期には吉見郡と呼ばれるようになっていた。[13]野本将軍塚古墳（埼玉県東松山市野本）から出土した鏡には「建久七年二月」の銘があり、「遠州山名郡木原郷本住人、今武州吉見郡大串郷住人藤原氏、為滅罪生善往生極楽証大井所奉加如件」とあり、[14]鎌倉時代初期に吉見郡の郡名が使用されていた。野本将軍塚古墳は比企郡にあるが、東は吉見郡であり、密接な関係があったので、吉見郡の住人が鏡を奉納したと考えられる。この点は吉見氏と比企郡の関係の深さを示唆するものである。

この吉見郡を名字の地としたのが吉見氏である。吉見氏は『吾妻鏡』では五か所のみに名が見える。文治三年（一一八七）十月十三日条には太神宮神人等之訴訟により、畠山重忠の所領伊勢国沼田御厨が召し放たれ、「被宛行吉見次郎頼綱」とあり、吉見頼綱は沼田御厨を与えられている。また、文治五年七月十日条には吉見次郎頼綱が民戸を追捕し、財宝を点定したことが問題となり、その行為を停止させることを頼朝が命じている。同月十九日条には頼朝が奥州へ出陣した時に供をした御家人が列記されているが、その中に吉見次郎頼綱の名がある。建久六年(一一九五)三月十日条には、頼朝が東大寺供養に参列した時の行列に従う随兵の名が列記されているが、その中に吉見二郎(吉川本では次郎)の名がある(もう一か所は後述)。

この吉見次郎頼綱は吉見郡を本拠とした御家人である。この時期には範頼は健在であり、その子孫の吉見氏とこの吉見氏との関係が問題となる。以後、範頼の子孫を含めて、『吾妻鏡』には全く吉見氏の名前が見えなくなる。その理由は明確ではないが、吉見頼綱またはその子孫が何らかの契機に没落したことが考えられる。一方、範頼の子孫も正式な御家人ではなかったので、『吾妻鏡』に記載されなかったと考えられる。だが、両者には何らかの関係があったと推測される。

その手掛かりになるのが、小山氏の系図に見られる記載である。『群書類従』所収「秀郷流系図　結城」には小山政光の子頼経に「吉見三郎、武州住人、但養子也」という注記があり、その弟が(小山)朝政・(長沼)宗政・(結城)朝光となっている。また、『下野国誌』所収小山系図には政光の子頼経の注記に「吉見三郎初名朝信、武蔵国ノ住人吉見太郎頼茂ノ家督、母ハ頼茂ノ娘」とある。

これによれば、小山政光の子頼経が吉見氏の養子となったことになる。吉見頼綱とあるので、頼は吉見氏の通字であったと思われ、『下野国誌』によれば、政光の子は初名が朝信であり、養子になったので頼経に改名したことになる。朝信の兄弟は朝政・朝光を名乗っており、兄弟は朝の一字を使用していた。また、『下野国誌』所収系図には朝信が吉見頼茂の養子となり、母は頼茂の娘とあるので、小山政光と吉見頼茂の娘が婚姻し、その子が朝信であったことになる。養子になったのは、こうした婚姻関係によるものと考えられる。

また、既に野口実氏が指摘しているが、『吾妻鏡』文治五年七月二十五日条によれば、吉見頼綱は小山政光の猶子であった[17]。よって、小山朝光と吉見頼綱は義理の兄弟である。このように、小山氏と吉見氏が密接な関係にあったとすれば、野木宮合戦で範頼は吉見氏の館または吉見郡にいて、養子となっていた吉見頼経とともに駆けつけたのではないだろうか。範頼の子孫が吉見氏になったのもそうした関係によるもので、範頼の子はその名跡を継いだものと思われる。範頼が吉見郡にいたとすれば、どのような背景があったのだろうか。その点で注目されるのが比企尼の存在である。先述したように、比企尼は頼朝の乳母で、その長女は安達盛長の正室となり、その娘は範頼と結婚した。範頼の子が僧となった慈光寺は比企郡内にあり、比企尼の勢力圏であった。

また、『吾妻鏡』文治五年六月二十九日条には「日来御礼敬愛染王像、被送于武蔵慈光山、以之為本尊、可抽奥州征伐御祈禱之由、被仰含別当厳燿幷衆徒等、当寺者、本自所有御帰依也、去治承三年三月二日、自伊豆国遣御使盛長、令鋳洪鐘給、則被刻御署名於件鐘面云々」とあり、頼朝は慈光寺に帰依し、これ以前に安達盛長を派遣して、鐘を作らせていた。これは慈光寺が大きな寺で霊験があったからであろうが、乳母の比企尼の勢力範囲であったこともその理由の一つと考えられる。この時に安達盛長が使者として赴いているのも注目される。盛長は頼朝の側近だったので、使者となったともいえるが、その妻は比企尼の長女であり、これも比企尼との関係を窺わせる。

さらに、『結城系図』によれば、小山政光の祖父行政の弟快実は慈光山別当であり、小山氏も慈光寺と関係があった。また、朝政の母の寒川尼も頼朝の乳母であり、比企尼との間で当然交流があったとみられ、小山氏・比企氏は共に、慈光寺・比企郡・吉見郡と密接な関係があり、当主の妻も共に、頼朝の乳母であった。こうした点からみると、範頼は頼朝の二人の乳母の縁により、吉見氏または比企郡・吉見郡のどこかで擁護されていたと考えられる。小山朝信が吉見頼綱の養子となったのも、比企尼と寒川尼が計画したのかもしれない。二人の尼は頼朝に加えて、範頼を擁護しておいて、頼朝に変事があった場合の代わりのカードとして温存していたのではないだろうか。そうしているうちに、小山氏が志田義広と戦うことになったことを知り、援軍として駆けつけて、野木宮合戦に参加したと考えられる。このように考えると、野木宮合戦で突然範頼が現れることが整合的に理解できるのではないだろうか。

『新編武蔵風土記稿』（以下では風土記稿とする）では横見郡御所村（埼玉県比企郡吉見町）に範頼の居所蹟があったという伝承を記し、『岩殿観音縁起』に、範頼が平治の乱で没落し、岩殿山に遷り、彼地に生長し、後に頼朝の意志により、範頼が当所を領して、この地に居るとあることを記述している。また、同村には観音堂があり、『岩殿観音縁起』では範頼が吉見庄を領した時に、所領の半分を寄進して、諸堂を建立したとあることを紹介している。

この伝承が事実かどうかは不明だが、野木宮合戦以前に横見郡（吉見郡）内のどこかに範頼が居住していた可能性は高い。風土記稿もここから野木宮合戦に駆けつけたのではないかと推測している。また、観音堂は風土記稿に絵が載っているが、かなり規模の大きい寺であり、信仰が厚かったことが窺える。慈光寺は坂東三十三箇所観音霊場の一つであり、範頼の子孫が慈光寺別当になったので、その関係から観音堂が建立されたと考えられる。

二　範頼の死とその後の吉見氏

建久四年（一一九三）五月二十七日の曽我兄弟の仇討ちの時に、範頼は頼朝が討たれたという情報を聞いて、動揺する北条政子に自分がいるから心配はないと言ったことから、頼朝の猜疑を受け[18]、狩野宗茂や宇佐美祐茂が守護して、伊豆に送られた[19]。ところが、『吾妻鏡』にはその後の範頼についての記載はない。『鎌倉年代記裏書』には「八月、三河守範頼被誅、依寺田太郎、志賀摩五郎等欲伐右幕下也」とあり、同年八月に寺田太郎・志賀摩五郎らが頼朝を討とうとしたので、殺されたとする。だが、殺害された場所は記されていない。一方、『尊卑分脈』には「文治二、於伊豆北条、依舎兄源二位命被討了」とある。この文治二年（一一八六）は明らかに誤りだが、北条で討たれたとする。

範頼は一般に修善（禅）寺で討たれたとされ、同寺の近くには範頼の墓が存在する。『新編鎌倉志』や風土記稿では、修善寺にいる範頼を梶原景時が討ち、その首を鎌倉に持って行き、頼朝に見せたという『参考盛衰記』の記述を引用し、その首を太寧寺で葬ったかと推測している。

この『参考盛衰記』は『平家物語』の諸本を彰考館で編纂したものである[20]。これには伊藤本と八坂本の次のような記述が引用されている。頼朝が源義経を範頼に命じて討たせようとしたが、範頼は断ったので、頼朝の不信を招き、起請文を差し出したが、頼朝は修善寺に行くように命じた。梶原景時は頼朝に範頼を放置するといけないと進言したので、頼朝は討伐を命じ、景時は修善寺に押し寄せて、範頼を討ち、首を鎌倉に持ち帰ったとある。

八坂本『平家物語』（巻十九）の「参川守最後」には、頼朝は「伊豆に越、修善寺におハせよと宣へは」、景時らは「伊豆に越、修善寺にこそ押寄、参川守ハ或坊におハしたるか」などとあり、範頼が修善寺に行き、そこに滞在していたことが記されている[21]。この記述が範頼が修善寺で討たれたという主たる根拠となったと思われる。また、こうした伝承が地元にも伝わり、近世の地誌にも記されるようになったと考えられる。

範頼の配流先は、狩野宗茂が守護した点から狩野庄内にあった狩野氏の館の可能性が高く、処刑もそこで行なわれたと考えられる。これ以前に宗茂は平重衡を預け置かれ、伊豆に置いている[22]。修善寺は狩野庄内にあるので、処刑後に修善寺に葬られ、それが八坂本『平家物語』に取り込まれたと考えられる。その際に比企尼らが嘆願して、範頼の子を助け、慈光寺別当になったという『吉見系図』の記述は、この時のことを記したものである。その後、『吾妻鏡』

では建久六年(一一九五)三月十日に頼朝が東大寺参詣をした時に、吉見氏の名が見えるのが最後である。

一方、範頼の子孫は吉見氏を名乗ったが、『吾妻鏡』には範頼子孫の吉見氏の名は見えない。奥富敬之氏は、範頼の死後、範頼の子の母が安達盛長の娘だったので、安達氏に擁護されていたと推測する。(23)確かにその可能性はある。『尊卑分脈』では範円の子為頼に「号吉見二郎、依外家所領相続号吉見」の注記がある。これは外家の所領を相続したので吉見を名乗ったという意味である。外家とは母の実家、外戚という意味なので、(24)範円の妻が吉見氏であったため、その跡を継いだことになる。これは、吉見氏が何らかの理由で没落したため家を継いだのか、単に男子がいなかったので家を継いだのか、という二通りが考えられる。だが、『吾妻鏡』に全く名が見えないことからすれば、何らかの理由で没落し、御家人身分を喪失したと考えられる。

その後、吉見氏が史料に見えるのは、時間がかなり経過した永仁四年(一二九六)のことである。『保暦間記』には永仁四年十一月二十日に「吉見孫太郎義世(三河守範頼四代孫、吉見三郎入道頼氏男)、謀反ノ聞エ有テ召取ル、良基僧正同意ノ間遠流セラル、義世ハ龍ノ口ニテ首ヲ刎ラレ畢」とある。また、父義春は「永仁四年三月十八日依謀叛被誅」とある。『尊卑分脈』では義春に「依謀叛永仁四三十八被誅了」とある。子義世には「吉見孫太郎」以外に注記はない。また、『鎌倉年代記裏書』には「世間騒動、吉見孫太郎義世依謀叛被召取、良基僧正同意之間、同被召取、義世被刎首、良基配流奥州」とある。『武家年代記裏書』にも同様の記事がある。

『保暦間記』には吉見義世が範頼の子孫と記されており、この点は『尊卑分脈』も一致する。義世は謀叛の噂によって召し捕られ、龍ノ口(鎌倉市)で斬首された。また、良基僧正も同意したので、奥州に配流された。この事件の背景などは明確ではないが、この十一年前の弘安八年(一二八五)に安達氏が討たれた霜月騒動(弘安合戦)が起きていることが注目される。吉見氏と安達氏が関係の深かったことは確かであり、安達氏の没落により、反感を抱いた義世が北条氏を討伐する陰謀を企てたと考えられる。

また、この事件の背景には災害や火災の発生も考えられる。『鎌倉年代記裏書』によれば、永仁元年四月十三日に鎌倉で大地震があり、山崩れにより大慈寺が埋没、寿福寺が顚倒、建長寺が顚倒・炎上し、同月二十二日に平頼綱が殺された。これはいわゆる永仁の鎌倉大地震で、その混乱の中で北条貞時が平禅門親子を殺害した事件として有名なものである。『保暦間記』ではこの事件を記述した後に「去十三日寅剋大地震動有、如此瑞相ニヤト覚ユ」と記述し、地震を事件の前兆と捉えている。

『親玄僧正日記』同年四月十三日条にも大地震の記述があり、この大地震は治承以来ないもので、上下問わず、幾千人も知らない人が死去し、建長寺が炎上したとある。[25]鎌倉にこれだけの被害をもたらす地震としては、相模トラフを震源とするものが考えられる。大正十二年(一九二三)の関東大震災は相模トラフを震源とし、鎌倉に津波が来るなど相模湾を中心に、横浜や東京まで大きな被害をもたらした。この種の地震の一つ前は元禄十六年(一七〇三)に発生している。[26]その前の地震が起きた年代は従来様々な説があったが、拙稿で明応九年(一五〇〇)に起きたと推定した。[27]そうなると、相模トラフを震源とする大地震は、一五〇〇年、一七〇三年、一九二三年と約二百年周期で発生したことになる。永仁元年は一二九三年なので、明応九年の約二百年前となる。この大地震は相模湾沿岸に高い津波が来るのが特徴である。その点で『親玄僧正日記』四月十四日条の「今日行剣浜辺遊覧、死人鳥居辺百四十人之由、人申之云々」という記述が注目される。浜辺とは由比ヶ浜の浜辺であり、そこには鶴岡八幡宮の浜の大鳥居(現在は一の鳥居)があった。この鳥居は浜の大鳥居のことで、そのあたりで一四〇人が死んだという。

現在、一の鳥居は砂丘上にあるが、浜の大鳥居は中世に何度も再建され、場所も移っている。『吾妻鏡』仁治二年(一二四一)四月三日条には「戌剋大地震、南風、由比浦大鳥居内拝殿、被引潮流失、着岸船十余艘破損」とあり、この時は大鳥居まで津波が来ている。この大地震の震源は不明だが、大規模な被害があったとは記されていないので、相模トラフ震源ではないと考えられる。とは言え、鎌倉で大地震があり、津波も来ているので、それほど遠くない所で起きたと思われる。そうなると駿河湾を震源とする東海地震の可能性が考えられる。

安政年間の東海地震では、相模湾沿岸の逗子に二〜三mの津波が来ている。それほど高くはないので、被害は少なかったが、仁治二年の場合も同程度の高さの津波が来たと考えられる。この時には現在と違い、大鳥居はあまり高い所になかったので、そこまで津波が押し寄せ、拝殿が流出したのであろう。こうした点からすれば、永仁元年の大地震の時も浜の大鳥居のあたりまで津波が押し寄せ、死者が出たと考えられる(28)。この死者が津波によるものとすれば、この地震は相模湾を震源としたもので、当然鎌倉に大被害を与えたことになる。そして、前述したように、直後に平禅門父子の殺害事件が起き、鎌倉は混乱状態に陥った。

さらに、『鎌倉年代記裏書』によれば、永仁三年十一月に勝長寿院・箱根山が炎上、永仁四年に八幡宮・三島社が焼失、十一月三日に大雷鳴があった。このように主要な寺社の炎上が続いている。これらは頼朝ら源氏と関係が深い寺社ばかりであり、偶然とは思えないので、何らかの人為的な現象つまり放火が考えられる。このように社会不安が増した中で、義世の謀叛事件が起きているので、あるいは、この事件は災害を除去し、人心を一新することを名目に、源氏再興を図ったものとも考えられる。また、安達氏一族の多くが滅亡したので、それに対する仇討ち的な意味もあったとも推測できる。

三　六浦における範頼の伝承

現在、横浜市金沢区片吹の太寧寺には範頼の墓があり、範頼に関する寺宝を所蔵している。同寺は昭和十八年（一九四三）五月に横須賀海軍航空隊の追浜飛行場拡張のため、片吹に移転したもので、元々は瀬ケ崎にあった。久良岐郡社家分村にある太寧寺に関して、風土記稿には次のように記されている。小名瀬ケ崎にあり、禅宗臨済派鎌倉建長寺末で、古くは薬師寺と号して、真言宗であったが、いつの頃か改宗し、海蔵山と号した。開山は栄西明庵である。その次に、範頼に関して次のような記述がある（原文の片仮名を平仮名に直した）。

開基は三河守源範頼にて（鎌倉志範頼菩提寺也と云）大（太）寧寺殿道悟大禅定門と法諡す、相伝ふ建久四年蒲冠者範頼、伊豆国修善寺に於て打死と称し、ひそかに遁れて相州浦郷村に蟄居せしか、いつまて斯てあるへきにもあらす、北向の寺に行て自殺せんとて、農民平次左衛門及今一人某に命して舟に乗り、当寺に至りて終に生害に及へり、其時彼二人に苗字（其唱詳ならす）与へし由、今も浦郷村に其子孫ありと云のみ、此説あへて信すへきにあらされと、姑く伝のままを載す、

範頼は建久四年に伊豆の修善寺で討死と称して、密かに逃れて、浦郷村（横須賀市）に蟄居していた。だが、いつまでもここにいるべきではないとして、北向の寺で自殺しようとして、百姓平次左衛門ともう一人に命じて、船に乗って、太寧寺に来て自殺した。その時に二人に名字を与え、浦郷村にその子孫がいるという。また、風土記稿には範頼の墓は山の中腹にあり、高さ三尺の五輪塔が立っており、寺宝として、範頼の画像、範頼が書いた和歌の軸、範頼が所持していた長刀を所蔵しているとある。

こうした範頼に関する伝承がなぜ太寧寺に伝わっていたのだろうか。太寧寺がある社家分村は中世には六浦庄内の六浦郷（六浦本郷）にあたり、近世に社家分村・寺分村・平分村の三つに分村した。浦郷村は六浦の南に位置する。六浦・浦郷ともに中世には港であり、特に六浦は鎌倉の外港として繁栄していた。

この伝承を記すのが『吉見系図』で、「豆州号流罪、於武州金沢父子二人郎従四人以上六人被誅、其廟在金沢」とあり、伊豆に流罪すると号して、実際には金沢で父子二人と郎従四人を殺害し、墓は金沢にあるとする。太寧寺があるのは六浦であり、金沢は隣だが別の場所である。とは言え、この墓は太寧寺にある墓を指しているのは間違いない。

この記述がなされたのが、いつなのかが問題となる。それには『吉見系図』の成立過程を明らかにする必要がある。奥書には「此系図、元来吉見氏苗裔所蔵、武州氏寺也、浅羽氏写之、今以浅羽氏家蔵本写之者也」とあり、その次に「延宝七年五月念八日　彰考館識」とある。これによれば、『吉見系図』は元は吉見氏の子孫が所蔵していたものを浅羽氏が写し、同氏所蔵のものを延宝七年（一六七九）に彰考館が写したものである。彰考館は徳川光圀が『大日本史』編纂のため、寛文十二年（一六七二）に江戸小石川の藩邸内に設けた編纂局の名であり、多くの史料を収集していた。

浅羽氏は江戸幕府の書物奉行である。[29] 書物奉行は江戸幕府の職名で、江戸城内にある紅葉山文庫の書物の保管・出納・修理、写本の収集などにあたるために、寛永十年（一六三三）に創設されたものである。[30] 浅羽氏は書物奉行をしていたので、史料収集を行なっていたと考えられる。この系図の為頼（範円の子）には「閥閲録巻六所載吉見系為頼建仁元年卒」とあり、『萩藩閥閲録』所収の吉見氏系図が引用されている。『萩藩閥閲録』は毛利吉光が永田政純に命じて、古文書・系譜を編纂させたもので、享保五年（一七二〇）に着手し、六年後に完成した。[31] その完成は彰考館の識語より後なので、識語が記された以後も彰考館では、収集史料を元に注記を加えていたことになる。ほかにも『吾妻鏡』や

『保暦間記』の記述が注記として加えられているが、これも彰考館で行なったものであろう。

『萩藩閥閲録』の巻六には毛利伊勢所有の古文書が写され、最後に範頼以来の系譜が記されている。(32) これは範頼以後の代々の当主の事績を記したもので、系図というより家譜である。この家譜と吉見系図を比較すると、為頼の子頼円以下、近世初期に至る代々の当主の名前は一致している。頼円に関しては、『萩藩閥閲録』では還俗して頼国と名乗ったとする。頼円の曾孫頼行について、吉見系図では元寇に際して、中国大将として、弘安五年（一二八二）十月下旬に能登から石州吉賀郡に下着したとある。『萩藩閥閲録』では中国西藩の旗頭として、弘安五年七月二十日に石見国安堵の御教書を給わり、同年十月二十三日に石州に下向したとあり、大筋では一致する。また、元頼の死亡日を『萩藩閥閲録』『吉見系図』は共に文禄三年（一五九四）六月四日とし、一致している。よって、吉見系図は石見の吉見氏系統の系譜を取り込んでいることになる。

『吉見系図』は武蔵の吉見氏の系統に関する記載もかなり詳しい。先述の永仁四年（一二九六）に殺害された吉見義春の弟が頼宗、その子が頼有、その子が頼継である。頼継の子範直には「吉見又三郎、武州吉見祖」の注記がある。その子希慶には「吉見冠者、永享十年持氏乱之時、為上杉生害、十五歳」とあり、足利持氏の乱の時に死去し、この系統は絶えている。だが、範直の弟範義四代後の家仲に「武州吉見希慶跡賜吉見領」とあり、この系統が武州吉見氏を継いだことになっている。この記述のように、希慶の遺領を与えられたとすれば、次世代ぐらいにあたるはずだが、家仲は三世代程度後の人物であり、世代が合わず、この記載は疑問である。結局、系図の記載は家仲の子真頼・義隆兄弟で終わっている。

このように、『吉見系図』は石見と武蔵の両吉見氏の系図が記載されている。遠く離れた吉見氏がお互いの系譜を知るはずがないので、両者に伝わる系図や系譜をある人物が合体させて成立したと考えられる。彰考館の識語では

「元来吉見氏苗裔所蔵」としているが、この吉見氏がどの吉見氏の系統で、どこに住んでいたかは不明である。それを浅羽氏が写したことになる。一方、石見の吉見氏の系図は江戸にいる毛利氏関係者(吉見氏)から入手することができる。

結局、武蔵の吉見氏系統の系図は別の所に伝えられていたものを浅羽氏が入手し、その後、石見の吉見氏の系図を合体させた可能性がある。この点はさらに検討が必要だが、それを彰考館が写し、それに注記を加えて成立したのが『吉見系図』と推測される。その中で範頼に関する注記は長文かつ詳細で、比企尼とその三人の娘に関する記述は詳しい。こうした伝承を管理していたのは、当然範頼の子孫と考えられるが、その点はどうであろうか。

『吉見系図』には吉見為頼の弟尊範に「右大将家法花堂別当」の注記がある。その子貞助には「慈光寺別当(中略)右大将法華堂別当」、その弟頼誉に「慈光寺別当」の注記がある。尊範と貞助は『血脈類集記』に記述があり、実在の人物である[33]。このように、範頼の子孫には慈光寺別当となった者が複数いる。慈光寺は比企郡にあり、比企氏や安達氏と関係が深かった寺なので、その別当が吉見氏に関する伝承を管理し、既に文字化していた可能性もある。

また、尊範・貞助と二代続けて頼朝の墓堂である法華堂別当であった点も注目される。これは、彼らが源義朝の正当な子孫であったことによると思われる。義朝の子である頼朝や義経などの子孫は絶えてしまったが、範頼の系統は生き残り、僧として鎌倉幕府に仕えていたのである。一方、武家の吉見氏は冷遇され、それを不満として義春・義世父子は謀叛を起こしたのであろう。範頼が金沢で死去し、墓もあるという伝承が『吉見系図』に取り込まれた時期や契機は不明だが、範頼に関する記述と一体の関係にあったとすれば、慈光寺や法華堂別当になった僧が管理していたことになる。

さて、範頼が死んだとする六浦(金沢)はどのような場所であったのだろうか。六浦は鎌倉の周縁の地であり、処刑場でもあった。この点は既に高橋昌明氏が言及し、六浦で四角四境祭や七瀬祓が行なわれていることに注目している。(34)これらは本来、平安京で行なわれていたものだが、鎌倉幕府は鎌倉の周縁で行なっていた。

『吾妻鏡』建久三年（一一九二）二月二十四日条には、和田義盛が六連（六浦）海辺で平家の家人を梟首したとある。また、小山若犬丸の乱では応永四年（一三九七）正月二十五日（二十四日とする史料もあり）に蘆名直盛が若犬丸の二人の子を生け捕って、鎌倉に連れて行き、六浦で海に沈めている。(35)六浦には若犬丸の子とされる墓が現存する。

鎌倉周辺での処刑の例としては、ほかに平維盛の子六代御前が有名である。『平家物語』巻十二（六代斬られの事）では平維盛の子六代御前が処刑されたことを記すが、諸本によって処刑場所が異なる。最も一般的な覚一本（流布本）では田越川とする。(36)田越川は逗子市内を流れている川で、六代御前の墓もある。もちろん、これ自体は『平家物語』の記述に基づいて作られたものであろう。これに対して、延慶本や長門本では千本松原とする。(37)千本松原は静岡県沼津市の海岸にあり、松が多く生えていることから、この名がある。

一方、八坂本や屋代本では六浦坂とする。八坂本には「高雄にて虜、鎌倉にくたし岡部三郎左衛門請取て、六浦坂にてきり奉る」とある。(38)屋代本には「駿河ノ国ノ住人岳部《ヲカヘ》三郎大夫カ承リニテ、鎌倉ノ六浦坂《ムツラサカ》ニテ遂《ツイ》ニ被レ切ケリ」とある。(39)六浦坂はかつては六浦に引越坂があったので、それを指すと考えられる。引越坂は現在六浦にある金龍院付近にあった坂で、風土記稿はこの付近の小名を引越としている。

永享の乱の時に、海老名尾張入道は六浦引越の道場で切腹している。(40)道場とは一般に時宗の寺を言うので、引越坂に時宗の寺があったことがわかる。港や町場には時宗寺院が建てられることが多いので、港に近い引越坂に時宗寺院が建立されたのだろう。『平家物語』のような語り物を伝承・管理・唱導する者は、時宗僧や時宗の寺に付属する芸能者であったことが多い。(41)『一遍聖絵』に琵琶法師が描かれているのは、それを示すものである。

八坂本で六代御前の処刑地を「六浦坂」としているのは、引越の道場に伝わる六代御前の伝承が八坂本に取り込まれたことによると考えられる。坂自体が境界的な場所であり、しかもそこに時宗の道場があったので、処刑場とされたのであろう。また、引越坂の前面は海であり、背後には上行寺東遺跡があった。このような六浦の境界かつ処刑場としての性格から、範頼がここで死んだという伝承が生まれたと考えられる。

六浦は源氏とも深い関係にあった。網野善彦氏が紹介した桐村家所蔵「大中臣氏略系図」(京都府福知山市桐村家所蔵)に六浦庄に関する記述がある。(42) この系図は大中臣氏を先祖とし、藤原氏の直系を経て、忠実の弟頼継の子孫である中郡・那珂氏に関する系図である。頼継には「上総国々司也、又此時賜《ハリ》常州中郡庄六十六郷《ヲ》畢」の注記があり、上総国司で、常陸国中郡庄を与えられたという。その子頼経には「中郡上総権守」、その子経高には「中郡上総三郎」「保元乱之時内裏参向」という注記がある。経高は保元の乱の時に後白河天皇の内裏に参じたことになる。その子孫にも「中郡」の注記があり、この系統は中郡を名字とした。

一方、頼経の弟宗経には「上総中三蔵人」の注記がある。その子実経には「上総中五」「在京人也」「此時給亀劫文早、保元二年相州六連庄云々」とある。また、系図の最後には「那珂一門等拝領所々事」として、各地の所領が列記されているが、その中に「相州六連《ムツラ》庄今闕所　保元二年実経給之」とあり、保元二年(一一五七)に実経が六浦庄を与えられたとする。網野氏は六浦庄を与えたのは源義朝と推測しているが、その可能性は高い。保元の乱は保元元年に起きたので、その翌年に義朝が実経に恩賞として六浦庄を与えたことになる。こうした点を別の史料で検証しておこう。

『保元物語』上(主上三条殿ニ行幸ノ事、付ケタリ官軍勢沙汰ヘノ事)には源義朝に従った武士の名が列記されているが、その中に「常陸国には中宮《ちゅうぐう》三郎・関次郎」とある。(43) 中宮三郎は経高の注記に「中郡上総三郎」とあるので、経高とみられ、保元の乱に義朝に従っていたことが実証される。一方、実経の名は『保元物語』に見えないが、同じく参加していた可能性は高い。よって、その恩賞として、義朝から六浦庄を与えられたことになる。とは言え、与えられたのは六浦庄における下級の職で、後の地頭職にあたるものと考えられる。義朝は現在の鎌倉市中（寿福寺の地）と逗子市内の二か所に屋敷を持ち、鎌倉の西の大庭御厨にも進出を図ったことが知られている。つまり、義朝は鎌倉のみでなく、その周囲も支配下に収めていたのであり、六浦庄も同様であろう。こうした点からみて、義朝が寄進して、六浦庄が成立したのであろう。

六浦庄が源氏嫡流相伝の荘園で、関東御領であったことを湯山学氏が指摘している。(44) その根拠としたのが建治三年（一二七七）十一月十三日付の関東下知状で、仁和寺勝宝院は六連庄の代わりに備中国巨勢庄預所・地頭両職を与えられている。この関東下知状を出発点として、同氏は様々な検討を加えている。その最後の部分で、瀬ケ崎は関東御領六浦庄の本郷で房総との主要な交通の拠点であり、その瀬ケ崎に範頼の伝承が伝えられている意義を考える必要があると指摘している。また、瀬ケ崎については西岡芳文氏の研究があり、もともとは六浦港の中心であったこと、同地の住民や存在した寺などを明らかにしている。(45)

範頼伝承を伝える太寧寺はどのような性格の寺であったのだろうか。風土記稿では栄西開山としているので、臨済宗となる。栄西は建保三年（一二一五）に亡くなっているので、それ以前の建立となる。一方、古くは真言宗で薬師寺という寺伝なので、それ以前は真言宗であったことになる。その後、臨済宗に改宗し、建長寺末となり、現在に至っている。つまり、寺伝によれば、栄西により真言宗から臨済宗に改宗したことになる。だが、この時期の改宗は早過ぎると思われる。改宗時期を考える上で注目されるのがビャクシンである。

戦前の太寧寺の参道の山道には幹の大きく曲がったビャクシン（柏槇）の木があった。(46) 太寧寺の本寺である建長寺にもビャクシンは現存する。このビャクシンに石井進氏は注目し、開山の蘭溪道隆が自ら植えたと伝承され、鎌倉末期の境内図にも描かれていると述べている。(47)さらには奥州の松島の瑞巌寺境内の近くにもビャクシンが現存する。瑞巌寺は正式には円福禅寺と呼び、天台宗延福寺が北条時頼により蘭溪道隆を開山として、臨済宗寺院円福禅寺に改宗されたものである。入間田宣夫氏は建長寺や蘭溪道隆との関係により、円福禅寺にビャクシンが植えられたと推測している。(48)

一方、従来はあまり注目されていないが、六浦地域にもビャクシンが存在する。源頼朝が勧請したと伝えられる瀬戸神社にはビャクシンの木があったが、延宝八年(一六八〇)八月六日の暴風で吹き倒されたため、地上に横たえてある。(49)この倒木は同社の境内に現存する。さらに、同社の前の海に突き出ている所に弁天社があるが、そこにも多数のビャクシンの木がある。この弁天社は北条政子が勧請したと伝えられている。このように六浦地域にはビャクシンが各所にあり、いずれも源氏と関係が深かった。

これらのことから、六浦地域に建長寺やその外護者である北条氏の影響力が及んだため、ビャクシンが植えられたと考えられる。六浦庄は鎌倉中期に金沢北条氏の所領となったが、本宗である得宗家も六浦庄に進出したと思われる。その宗教的な先兵となったのが建長寺や円覚寺であり、太寧寺は臨済宗に改宗した時に建長寺末寺となり、その時にビャクシンが植えられたのだろう。つまり、太寧寺の真言宗から臨済宗への改宗は建長寺成立以後となる。太寧寺や瀬戸神社・弁天社にあったビャクシンは六浦の領主が源氏から北条氏に交代したことを象徴する樹木と言えよう。太寧寺自体は中世史料に全く見えないので、改宗時期は確定できないが、永徳二年(一三八二)に上杉憲方が建長寺の方崖元圭を招いて能仁寺を開いたとされる点が注目される。(50)金沢八景駅の裏には近世中期には米倉氏の陣屋があり、そこに能仁寺があったと伝えられている。このように、室町前期には建長寺末寺が建立されているので、太寧寺の改宗時期はこの前後とも考えられる。

一方、太寧寺には薬師如来立像があり、同形式の薬師像が西大寺流の布教が及んだ筑波山や房総地方に見られると指摘されている(51)。この点からすれば、太寧寺は西大寺律宗であった可能性もある。近隣の金沢称名寺は真言律宗であり、律宗と真言宗は兼修する傾向がある。この点からすれば、真言律宗であったとも考えられる。律宗は鎌倉中期以降に港など交通の要地に建立されたが、瀬ケ崎はまさにそうした土地であり、律宗寺院が建立されるのにふさわしい。律宗は葬送や石塔の造立とも関係が深いので、五輪塔が造立されたとも考えられる。その後、範頼が六浦(金沢)で死去した伝承と結びついて、五輪塔が範頼の墓とされたのではないだろうか。律宗の全盛期は鎌倉後期なので、南北朝・室町期に建長寺末寺となった可能性が高い。

おわりに

以上、範頼に関して、いくつかの課題に検討を加えてきた。範頼が野木宮合戦以前は吉見郡または比企郡にいたこと、範頼の子孫が吉見氏になり、その後、吉見義世が謀叛を起こした背景、範頼の伝承が太寧寺にあることの意味などを明らかにした。紙数の関係があり、論じ残した点も多いので、最後に今後の課題を簡単に挙げておこう。

その一つは『吉見系図』の史料批判であり、その記述がどのような過程で成立し、どのような経緯で近世に写されたかという点である。これは範頼が金沢で死んだという伝承がどのように生まれたかという点と関係する。また、近世に萩藩士毛利(吉見)氏が太寧寺の寺宝の修復を行なうが、それを行なった意味や背景を明らかにする必要がある。

従来、源平合戦での範頼の活動は過少評価されているが、これは鎌倉幕府の西国支配の端緒として重要な問題であり、配下の武士の活動とともに新たに捉え直すべきである。さらには範頼と公家藤原範季・範資父子との関係、吉見氏による慈光寺や法華堂の別当就任などの宗教活動なども重要な課題である。

註

(1) 野口実「源範頼の軌跡」(『鎌倉』六五、一九九一年)。
(2) 保立道久『義経の登場』(日本放送出版協会、二〇〇四年)、近藤好和『源義経』(ミネルヴァ書房、二〇〇五年)にもこの点に関する論及がある。
(3) 『群書系図部集 第二』(続群書類従完成会、一九七三年)所収。
(4) 田端泰子『乳母の力 歴史を支えた女たち』(吉川弘文館、二〇〇五年)。
(5) 図録『頼朝 範頼 義経―武州金沢に伝わる史実と伝説―』(金沢文庫、二〇〇五年)。
(6) 関靖『かねさわ物語』(横浜土地新報社、一九三八年。国書刊行会から一九七四年に復刊)には「源範頼と太寧寺」の章があり、両者の関係や伝承の由来などが記述されている。
(7) 『吾妻鏡』は『新訂増補国史大系』(吉川弘文館、一九七五年)を用いた(北条本)。
(8) 石井進「志太義広の蜂起は果して養和元年の事実か」(『中世の窓』一一、一九六二年。後に『鎌倉武士の実像』平凡社、一九八七年、に収録)。
(9) 『小山市史 通史編I 自然 原始・古代 中世』(小山市、一九八四年)。
(10) 『角川日本地名大辞典11 埼玉県』(角川書店、一九八〇年)慈光寺の項。『埼玉県の歴史散歩』(山川出版社、二〇〇五年)。『特別展 慈光寺―国宝 法華経一品経を守り伝える古刹―』(埼玉県立歴史と民俗の博物館、二〇一五年)には法華経など慈光寺所蔵品の写真が掲載されている。

(11)　田端註(4)書。保立道久『中世の国土高権と天皇・武家』（校倉書房、二〇一五年）第二部第五章第一節では、比企尼の孫娘が義経と婚姻した背景などが言及されているが、範頼については言及されていない。

(12)　『角川日本地名大辞典11　埼玉県』吉見の項。

(13)　『倭名類聚抄』（勉誠社、一九七八年）。この影印本は元和三年古活字版の二十巻本による。巻七には横見郡とあり、高生・御坂・余戸の三つの郷が記されている。

(14)　『東松山市史　資料編　第二巻』二四九号（東松山市、一九八二年）。

(15)　『群書系図部集　第五』（続群書類従完成会、一九七三年）所収。

(16)　『小山市史　史料編・中世』系図五号（小山市、一九八〇年）。

(17)　野口註(1)論文では八月二十五日条としているが、七月二十五日条が正しい。この論文では簡単ではあるが、範頼と小山・安達・比企氏との関係に触れている。

(18)　『保暦間記』（『群書類従　第二十六輯』）。『吾妻鏡』建久四年八月二十日条に「故曽我十郎祐成一腹兄弟原小次郎被誅、参州縁座云々」とあり、祐成の兄弟が範頼に縁座して殺されており、範頼が曽我兄弟の仇討ちに関与していた可能性がある。この点は従来から指摘されているが、今後も追究すべきである。

(19)　『吾妻鏡』建久四年八月十七日条。

(20)　『改定史籍集覧　参考源平盛衰記』（臨川書房から一九八二年に復刊）。この記述は『大日本史料　第四編之四』（東京帝国大学、一九〇五年）にも範頼の死去の記事にかけて、掲載されている。また、これには東寺本・南都本『平家物語』には北条で範頼を誅したという記述が引用されており、こうした伝承が『尊卑分脈』に採用されたと考えられる。

(21)　山下宏明『八坂本　平家物語』（大学堂書店、一九八一年）。この本は奥村氏所蔵の写本の影印である。

(22)覚一本『平家物語』巻十二、重衡の斬られの事。
(23)『日本史大事典』(平凡社、一九九四年)吉見義世の項。
(24)『日本国語大辞典』(小学館、二〇〇五年)。
(25)『内乱史研究』一五(中世内乱史研究会、一九九四年)に永仁一年分が翻刻されている。
(26)石橋克彦『大地動乱の時代』(岩波新書、一九九四年)。
(27)盛本昌広「『温古集録』収録の龍華寺棟札」(『金沢文庫研究』三三五、二〇一五年)。
(28)この点、西岡芳文氏のご教示を得た。
(29)註(5)解説。『柳営補任』の御書物奉行には「寛文元丑五月廿六日小十人組ヨリ　浅羽三右衛門」とある。『寛政重修諸家譜』には浅羽成儀が寛文元年五月二十六日に御書物奉行となり、その後、武家系図書写を行なったので、時服二領・黄金一枚を与えられたとある。
(30)『日本史大事典』書物奉行の項。福井保『紅葉山文庫』(郷学舎、一九八〇年)。
(31)『日本史大事典』萩藩閥閲録の項。
(32)『萩藩閥閲録　第一巻』(山口県文書館、一九六七年)に収録。この系譜では範頼は文治二年に伊豆北条で討たれたとあり、『尊卑分脈』の記述を引用したと考えられる。吉見氏は広頼の子二人が絶えたので、その娘と吉川広家の次男が慶長十七年に結婚して家を継ぎ、就頼と名乗り、毛利家から毛利の名字を名乗ることを許され、一門とされた。この間の事情を示す文書が巻六に収録されている。それ以外に義昭が鞆に入った時の事情を示す文書などもある。この時に義昭から三河守の受領を許されているが、範頼が三河守を名乗っていたので、それに倣ったのであろう。この点は先祖に関する意識を示すものとして興味深い。吉見氏の系図は別に「毛利隠岐家略系図」もあり、死亡地は記されていないが、建久四年八月二十四日に死去し、法名を大寧寺道悟とするなど、『萩藩閥閲録』とは異なる記述がある(『大日本史料　第四編之四』所収)。
(33) 註(5)解説。
(34) 高橋昌明『酒呑童子の誕生』(中公新書、一九九二年)。
(35) 『小山市史 史料編・中世』三三九〜三四八号。
(36) 『日本古典文学大系33 平家物語 下』(岩波書店、一九六〇年)は覚一本を翻刻したものだが、その注釈で延慶本などでは千本松原とあることを指摘し、その理由を考察している。そこでは、斬った者が駿河の武士岡部氏であることによると推定しているが、千本松原自体に意味があったと考えられるので、今後検討が必要である。
(37) 麻原美子・小川栄一・大倉浩・佐藤智広編『平家物語 長門本・延慶本 対照本文 下』(勉誠出版、二〇一一年)。
(38) 註(21)『八坂本 平家物語』。佐藤謙三校註『平家物語 下巻』(角川文庫、一九五九年)では、八坂本に「むつら坂」とあるという注釈がある。『参考源平盛衰記』には八坂本・南都本・東寺本では六浦坂で処刑したと記載している。
(39) 『屋代本 平家物語』(角川書店、一九六六年)。これは国学院大学図書館所蔵の写本の影印である。
(40) 『関東合戦記』、『北条記』(共に『続群書類従 第二十一輯上』所収)。
(41) 時宗と平家物語のような語り物や芸能者との関係については、国文学や民俗学に多くの研究がある。歴史学でもこの点に言及する研究があり、代表的なものとして、網野善彦『無縁・公界・楽』(平凡社、一九七八年)がある。
(42) 網野善彦「桐村家所蔵「大中臣氏略系図」について」(『茨城県史研究』四八、一九八二年。後に『日本中世史料学の課題』弘文堂、一九九六年、に収録)。
(43) 『新 日本古典文学大系43』(岩波書店、一九九二年)所収『保元物語』。同書は国立公文書館内閣文庫蔵半井本を底本としている。また『日本古典文学大系31』(岩波書店、一九六一年)所収の『保元物語』(金刀比羅宮所蔵本)には「常陸国には、中郡三郎・関次郎」とある。『保元物語』の記述に関しては網野論文では言及していない。

（44）湯山学「仁和寺子院勝宝院と武蔵国六浦庄」（『六浦文化研究』七、一九九七年）。
（45）西岡芳文「中世史料にみる瀬ケ崎・室ノ木」（『六浦文化研究』八、一九九八年）。
（46）註（5）四四頁には、戦前の状況が人からの聞き書きによって記されている。
（47）石井進『もうひとつの鎌倉』（そしえて、一九七三年）。
（48）『日本史大事典』瑞巌寺の項。入間田宣夫「松島寺の柏槇」（『瑞巌寺博物館年報』一〇、一九八四年）、同「東の聖地・松島」（入間田宣夫・大石直正編『よみがえる中世【7】みちのくの都多賀城・松島』平凡社、一九九二年）。
（49）『新編鎌倉志』。『江戸名所図会』にも同様の記述がある。市古夏生・鈴木健一校訂『新訂江戸名所図会2』（ちくま学芸文庫、一九九六年）を使用した。
（50）『新編鎌倉志』では、建長寺龍峯庵にある能仁寺仏殿の梁碑銘を引用している。これに能仁寺開山のことが記されている。
（51）註（5）解説。

千葉県銚子市・常燈寺薬師如来坐像の像内銘に関する考察

植野　英夫

はじめに

千葉県銚子市常世田町に所在する常燈寺の本尊、木造薬師如来坐像内には、仁治四年（一二四三）の修理の墨書銘がある。この銘は、海上胤方の名前が記載され、多くの僧俗が結縁した勧進によって修理が成されたものであることがわかる明瞭な資料として知られる[1]。また薬師像は、いわゆる飛天光背をもつことから、東国における定朝様式の仏としても知られてきた[2]。近年の研究では、光背頂上に配置される胎蔵界大日如来について、密教における薬師如来＝大日如来の同体説に基づくものであることが明らかにされている[3]。そして、裳懸座を伴うという古様の姿を残していることも稀有な像である。薬師像が一九五三年に再発見されてから[4]、本像は藤末鎌初、いわゆる十二世紀後半頃の制作と考えられ、造像後間もない頃に修理が成されたことが指摘されてきた。

本稿では、これら先学の研究をふまえ、修理銘について改めて検討を加えるとともに、当時の海上氏や三崎荘をめぐる宗教状況について考察する。

最初に常燈寺薬師像の法量等概略を記しておく。像高一・四二、光背高二・四五、台座高一・〇八m[5]。

像は檜材・寄木造、漆箔仕上げ、彫眼。左手は膝上で掌を上にして薬壺をのせ、右手は胸前で五指を開いて前方に立て、左足を上にして結跏趺坐する。光背は二重円相光、周縁に透彫飛雲文中をめぐらし、頂部に胎蔵界大日如来三軀、供養菩薩一二軀を配す。台座は八角の裳懸座に造る。

一　造像時期と像内墨書銘

1　造像時期

まず常燈寺薬師像の造像年代について、研究史を確認しておく。

1－1　薬師如来像

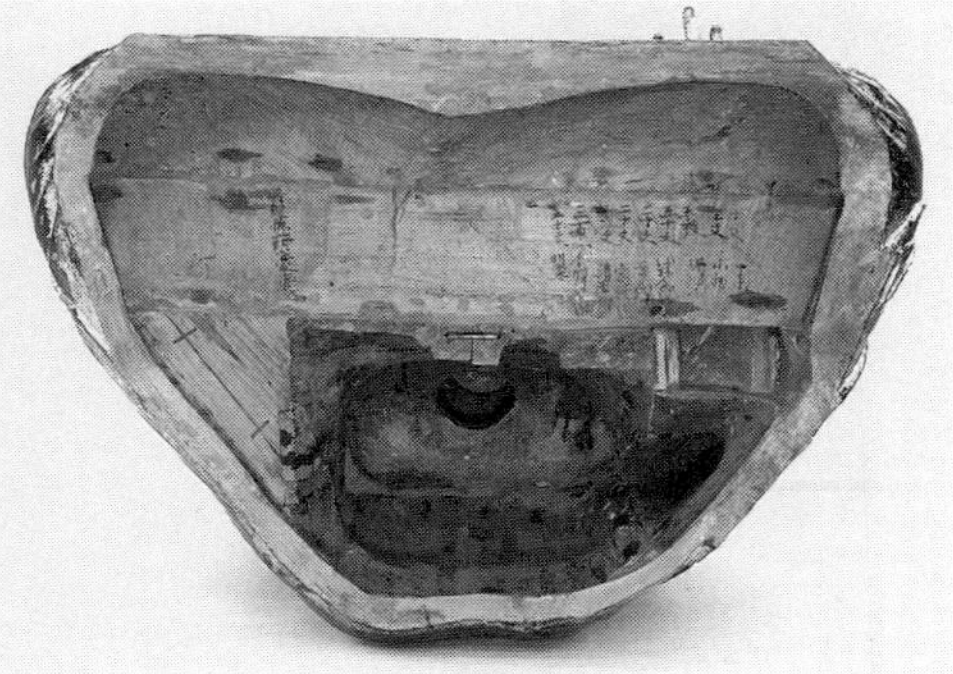

1－6　底面

1－2　正面

1－3　背面

1－4　右側面

1－5　左側面

写真１　常燈寺薬師如来坐像

本像の発見者である篠崎四郎氏は、像は仁治から百年さかのぼる藤原期、台座・光背は藤原期と思うが時期は相違、銘以降のものではない、基台は江戸期の補作ではないか、とみている。特に光背については、「奏楽の天女をのせた飛雲文台座や天衣の技法に、幾分煩わしいところはあるが、頭光と身光の圏内の菊花文に見る古調など、そんなに下げられないように見られる。それには藤原特有の捻菊文に見るおもかげが看取される」と述べている(6)。

久野健氏は、「本像は面相丸く、優雅な表情をなし、体軀も胸ひろく膝高低く、体軀をつつむ衲衣も、型通りの衣文を平行状に浅くほる。定朝様をひく典型的な像で、その制作年代は、藤原時代末と考えられる」とし、「台座、光背も一部は古いものが残っているが、それらも像と一緒ではなく、中世修理の際のものらしい。材は、本体はヒノキ、台座飛天の古いものは、カヤが使われている。金箔もあとのもの」と台座・飛天の材種から段階的な修理への所見を述べている(7)。

本像に関する一九八一年時の文化庁の解説では、像は鎌倉時代、二重円相光・懸裳も鎌倉時代前期、光背の仏・菩薩は若干下る、とする。像については、「粒をそろえて細かく刻む螺髪の形や丸く張りのある頰の肉取り、薄い躰奥、整斉された衣文の表現など、いわゆる定朝様をかなり忠実に学んではいるが、切れ長の強い眉・眼の形や、衣文のやや深い彫り口には鎌倉時代のいぶきが感じられる。特に背面の衣文のあしらいには自然味があって、膝を厚く表現し、張りも十分にとってどっしりとした安定感を示すのも同巧といえよう」と述べている(8)。

最も新しい所見は、武笠朗氏の作品解説である。薬師像について、「像は、定朝様の造形を基本とするが、切れ長の眼と眉の作るその表情はのどかさが消え、肉付きに引き締まりがうかがえ、抑揚のある側面観も写実的風を吸収した感が強い。京都などの中央造像の尺度からすれば十二世紀後半の傾向ということになるが、当地での制作となればすでに鎌倉時代に入ってのものかも知れない」とし、中央か地方かの制作地の別による差を指摘され、光背・台座については「古式に倣うが、室町期頃の補作とみられる」と指摘している。[9]

これら先学によれば、薬師像は平安時代末から鎌倉時代初期にかけて制作されたものであるといえよう。飛天光背と台座については、仁治度修理のものか、それよりも時期が下るものといえる。

2　像内墨書銘

篠崎氏の発見時に確認された像内銘は、一九六〇年の保存修理の際に、籠文字で写し取られるとともに、写真撮影がなされた。銘の全文は次のとおりである。[10]

〔銘文1〕　像内背面墨書銘

（背面上部）

仁治二二季癸卯春三月廿四日

（背面下部）

薬師如来加修理

大勧進阿闍梨栄慶　并奉加衆

合銭

二貫文　平胤方芳□（縁）藤原□（氏）

五貫文　沙弥慈道縁友鳥取氏

三百文　金剛佛子澄辨

五百文　大中臣氏

五百文　小野氏籾一石□（藤）原氏

一百文王部氏

〔銘文2〕　左膝奥墨書銘

帷子一領吾門□（假）

三百文平行正

三百文平氏播磨

三百文藤原氏伊豫

一百文氏女蝶屋

一百文氏女玉屋

〔銘文3〕　右膝奥墨書銘

籾三斗　正辨　「

五十文

覚阿弥陀「

「　」

一百文　□□氏

一百文　小中臣氏

一百文　平真忠

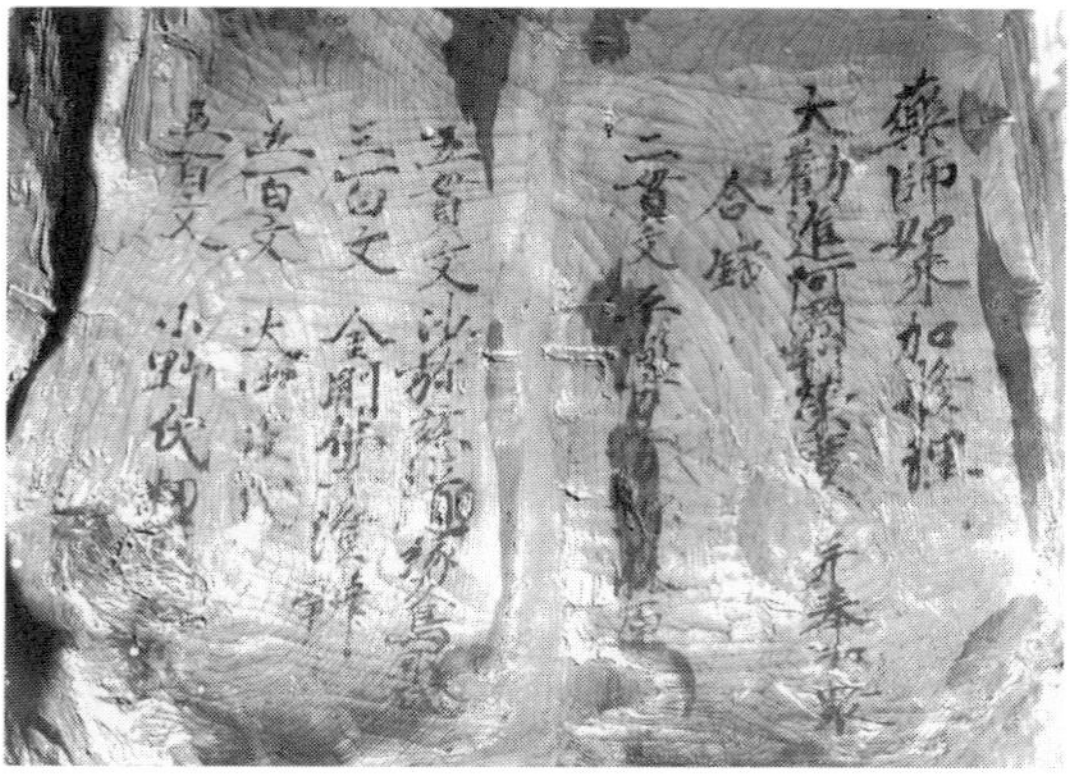

銘文 1－2

銘文 1－1

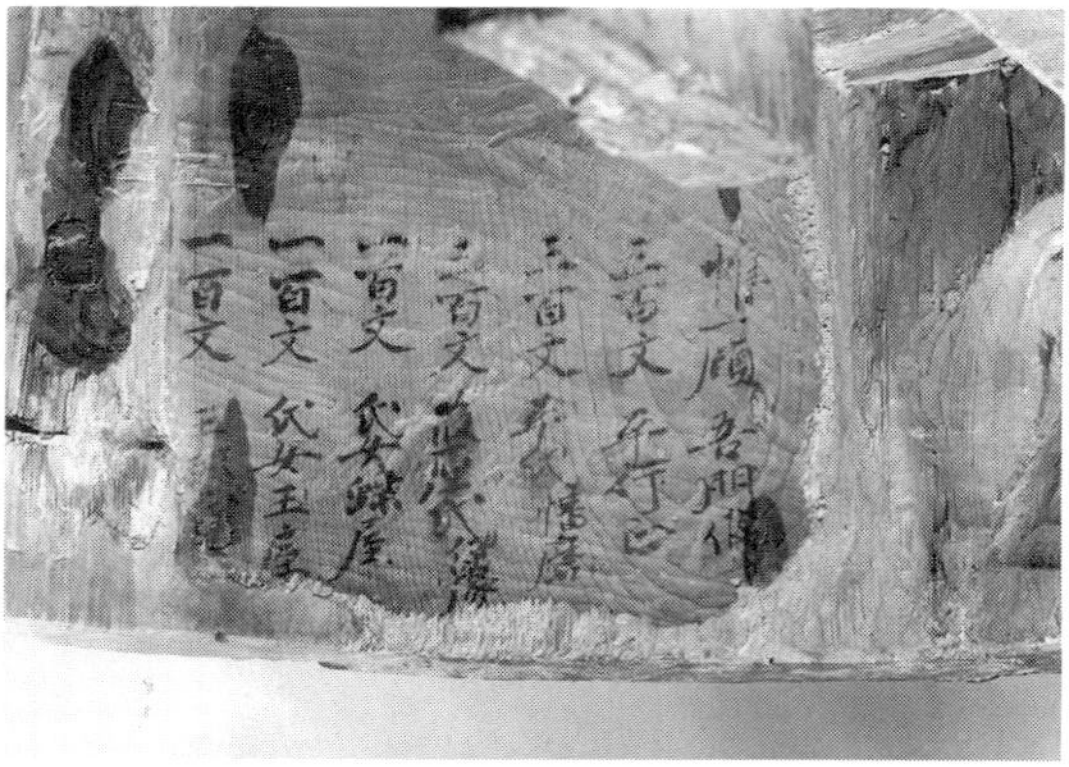

銘文 2－1

銘文 3－2

銘文 3－1

写真 2　薬師如来像内墨書銘

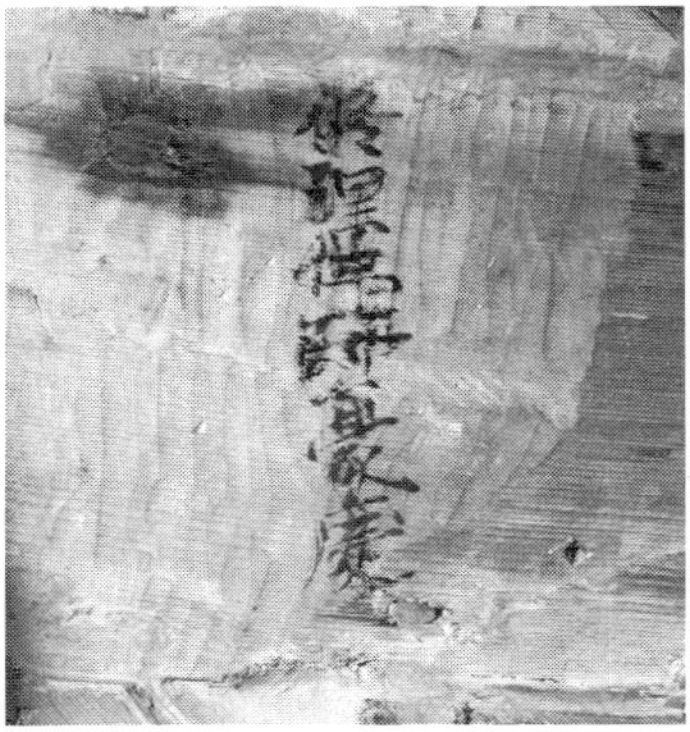

銘文４－１

銘文４－２

五十文　莉田氏
百文　安卩（部）氏
百文　僧長□（西）
□文　若斐氏
二百文　僧西蓮
二百文　藤原氏大和
百文　僧行□（徳）
廿文　僧長寛
五十文　僧澄□（慶）
一百文　僧道忍
柒工師　平利清
小塗□（師）　長谷真□（永）

〔銘文４〕膝裏墨書銘

十文　中楽
三文　小物
五枚　得心房
五十文　沙弥念阿弥陀仏
二十文　安卩氏
二十文　定法
二十文　清原氏
三百文　金剛佛子惟弁
五十文　明憲
（以上、左寄り）
修理佛師豪慶
（以上、右寄り）[11]

二　修理時期と修理内容

1　修理時期

像内銘の写真を見ると、この銘文は全て同筆であることがわかる。年号は仁治四年（一二四三）とある。仁治四年は、二月二十六日に寛元元年に改元されている。ということは、銘の三月二十四日は、改元をまだ知りえていない者が記したこととなる。つまり、都ではなく、そこから離れた当地、三崎荘で修理が実施されたとみなせるであろう。

仁治四年という時期について、次の後世の資料に注目したい。銚子市の海上八幡宮の社家に伝わる「海上八幡宮年代記」である。[12]

後光明百十一代
慶安元年　此年常世田薬師修複（復）四百三十二年目
此四年辛卯四月廿日家光公号太猷院殿

史料は、慶安元年（一六四八）が薬師像修理から四百三十二年目にあたると記しているので建保四年（一二一六）に修復がなされたこととなる。仁治四年は建保四年の二十七年後となり、仏像修理の間隔としては余りにも早い。何らかの事情があったことをうかがわせる。

2　修理内容

次に、修理内容であるが、銘文中には、それらしい言葉は見当たらない。文化財修理報告書においても、過去の修理歴をうかがう所見は記されておらず、具体的な内容はわからない。しかし修理規模については想定することが可能である。銘の中に、工匠として仏師と漆工師・小塗師が見える。ここから、像の材矧目や、欠損した部材の補修・補塡、塗装等が行われたものと推測されよう。

銘には、結縁者が喜捨した銭・物品が記されている。銭について総額を見ると、一〇七九三文、約一〇貫八〇〇文である。銭高の意味について、他の仏像修理の事例から類推してみたい。

千葉県いすみ市長福寺の薬師如来坐像は、平安時代後期、十一世紀に造像されたとされる同寺本尊である。両脚部裏に次の墨書銘がある。

建長弐季大才庚戌大勧進式部公西舜　　金□十五貫
□□　　十二月廿九日　　金物(13)
□

建長二年（一二五〇）に式部公西舜が大勧進となって、一五貫文の喜捨によって修理されたと記される。また、寛永十五年（一六三八）の銘もあり、およそ三百年ごとに修理を経てきたことがわかる。像高は一〇一・二cmあり、常燈寺像よりやや低い。

千葉県茂原市藻原寺所蔵の「仏像伽藍記」には、以下の記述がある。

四菩薩ノ料足事、十六貫文也、木作、肉髻水晶、□（輪カ）光、御目玉共ニ十六貫也、惣シテ上下ノ員ト共ニ廿貫文許也、

塗師・薄師事
上総国一宮荘社僧豊前公康応《永》二年二月十九日約束也、十六貫文ニ定也、
二尊御入マシ次第事幷役人事
一四菩薩荘厳等事
　康永二年癸未三月六日始、同五月四日ニ其功畢、
一仏師上総国一宮荘内宮本豊前・同弟子助・同讃岐三人シテ奉荘厳之、
一料足事、薄塗計也、十貫
一絹青一貫文　一五百文仏師豊前
一二百文　助房　一百文　銀　座料
一二百文　下地布(14)

康永二年(一三四三)に菩薩像四軀に一六貫文の経費を要している。この四菩薩像は、像高二七・六～二八・五cmを測る(15)。

これらの事例から、常燈寺像の一〇貫八〇〇文の修理も、当時の修理や新造の例から推して突出した額とはいえない。武笠朗氏は仁治度の修理について、「両肩部の横材などの補修にとどまっているようで、像の表現には影響を及ぼしてはおらず」と述べている。また先述したように、光背・台座が仁治度の修理とみる説も勘案すると、仁治度の修理では、薬師像両肩部の小修理と塗装および、光背・台座の修理を主とする内容であった可能性が高いとみられる。

三　海上氏とその作善

平姓で「胤」字をいただき、常燈寺所在の三崎荘において半丈六の仏像修理に関われる人物は、海上胤方をおいてほかにはいない。平胤方は、千葉常胤の子で東氏を名乗った胤頼の孫にあたり、胤方代に海上を名乗っている。(16)

『吾妻鏡』では、建長四年（一二五二）十二月十七日条一か所に登場する。

十七日　丁卯天晴、将軍家御移徙之後今日始、御参鶴岡八幡宮雖有御悩余気、御出御車御直衣、云々

供奉人

先陣随兵（中略）　海上弥次郎胤景　（中略）

御後布衣（中略）

後陣随兵（中略）　海上次郎胤方　（中略）

宗尊親王の鶴岡八幡宮参詣に、後陣随兵の一人に胤方の名が、先陣には胤方子の海上弥次郎胤景の名がみえる。

三崎荘は十二世紀前半に立荘され、常衡系海上氏が在地領主であったが、正治元年（一一九九）頃は千葉氏にかわった。『吾妻鏡』には、建保六年（一二一八）に胤方の兄胤行が海上荘に下向したことや、安貞二年（一二二八）には九条頼経将軍供奉人に胤方の弟胤有がみえ、また『千葉大系図』の胤方の傍注に「承久年中被分与下総国海上郡」と記載されることから、(17)承久年中（一二一九～一二二二）には海上氏の支配となっていた。このことから、仁治年間は胤方の現地経営にあたってから二十年近く経過している時期にあたるものといえるであろう。

次に胤方の名が登場するのは、建長四年二月五日に埋納された経筒に刻まれた銘である。

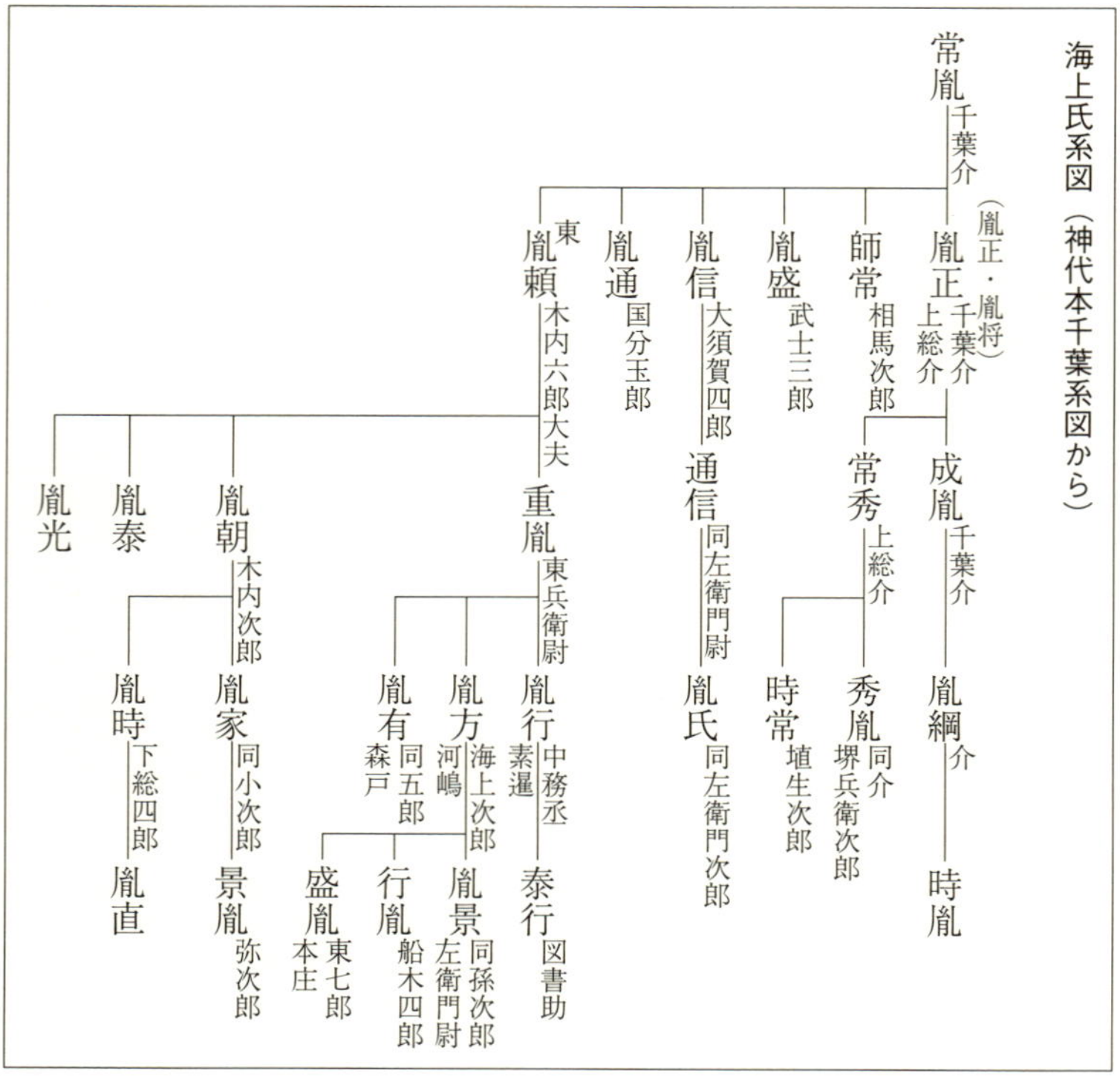

海上氏系図（神代本千葉系図から）

如法経
奉為悲母禅尼也、
建長四年壬子二月五日
施主　平胤方[18]

高森良文氏によると、この経筒は、一九四四年九月に銚子市岡野台町二丁目四三七番一の等覚寺（曹洞宗）裏の畑の開墾中に発見されたものである。等覚寺は、明徳元年（一三九〇）に中島城主海上山城守理慶が願主となって領内流行の病気平癒を祈願し、観音・薬師・地蔵を造像して草創されたと伝えている。こうした寺縁起や宗派の点から、この経筒は等覚寺とはゆかりがなく、等覚寺のすぐ東隣に位置する引接寺ゆかりのものであると考えられている。引接寺は、「海上山引接寺」と号し、十四世紀初頭の史料には金沢称名寺の僧侶との交流がみえ、[19]禅密系に限らない諸宗派の談義が展開されていたが、明治初年に廃寺となっている。[20]なお引接寺から等覚寺に移されたとされるのが、木造薬師如来立像二軀である。共に県指定有形文化財で、一軀は十三世紀半ばに造像され、引き締まった相貌、やや吊り上がった目尻など、慶派の特徴をよくあらわす。別の一軀は、螺髪が清涼寺式阿弥陀如来のように縄目渦巻き状をしている十三世紀後半の像である。

経筒埋納の施主「平胤方」は、「奉為悲母禅尼也」とあるように、胤方の母の追善供養のため如法経を埋納している。胤方の母については、各種の千葉氏系図で伝えることがないが、後にみるように高森良文氏が下野の宇都宮氏の女ではなかったかと推定されている。ここでは、胤方が、母の菩提を弔うという作善を、引接寺において営んでいたことを確認しておきたい。

また、胤方の子胤景は、常燈寺の薬師像修理の一年前、仁治三年（一二四二）に、大和の当麻寺の当麻曼荼羅厨子扉修理に結縁している[21]。

当麻曼荼羅厨子扉修理とは、天平宝字四年（七六〇）頃に製作された綴織当麻曼荼羅を奉懸する厨子の扉を、仁治三年に、当時の執権、摂関家をはじめ、僧俗二一五〇余人が結縁によって成した事業であり、そこには左衛門尉平胤景の名もみえる。「当寺寺僧分」の筆頭には「沙門証空」、法然の弟子で後に西山派の祖となった西山証空の名がある。証空に将軍頼経が師事したことで、多数の御家人も結縁している。胤景の結縁には東胤頼以来の浄土教僧侶との親交が前提となろう。後にみる宇都宮氏については、頼綱の子「前下野守藤原朝臣泰綱」、一門の笠間時朝「左衛門少尉藤原朝臣時朝」の名が記される。寺僧には、頼綱の法名「蓮生」も登場している。また、宝治合戦（宝治元年〔一二四七〕）で自害した頼経の子時綱の名「前美作守藤原時綱」も、修理後に蓮生が供養のために追記させている。

四　人物比定(1)―平胤方芳縁藤原氏―

薬師像の像内銘の筆頭に記されるのが「平胤方芳縁藤原氏」である。願主とみて誤りないであろう。そして、最も高い額を寄進しているのが「沙弥慈道縁友鳥取氏」である。「芳縁」「縁友」は妻をさす言葉である。[22] 前者は、胤方の妻である藤原氏、後者は、慈道の妻である鳥取氏という意味になる。

これらの芳縁・縁友はともに夫婦での呼称であるが、用字の違いに関して峰岸純夫氏は、平胤方と沙弥慈道およびその妻の出自の地位によって使い分けられている、と指摘されている。また、勝浦令子氏は、このほかの男性や女性が五〇〇文から一〇文までさまざまな額を寄進していることから、修理の主要檀主の二組の夫妻は共同出資の可能性が高く、おそらく当時の夫妻別産の実態において独自の財産から各自出資したものと指摘している。これらの指摘をふまえれば、仁治度の薬師像修理は、女性の発願に基づいた事業といえる。

胤方の妻については、どの系譜にも記録がない。しかし、先述したように、胤方の母について記す資料が残されているので、まずそれに関して考察を加えることとする。

高森良文氏は「千葉大系図」(現・東庄町所蔵、旧・故東保胤氏が伝襲。以下、「旧東家本」と略す)を紹介され、胤方の母、重胤の妻は宇都宮氏の女ではないか、と指摘している。[23] なお、故東保胤氏は、鎌倉後期造立の木造妙見菩薩立像(千葉県指定有形文化財)を伝えた同家最後の当主である。同家が東庄町へ寄贈した史料は全部で六〇数点あり、古今伝授関係、系図類から成っている。高森氏は旧東家本について、「系図の記載内容(とくに東氏関係の記載)については、今後関係資料を含めて十分な史料批判及び研究が必要」とも指摘されており、旧東家本の史料的価値については検討の必要がある。

まず、『房総叢書』の稲葉隣作氏の解説によると、同書収録の「千葉大系図」の底本とした東京大学史料編纂所本は、寛永年中に千葉介重胤が撰じ、後裔の鏑木氏が手沢したものという。さらに稲葉氏は、同書で翻刻はしていないが、「千葉東氏系譜」として自身が所蔵する「千葉東氏系譜」の解説をしている。そこでは、「千葉大系図」との相違点を、①良望の弟良文の子に将門を出している、②胤兼—胤将—胤宣—胤直となっている（大系図は兼胤—胤直）、③胤富—良胤—邦胤とあり、大系図にない良胤がある、④常縁—縁数—元胤—常和—氏胤—常数から直胤（小田原役戦死）、棟胤（家名断絶）とし、以下九代目が撰者将胤である、傍線部も大系図とは相違、などと指摘している。さらに、撰者将胤は、「佐原の産で、香取神宮に奉仕し、其の古文書を見るを得たため、自ら東氏の後と称して系図を偽造した。実は東氏ではないといふ。審議はわからぬ」という一説を披露している[24]。

旧東家本は、稲葉氏がいう「千葉東氏系譜」の内容に近い。ところで故東保胤氏が寄贈した史料全体をみると、将胤の筆に係る資料が多く、将胤代に史料群が書写・集積・作成されたものと考えられる。将胤は、複数の史料で明治十年代に署名しており、幕末から明治にかけての人物である[25]。つまり旧東家本も明治初期に書写されたものであるといえる。ただ、稲葉氏があげた「千葉東氏系譜」とは、③④について相違（大系図とも相違）していることから、将胤は、さまざまな資料を基に系譜を整備したものと考えられる。

さらに、旧東家本には、次のような特徴がある。

「千葉大系図」の東氏は、重胤—胤行—行氏—時常—氏村—常顕—師氏—氏数—常縁—頼数—元胤—常知—氏胤—盛胤—胤好—胤繁—胤慶と続き、最後は胤慶（元亀元年没）で止めている。旧東家本では、東氏の常縁系以降に二つの系統が記載される。一つは、常縁—縁数—元胤—常慶—盛数と続き、盛数からは遠藤姓とし、明治十一年没の胤城で止めている。もう一つは、常縁—縁数—元胤—常和—氏胤—素縁(常数)—直胤—宗胤(後に棟胤)とあり、棟胤(正保元年没(一六四四))の子孫の将胤—忠胤で止めている。

また、旧東家本の千葉介の系統では、胤富の弟に棟胤を置き、この後裔に将胤—忠胤が最後に記載されている。千葉介系の記述の間に、以下の記述がある。

自東棟胤至嫡孫東将胤十代之来由

天正十九年辛卯五月八日下総国東之庄森山落城家名断絶以来、城主東棟胤文禄二年癸巳三月落居于美濃国栗栖也、正保元年甲申三月十六日于爰歿、故以其歯骨東之庄岡飯田村葬、于開基通性山芳泰寺焉、同三年丙戌四月久胤去栗栖而到出羽国長井郷于此居住八代至于則胤也、則胤年三十四、文化三年丙辰四月去長井而出于江戸、雖然不能立本志於是遂移居祖先之本国于下総也、後年則胤之長男将胤仕于松平勝権其子松平勝行二代、嘉永三年庚戌六月有故退藩、後継匝瑳郡一座老尾神社之社司大禰宜之職也、因父子家族皆以居住于生尾村矣、

明治十九年七月廿八日　将胤長男東忠胤

これによると東棟胤は、文禄二年(一五九三)三月に美濃国栗栖(現在の愛知県犬山市栗栖)に落居し、正保元年(一六四四)に当地で亡くなる。棟胤の遺骨を東庄岡飯田村(現在の香取市岡飯田)に埋葬し、森山城下の芳泰寺(曹洞宗)の開基となる。正保三年四月に久胤は美濃国栗栖を出て、出羽国長井郷(現在の山形県長井市)に移住し、以後八代則胤代まで居住する。文化三年(一八〇六)に長井郷を出て、江戸へ出るものの志を立てることができず、祖先の地である下総国に移った。則胤の長男将胤は、多古藩主の松平勝権(一八〇七〜一八六八)、その子勝行(一八三二〜一八六九)の二代に仕え、嘉永三年(一八五〇)に藩を退き、匝瑳郡の式内社老尾神社(現在の匝瑳市生尾に鎮座)の大禰宜となり、以来家族と生尾村に居住するようになった、という。

概略すると、故東保胤の先祖は、江戸時代初めには下総・美濃・出羽国と居所をかえ、出羽国では姓を新野氏と改め、十九世紀初めに父祖の地である下総国香取地方にもどり、その際に再び東姓にかえったこととなる。

旧東家本の胤方の母に関する記述をみてみる。旧東家本では、以下のように、東常縁に連なる東家の祖にあたる重胤以降の者について、没年、室出自、法号、古今伝授等が加筆されている。重胤の傍注の没年より後半は、『千葉大系図』には記載されていない部分である。歌道の伝統を重視する態度から室名、院殿居士の法号を書き加えたものであろう。

重胤（東平太　従五位下　左兵衛尉　道号覚念）

仕幕府三代将軍、武功許多、且才優而通暁和歌道、鳴名於風雅、上到大樹下迄諸士等、賞美其文武兼備矣、子孫世々熟此道、顕其名入累世之和歌集矣、承久二年請幕府住父胤頼之例、以上洛号東所遂先途備家眉目也、

宝治二年丁未六月廿一日逝去　年八十一　法号　龍華院殿芳岩宗音大居士

室宇津宮左衛門尉朝綱女

仁治元年庚子十月二日逝去　年六十五　法号　圓光院殿清鏡大禅定法尼(26)

これによれば、重胤の妻は宇都宮朝綱（元久元年〔一二〇四〕没）の女であるという。『尊卑分脈』によると朝綱は、「鳥羽院武者所、後白河北面、宇都宮検校」とある。野口実氏は、朝綱は、平家の武力として今日の治安を守る役割を担い在京武士の中で群を抜いた官歴（右兵衛尉）に補任された人物であり、弟に八田知家、妹に小山政光に嫁し源頼朝の乳母であった寒川尼がおり、小山氏・波多野氏・小山田氏などと姻戚関係にある京武者としてのステイタスを保持し、一所傍輩のネットワークを構築していた武士であるという(27)。旧東家本記載の宇都宮氏の女については、他の同時代史料からは確認できない(28)。よって弧本である旧東家本の記載に万全な信をおくことはできない。ただ宇都宮氏と、

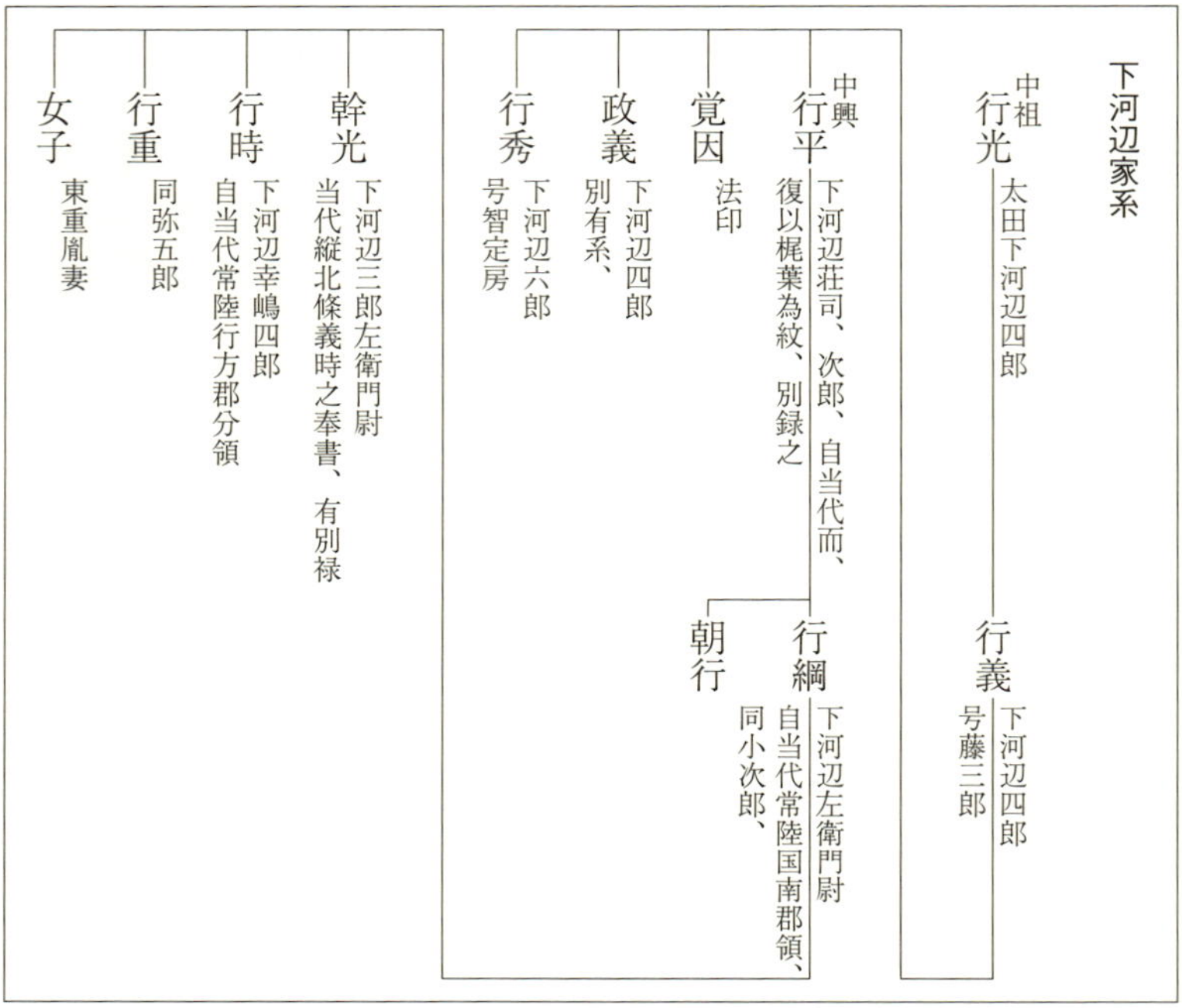

同じく京武者としての側面を強く持つ東氏とが姻戚関係になる可能性は、あり得ることである。

もう一本、東重胤の妻を系図に掲載する史料が、下河辺孫一氏所蔵『下河辺家系』である。『古河市史』の解題によれば、元禄期以後の成立と思しき系図で、行平系の常陸行方下河辺氏の系図に位置するとされる(29)。それによると、「東重胤妻」と傍注のある女子は、下河辺行平の子行綱の娘で、行時の妹である。行平・行綱の没年は不明だが、行平は、『吾妻鏡』では元久二年（一二〇五）六月二十二日条を最後に見えなくなり(30)、一方重胤は、建久六年（一一九五）から承久元年（一二一九）にわたって登場している。重胤の妻として、行綱の娘があたる可能性は年代的にないわけではない。

下河辺氏は秀郷流藤原氏の嫡流小山氏の一族で、下河辺庄の北の大野郷に本拠を置いたと推定される。摂津多田源氏の源頼政の郎党で、譜代の滝口の武士であり、秀郷流の武芸の故実を伝えていた。現在古河市関戸には、仁安四年（一一六九）の年紀のある我が国現存最古の宝塔がある。京・南都の石工による当時最新の技術によって造形された石造物として著名である。また、同市小堤の真言宗寺院円満寺には、唐代請来の密教法具が伝来しており、こうした技術や仏教文化の移入に下河辺氏が関わっていたと考えられている(31)。

以上、重胤の妻に関する史料二点についてみてきた。どちらの史料も後世に記録されているものであることから、直ちに信をおくわけにはいかない。ただ、どちらも氏祖は藤原氏であること、宇都宮氏・下河辺氏ともに東氏と同じく京都を媒介にして文化的な交流があることから、姻戚関係が築かれていた可能性はあるといえる。仁治度の薬師像修理に関わった胤方の妻についても、同様な氏族との関係の中で比定できるものと考えることができる。

五　人物比定(2)―沙弥慈道縁友鳥取氏ほか―

1　沙弥慈道縁友鳥取氏

先述したように、鳥取氏は沙弥慈道の妻である。鳥取氏は、九世紀に秀郷流藤原氏の祖藤成と婚姻した下野国の現地豪族の鳥取氏ではないか(32)。下野権守藤原豊沢は鳥取氏のもとで成長し、九世紀半ば頃に雑任国司の一員となり、豊沢の子村雄も鳥取氏を母としている。豊沢の『尊卑分脈』傍注では、「母下野史生鳥取業俊女」とあり、鳥取氏は国衙における書記官の家柄であった。秀郷代に中央軍事貴族となる在庁官人系の地方豪族といえるであろう。

その後の鳥取氏の展開については不明である。薬師像修理に関わる鳥取氏が、下野国の鳥取氏の流れをくむ者である可能性が高いが、確定はできない。沙弥慈道についても全くの不明であるが、海上氏とともに薬師像の修理に関わり、最も高額の喜捨をしていることから推して、海上氏を含めた東氏の系譜につながる者であろう。

2 仏師豪慶

修理を担当したのは「仏師豪慶」である。再発見当時より今日まで、同名の仏師は本像以外に史料がなく不明であるが、「慶」の字をもつことから慶派に属する仏師と推定されている。[33] 先述したように武笠氏の所見では、仁治度の修理は両肩部の横材などの補修にとどまっているとし、像に仏師の作風までは表れていないとする。

一九六〇年に美術院にて行われた本像の保存修理報告によれば、像本体は、遊離した材矧目の接合、肉髻珠・白毫の新造、裳先修正、光背は、材矧目の接合、大日如来両臂から先の新補、周縁の雲文を新造金具による緊結、台座は、材矧目の接合、反花及び三段框新造のみにとどまっている。年に一度の夜に限定し開帳されてきたという厳格な尊崇を受けていた像らしく、保存状態はかなり良好であった。[34]

仁治四年(一二四三)以降、昭和に至るまでの間に行われた修理は、先掲の「年代記」にみる慶安四年(一六五一)と、薬師如来の眷属十二神将が再興された慶長十二年[35](一六〇七)が該当する可能性がある。

3 その他の結縁者

このほか、銘に登場する者が、漆工・小塗師の工匠二人を抜くと三三人いる。

このうち、胤方芳縁藤原氏、沙弥慈道縁友鳥取氏の直後に登場し、同面に位置する金剛仏師澄弁、大中臣氏、小野氏、藤原氏、覚阿弥陀(仏)は、海上氏・藤原氏・鳥取氏の縁故の者であろう。

常燈寺には、開帳の際には香取市織幡の薬師様から鍵が来ないと開扉できなかったとの言い伝えがある。[36] 織幡の薬師様とは、香取神宮の神領として著名な織幡村にあった旧花見寺(廃寺)の本尊をさす。現在は小堂が残り、そこに銅造の薬師如来像(県指定有形文化財)ほかが安置されている。この織幡の薬師の由来は、銘に見える小野氏が織幡村と同じく神宮の神領小野村と関わりがあるのか。また、大中臣氏は香取神宮神官の系譜とのつながりを示すものなのか。ちなみに東重胤の弟木内胤朝が所領とした木内荘は、織幡・小野村の隣に位置している。なんら検証できる事柄ではないが、後考のために記しておきたい。

背面から続き膝裏へと続く銘には、在家の平氏・藤原氏・王部氏・小中臣氏・苅田氏・安部氏・清原氏とともに、僧侶の法名が記される。在家では「氏女蝶屋」「氏女玉屋」などと女性の名もある。僧では、阿弥陀仏と名乗る浄土僧、金剛仏子と名乗る密教僧もみえる。「中楽」「小物」など童名もしくは諸職・百姓衆と思しい者もみえる。「勧進」が海上一族に限られたものではなく、諸階層を対象に行われた作善であったことを示すものといえる。

六　三崎荘における常燈寺

この常燈寺の薬師像は常世田薬師とも呼ばれ、無病息災の利益があるとして今日でも信仰を集めている。薬師の縁日である八日、特に一月の初薬師の日は、本尊が開帳され、多くの参拝者が御朱印を額などに押してもらい、一年間の無病息災を祈る光景がみられる。また、境内に湧き出る清水が眼病に効くという信仰も続いている。

一般に薬師如来への信仰は、薬師がまだ菩薩であったころに立てた十二の大願に由来する。特に第六の諸根具足、第七の除病安楽が薬師の利益として期待されている。奈良・平安時代には、薬師悔過の本尊として国家主導による造像が進んだ(37)。また、一方では観音菩薩と同じく、現世利益の霊験仏として各地で信仰を集めてきた。平安時代に貴族の間では、安産、御産平安、年忌供養の本尊ともなった(38)。こうした薬師如来への多様な祈願は、武士においても同様で、源頼朝は、合戦で亡くなった者を敵味方の区別なく供養するために永福寺薬師堂で法要を営んでいる。源実朝も、和田合戦での死者を弔うために寿福寺の薬師法を執行している。[39]

海上氏が出た東氏では、浄土教信仰が著名である。東胤頼（法名法阿）は法然の弟子となり、嘉禄三年（一二二七）の叡山の僧侶による法然廟所破却の際には、法阿・蓮生（宇都宮頼綱）・信生（塩谷朝業）・道弁（渋谷七郎）らが嵯峨二尊院まで護衛している。胤方の子胤景は、仁治三年（一二四二）の阿弥陀如来の極楽浄土をあらわす綴織当麻曼荼羅を奉懸する厨子扉修理に結縁している。

また、建長年間（一二四九〜五六）から約十年間、浄土宗三祖である然阿良忠が、匝瑳南条荘・同北条荘・大須賀保・印東荘等を伝道している。[40]常燈寺から至近の地である匝瑳北条荘鏑木郷において、良忠は鏑木九郎入道胤定から『選択伝弘決疑鈔』の撰述を依頼されている。良忠の伝道は、領主の信頼を得て、「弊坊一宇・田一町」「仮御堂」などの拠点を設け、また、聖教書写や撰述、「学侶一百人」などを対象に講義を行っている。三崎荘からも良忠の講義に参加する者がいた可能性が高い。

そして、良忠の実子良暁は、正和三年（一三一四）六十二歳の折、「海上船木中務禅門」の請いにより、「称名寺」（地名の銚子市正明寺町として残る）に三年止住した。良暁は談義を重ね、『口伝鈔』の書写を船木禅門に許している。このことについて伊藤茂樹氏は、「海上船木中務禅門」は、胤方の子胤景の弟であり船木氏と名乗る行胤の系統の者にあたることを指摘している。[41]

また、伊藤氏は、銚子市内浄土宗寺院浄国寺に移され保管されている正和元年「称讃寺規式条々」について、六時にわたる「阿弥陀経」読誦と念仏三昧の行儀から、浄土宗僧に対する規式であり、追善供養では、祥月命日に二十五三昧、月忌には念仏三昧を営むよう規定した念仏と密教併修であることも指摘された。法然門下でも証空・湛空が勤めた二十五三昧が、諸行往生を認めた良忠・良暁によって、さらに在地領主が求めた現当二世への要求に応えるもの

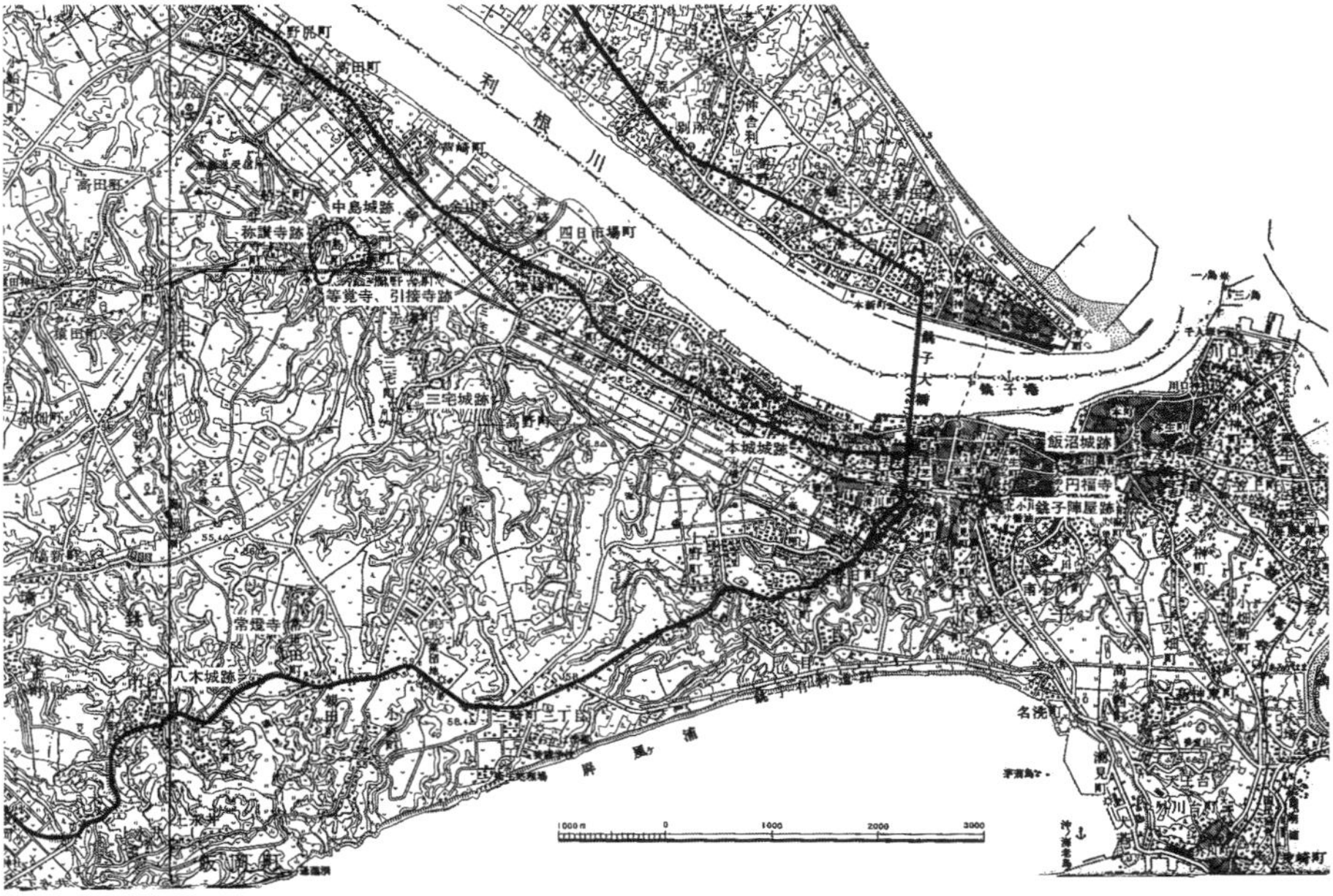

海上氏関係遺跡図

千葉県文化財センター『千葉県中近世城館跡研究調査報告書』第11集「中島城跡・鹿渡城跡測量調査報告」〈千葉県教育委員会、1991年〉

となったという[42]。称讃寺は、現在の正明寺町にあって明治初年に廃寺となった浄土宗寺院と伝える。称讃寺境内には海上氏歴代と伝える墓塔があり、子孫によって旭市の東福院に移された[43]。これらの点から、称讃寺は、密教の追善供養を併修した浄土宗系寺院であり、氏寺としての役割を担っていたといえる。

　では、常燈寺は海上氏にとってどのような存在であったのか。それは、三崎荘の荘内寺院（郡内）の一つで、除病安楽・先祖供養の祈願寺であったと考えられる。荘内寺院では、領主差配のもと護国法会を中心とした年中行事が催され、荘内の除災招福の大般若経の転読や法会が挙行された[44]。常燈寺には、建暦二年（一二一二）に書写された大般若経一巻がある。書写者は「常州佐都郡世谷住僧天台末学仏子幸秀」とあり、常陸国奥七郡佐都荘の天台僧である。除災招福・荘内安全の効験が高い大般若経は、荘内寺院や鎮守で転読・真読が行われた。現在常燈寺では転読は行われていない。数十年前までは家々で経巻を借り受け無病息災・家内安全を祈願したと伝える。(45)

海上氏は、鎌倉から戦国期まで中島城を居城としたと伝える。城跡の東方には、建武二年(一三三五)に越後国の絵師・仏師によって造像された妙見菩薩像を祀る堀内神社がある。(46) 城跡の南東部には、胤方母の菩提を弔った如法経埋納地に隣接する引接寺跡が、西方には浄土教の講義が行われた称讃寺跡と一族の供養塔があった称名寺跡があり、中島城は軍事だけでなく一族信仰・祭祀の拠点であったといえる。(47)

一方で常燈寺は、中島城跡からは三キロメートルほど南方にある。これには、海上氏が東氏から分出する前の常燈寺の歴史が関わっているのではないかと考えられる。

先述したように、常燈寺の薬師如来像は裳懸座に坐るという古様な姿をしている。これは、平安時代後期に薬師像を造像する際に前身の像があり、それを模して再興した像であると考えられる。仏像の再興にあたっては、信仰から前身仏を模倣する例が多く、特に現世利益をあらわす霊験仏であれば模刻はより忠実なものとなる。(48) 常燈寺像は、この三崎荘にとって霊験ある由緒仏としてあり、常燈寺は、海上氏が当地を領有するにあたり、荘内安全の寺として再興した寺ではないだろうか。そして薬師如来に期待される除病安楽に加え、先祖供養などのさまざまな祈願の対象として上下の信仰を集め、仁治度の修理が成就したものと考えられる。

おわりに

本稿では、常燈寺本尊薬師如来像の像内銘について考察し、鎌倉前期の海上氏の信仰、三崎荘における常燈寺の意義について検討した。概括するならば、十三世紀前半に下総千葉氏の東氏から分かれ、海上氏として三崎荘の領有を進めた胤方は、如法経埋納による母の追善と、妻の出自家または親交のあった者の妻である藤原・鳥取氏らの発願により共同して薬師像修理を果たした。薬師像修理は、無病息災・荘内安全を願うためであり、また荘内の信仰を集める霊験仏の復興という意味もあった。二つの事業には共に女性の祈願が強く関わっている。

胤方子の胤景代には、曽祖父以来の浄土宗僧との交流の上にたち、法然の弟子証空や宇都宮蓮生が転写製作し普及を企図した当麻曼荼羅の原本を納める厨子修理へ結縁した。胤景の兄弟である船木氏は、良忠の子良暁から『口伝鈔』の書写を許され、居城近くの浄土宗の規式をもった称讃寺や金沢称名寺と交流のある寺を庇護したのである。その後、海上氏は、本庄・辺田・高上などの庶家に分かれ、円福寺・等覚寺・東光寺など諸宗派の寺院の檀越となっていく。[49]鎌倉期、荘内の祈願寺として僧俗の信仰を集めていた常燈寺は、大永六年（一五二六）の棟札まで寺号がみえない。[50]しかし、この棟札でも僧俗上下の結縁の様子が記録され、当地での薬師信仰は連綿とつながっていることを確認できるのである。

常燈寺薬師像の復興・修理は、別の意義についても照射する。二〇一三年、山武郡横芝光町宮川の現在真言宗智山派福秀寺薬王院の木造薬師如来立像（千葉県指定有形文化財）の保存修理が行われ、造像時の像内銘が発見された。[51]それによると、福秀寺の薬師像は、承久元年（一二一九）、「大檀主平常秀」のもと「金剛仏子智明」の「大勧進」によって造像されたことが明らかになった。「平常秀」の後には「平代」もしくは「平氏」の二字があるようで、後者ならば常秀とその妻が檀主であった可能性があるという。本像は、木心乾漆技法の特徴が随所にみられ、一木割矧造、彫眼、堂々とした重量感あふれる体軀とY字型の脚部の衣文線などから、明らかな復古像であるといえる。

平常秀は、千葉常胤の孫にあたり、常胤が獲得した旧上総氏の所領を受け継ぎ、下総守・上総介を歴任し、当時千葉氏の家督としての権勢をほこっていた。その常秀は系図では堺とも名乗っており、その名字の地は上総国山辺北郡堺郷である。福秀寺薬師像が造像時も現在地、当時の匝瑳南条にあったとすれば、共に上総千葉氏の勢力下である。(52) 常秀は「両総平氏一族に対する族長権の継承者という伝統的な権威を背景に嫡家に拮抗(53)」する立場で、一族領有の地の霊験仏の復興を手がけたといえる。このことは、海上胤方同様に、領有する地の寺社の復興は荘内経営のあらわれとみることもできるが、それを発願せしめた霊験仏としての信仰圏を、それぞれの薬師像は既に獲得していたともいえる。

註

(1) 篠崎四郎『下総常世田薬師の研究』(常世田薬師奉賛会、一九五四年)。
(2) 井上正「関東の定朝様彫刻」(久野健編『関東彫刻の研究』学生社、一九六四年)。
(3) 皿井舞「平安時代中期における光背意匠の転換」(『美術史』一五二、二〇〇二年)、冨島義幸「阿弥陀如来像の大日光背について」(『佛教藝術』三〇一、二〇〇八年)、同「大日光背の展開と中世仏教的世界観」(『佛教藝術』三〇九、二〇一〇年)、海野啓之「平安時代後期から鎌倉時代における仏菩薩像光背に関する研究」(『鹿島美術財団年報』二六別冊、二〇〇八年度版)、同「仏像光背の祈りの構造」(『美術史学』三〇、二〇〇九年)、津田徹英「飛天光背の展開」(『芸術学』一七、二〇一三年)。
(4) 一九五三年十月二十四日付け読売新聞千葉版。
(5) 法量等は銚子市教育委員会保管『千葉県常灯寺　重要文化財木造薬師如来坐像修理解説書』(一九六一年)から引用。
(6) 篠崎註(1)書。

（7）久野健作品解説（註（2）書）。
（8）文化庁作品解説（「重要文化財」編纂委員会『解説版 新指定重要文化財3 彫刻』毎日新聞社、一九八一年）。
（9）武笠朗作品解説（千葉市美術館『仏像半島―房総の美しき仏たち』千葉市美術館・美術館連絡協議会、二〇一三年）。
（10）銚子市教育委員会保管『重要文化財木造薬師如来坐像修理報告書』（一九六一年）から出典。掲載にあたっては、常世田薬師奉賛会及び銚子市教育委員会から許可をいただいた。記して感謝申し上げる次第である。
（11）銘文の翻刻は、『千葉縣史料 金石文篇一』（一九七五年）、註（1）（8）書、岡田健「荘厳具と銘文・納入品に関する基礎知識―〝仏をたたえるもの〟仏に込められた記録」（光森正士・岡田健『仏像の鑑賞基礎知識』至文堂、一九九三年）を参照。
（12）調査・閲覧にあたっては、海上八幡宮宮司から許可をいただいた。同史料は『海上町史 史料編1』（一九八五年）に掲載。
（13）『千葉縣史料 金石文篇一』。
（14）佐藤博信「上総藻原寺所蔵『仏像伽藍記』」（『千葉大学人文社会科学研究』一七、二〇〇八年）。
（15）寺尾英智「中世日蓮宗寺院における造像活動について―茂原藻原寺の場合―」（『千葉県史研究』一一、二〇〇〇年）、東京国立博物館『大日蓮展』（産経新聞社、二〇〇三年）。
（16）三崎荘、海上氏については、小笠原長和「下総三崎荘の古寺と海上千葉氏」（同著『中世房総の政治と文化』吉川弘文館、一九八五年、初出一九六九年）、川名登「下総三崎庄と海上氏」（『海上町史研究』二四、一九八五年）、常世田令子『常世伝説の謎』（三一書房、一九八七年）、横田光雄「九条家領下総国三崎荘について」（『千葉県の歴史』四二・四三合併、一九九二年、後に野口実編『第二期 関東武士研究叢書5 千葉氏の研究』名著出版、二〇〇〇年）、同「下総円福寺と守護、国人」（『国史学』一五一、一九九三年）、外山信司「鎌倉時代の東氏―東国武士の歌の家―」（『千葉県史研究』一一別冊、二〇〇三年)を参照。

(17) 千葉大系図・神代本千葉系図は、『改訂房総叢書　第五輯　系図・石高帳・雑書・抄本・索引』(一九五九年)から引用。

(18) 高森良文「千葉県銚子市岡野台出土の建長四年在銘経筒について」(『千葉県立大利根博物館研究報告』五、一九九三年)。

(19) 金沢称名寺文書(『千葉縣史料 中世篇 縣外文書』一九六六年)。

(20) 小笠原註(16)書、高森註(18)論文。

(21) 岡田英男・井上正・河田貞「当麻曼荼羅厨子」(『大和古寺大観　第二巻　当麻寺』岩波書店、一九七八年)から引用。修理事業については、内藤栄「當麻寺の工芸」(奈良国立博物館『特別展　當麻曼荼羅完成1250年記念　當麻寺極楽浄土へのあこがれ』奈良国立博物館・読売新聞社、二〇一三年)を参照。

(22) 峰岸純夫「平安末・鎌倉時代の夫婦呼称の一考察―「女共」「縁友」「縁共」を中心に―」(前近代女性史研究会『家族と女性の歴史 古代・中世』吉川弘文館、一九九〇年)、勝浦令子「院政期における夫と妻の共同祈願」(片倉比佐子編『日本家族史論集6　家族観の変遷』吉川弘文館、二〇〇二年)。

(23) 高森註(18)論文。なお、阿部明「中島城主海上筑後守胤秀公に纏わる系譜」(阿部明・岩﨑功・伊藤信彦著・発行『中島城址と平胤方以後』一九九七年)でも宇都宮氏を比定する説が紹介されている。

(24) 『改訂房総叢書　第五輯　系図・石高帳・雑書・抄本・索引』三五五頁。

(25) 稲葉氏が紹介する将胤が、保胤氏の先祖将胤と同一人物かどうかは、現時点では確証がない。

(26) 重胤以下の妻の法号・命日等についての出典は不明である。諸賢の教示を乞いたい。

(27) 野口実「下野宇都宮氏の成立と、その平家政権下における存在形態」(同『東国武士と京都』同成社、二〇一五年)。

(28) 故東保胤氏旧蔵史料の『千葉東氏代々之法号』は、明治二十年に書写されたとみられる史料で、桓武天皇から胤頼・常縁、そして最後は明治三年に没した将胤までを書き上げている。ここでも重胤夫妻の没年・法号に関する記事は同一である。宇都宮氏については、『宇都宮市史　中世資料編』（一九八〇年）、北口英雄「宇都宮頼綱（蓮生）の信仰と作善」（國學院大學栃木短期大學編『野州叢書3　歴史のなかの人間』おうふう、二〇一二年）、山本隆志「関東武士の都・鄙活動—宇都宮頼綱—」（同『東国における武士勢力の成立と展開』思文閣出版、二〇一二年）、市村高男「中世宇都宮氏の成立と展開」（同編『中世宇都宮氏の研究　下野・豊前・伊予の時空を翔る』彩流社、二〇一三年）を参照。

(29) 『古河市史　資料　中世編』（一九八一年）。

(30) 小松寿治「鎌倉初期の下河辺氏について—『吾妻鏡』の記事を中心に—」（『野田市史研究』六、一九九五年）。

(31) ほかに下河辺氏については、今野慶信「御家人下河辺氏・幸島氏について」（『野田市史研究』一二、二〇〇一年）、後藤道雄「仏像をあらわした密教法具」（同『茨城彫刻史研究』中央公論美術出版、二〇〇二年）、盛本昌広「鎌倉時代の総和地域」（『総和町史　通史編　原始・古代・中世』二〇〇五年）、永井晋「下総国下河辺庄の現状と課題」（『民衆史研究』八五、二〇一三年）を参照。

(32) 鳥取氏については、野口実「坂東における地方貴族の成立と展開」（同『坂東武士団の成立と発展』第一章第一節、弘生書林、一九八二年）、須藤聡「奥州周辺地域の武士団形成—下野国を中心に—」（『群馬歴史民俗』二三。後に江田郁夫編『シリーズ・中世関東武士団の建久　第四巻　下野宇都宮氏』戎光祥出版、二〇一一年）、松本一夫「小山政光の立場—平安末期東国豪族領主に関する一考察—」（『史学』六五—三、二〇一二年）を参照。

(33) 篠崎註（1）書。

(34) 常世田註（16）書。

(35) 篠崎註（1）書。

(36) 常世田註(16)書。
(37) 長岡龍作「悔過と仏像」(『鹿園雑集』八、二〇〇六年)。
(38) 五来重「薬師信仰総論」(同編『民衆宗教史叢書 第一二巻 薬師信仰』雄山閣出版、一九八六年)、西尾正仁「摂関期の薬師信仰」(同『薬師信仰―護国の仏から温泉の仏へ―』岩田書院、二〇〇〇年、初出一九八五年)参照。
(39) 鎌倉における薬師信仰については、今井雅晴「北条義時と寺社および大蔵薬師堂の草創(上・下)」(『鎌倉』六二・六三、一九九〇年)、西木政統「鎌倉時代の特異な薬師立像と一日造立仏との関わりについて」(『哲學』一三二、二〇一四年)、田井秀「源頼朝の薬師信仰」(『鎌倉』一一九、二〇一五年)を参照。
(40) 良忠の房総伝道については、恵谷隆戒『浄土宗第三祖然阿良忠上人伝の新研究』(金尾文淵堂、一九三四年)を参照。拙稿「良忠の房総伝道について―開山伝承を中心に―」(『鎌倉』七〇・七一合併、一九九三年)。
(41) 伊藤茂樹「『浄土述聞鈔』の成立背景―良暁の念仏観―」(『佛教大学総合研究所紀要』一六、二〇〇九年)。
(42) 郡島昭宗「聖光『浄土宗要集』に見られる聖光教学の独自性―臨終行儀をめぐって―」(『大正大学大学院研究論集』三三、二〇〇九年)。良忠の臨終行儀は、師聖光から受け継いでいる。
(43) 高森良昌「海上氏の墳塋と菩提寺考―海上城主の墓石と菩提寺をめぐる諸問題―」(『千葉市立郷土博物館研究紀要』二、二〇〇六年)。
(44) 井原今朝雄『中世寺院と民衆』(臨川書店、二〇〇四年)。
(45) 千葉県立大利根博物館『企画展 東総の大般若経』(一九九九年)は、東総地区の大般若経と関係の民俗事例をまとめている。
(46) 武笠朗作品解説(千葉市美術館編集・発行『平成一一年度秋季特別展 房総の神と仏』一九九九年)。
(47) 現時点で常燈寺境内には海上氏の供養塔等の石造物はない。この点については今後も探求したい。

（48）裳懸座の平安仏については、齋藤望「大阪・法道寺阿弥陀如来坐像と八角裳懸座について」（『MUSEUM』五〇六、一九九三年）を参照、模刻像・霊験仏については、皿井舞「模刻の意味と機能―大安寺釈迦如来像を中心に―」（『京都大学研究紀要』二二、二〇〇一年）、神奈川県立金沢文庫『特別展　霊験仏―鎌倉人の信仰世界―』（二〇〇六年）を参照。
（49）横田註（16）「下総円福寺と守護、国人」。
（50）小林弘美・植野英夫「銚子市・常灯寺薬師堂の沿革と保護について」（『千葉文華』四〇、二〇〇八年）。
（51）古仏修復工房編集『千葉県指定有形文化財　福秀寺薬王院　木造薬師如来像保存修理報告書』（薬王院、二〇一三年）、佐々木守俊註（9）書作品解説。
（52）野口実「下総匝瑳南条庄地頭椎名氏について」（初出一九七七年）、「上総千葉氏について」（初出一九八四年）。共に、同『中世東国武士団の研究』（高科書店、一九九四年）。
（53）野口註（52）「上総千葉氏について」。

「一腹兄弟」論
——南北朝内乱と東国武士の一族結合——

植田 真平

はじめに

曾我兄弟の仇討ちを描いた『曾我物語』には、仇討ちを決意した兄弟が仲間を募るくだりに、次のようなやりとりがある。異父兄の京の小二郎を誘おうとする兄十郎祐成に、弟の五郎時致がこう諫める。

呿々《いやいや》、人の心はいかが候ふべかるらむ。人心も知り難く候。一腹一生の兄弟こそ、縦ひ臆病なりと雖も、此の事に於いては遁れ難さに組まんずる事も候はんずれ。咹《あ》の人の事は別段の事にて候。大きに領状しつとも覚え候はず。若し同意せずは、一定僻事出で来ぬと覚へ候[1]。

「一腹一生の兄弟」ならば、どんなに臆病でも、親の仇討ちから逃れることはできないので仲間になるだろう。しかし、小二郎はそうではない。承知するとも思えないし、もし計画をうち明けて同意しなければ、今後の支障になるだろうと、兄をひきとめたのである。しかし、兄十郎は「されども男と頸の刻まれたる程の者の、縦ひ異性（姓）他人なりとも、打憑みて云ひ合せむに、無代《むたい》に辞する事有りなんや。其の上一腹の兄弟とて、一つ莚に起き伏しをして申し昵《むつ》ばん程の者の、などか同意せざるべき」と主張し、二人は小二郎の勧誘に向かう。結局、小二郎には断られたうえ、母に告げ口され、兄弟は母から叱責を受けるのであった。周知のとおり、その後「一腹一生の兄弟」の十郎・五郎の二人だけで実父の仇討ちを敢行することとなる。ここでは「一腹一生の兄弟」、すなわち父母を同じくする兄弟は、一蓮托生の運命共同体である、とされている。こうした『曾我物語』の兄弟観や家族観をめぐっては、当時の武家社会における母系・女系親族の連帯を重視する見解や婚姻形態に関する指摘が、これまでにも示されている[2]。

本稿で検討の対象としたいのが、この「一腹(一生)兄弟」である。というのも、曾我兄弟の時代よりだいぶ下るが、南北朝内乱期の東国の史料を通覧すると、武士や戦争にからんでこの「一腹(一生)兄弟」の語が散見されるのである。『曾我物語』が東国を地盤に鎌倉末期から南北朝期に成立したことを考えれば[3]、南北朝期東国の史料に表れる「一腹(一生)兄弟」と『曾我物語』のそれとは、案外近いところにあるのではないか、とみることもできよう。とすれば、一蓮托生の「一腹(一生)兄弟」は、歴史上いかなる意味を持ち、人的関係のいかなる位置にあるのだろうか。本稿では、「一腹(一生)兄弟」を手がかりに、南北朝期東国武士の家や一族結合のあり方の一端を明らかにしたい。

なお、「一腹一生」は「一腹一姓」とも書き、いずれも同父同母の関係を指すもので、右の『曾我物語』では「一腹」のみ、すなわち異父同母の関係とは区別されている。しかし、史料上では「一腹兄弟」で同父同母兄弟を指す場合が多い。これは後に見るように、「一腹兄弟」が家の相続に関して表れるものであり、同父が前提とされるためであろう。本稿では特に断らない限り、「一腹兄弟」で同父同母兄弟を指すものとする。

南北朝内乱期の武士の兄弟と聞いてまず想起されるのが、田中大喜氏の提起した「兄弟惣領[4]」であろう。田中氏は、一族内相論の解決や戦時の動向の分析をとおして、嫡男(惣領)とその「特別な舎弟」が惣領権(一族に対する裁判権、軍事指揮権等)を共有していたことを指摘し、これを「兄弟惣領」と名付けた。「兄弟惣領」は、鎌倉期の武士の兄弟分業体制を基に、十四世紀以降の社会の混乱に対応して出現したが、南北朝内乱と連動することで一族の分裂と家督の地位の相対化をもたらした。そして、室町期にそれらを克服した結果、惣領（家督）が上位権力の認定と一族・被官の支持に立脚する新たな構造へ移行する、としている[5]。また、大谷愛氏も当該期の武士の兄弟に注目し、特に相続の面において、次男が嫡男と並ぶ中心的な存在であったと指摘し、これを嫡男と次男の「二頭体制」として、分割相続から嫡子単独相続への過渡期に位置付けている[6]。南北朝期の武士の一族の中心に、惣領とその兄弟があったことについては、両氏とも見解が一致している。

南北朝内乱と武士の一族結合については、呉座勇一氏の一揆に関する議論をみておきたい[7]。呉座氏は、南北朝内乱が複数の上位権力の相克であった点に留意しつつ、武士にとってはそれが「当主や後継者の討死」「当主の長期不在による本領経営の動揺」「公験の喪失」「押領行為の激化」といった重大なリスクをもたらすものであったとし、一族や領主間の一揆をその危機管理システムと評価している。

一方、高橋秀樹氏は家族史的な視点から、鎌倉期の武士の親族構造について論じている[8]。それによれば、武家領主層が、「所領保全のための相互扶助機能」と「意志決定機関としての評定機能」をもつ、父系的な同族集団である「一族」と、「日常的な相互援助や経済的な援助」の機能を果たす、父方・母方の血縁者と姻族を含む自己中心的な関係である「親類」という、二重の親族構造をもっていたという。鎌倉期に関する指摘であるが、南北朝期においても示唆に富むものである。

これらのことからすると、「兄弟惣領」を中心に「一族」と「親類」の二重構造をもち、一揆によって結合していた南北朝内乱期の武士において、「一腹兄弟」はどのような意義を有していたのだろうか。父系の一族のみならず母系の姻戚をも共有する「一腹兄弟」が、一族結合においていかなる意義をもっていたのかを明らかにすることは、当該期の武士のあり方を解くひとつの鍵となるだろう。

一　相続における「一腹兄弟」

1　常陸石川氏の場合

まず、常陸国人石川氏の相続過程から「一腹兄弟」のあり方をみてみたい。石川氏は常陸平氏吉田氏の一族で、常陸国吉田郡恒富・平戸両郷を本領とした武士である。

〔史料1〕石川頭阿譲状写（水戸彰考館所蔵石川氏文書、『南北朝遺文　関東編』〔以下「南関」と略す〕一〇九一、大掾浄永裏書省略、傍線は筆者、以下同）[9]

□□《ゆつ》りわたすそりやう《所領》ひたちのくに《常陸国》よし□のこほり《吉田郡》しまたのむら《島田村》のうちのたさ□□□《いけふ》んの事、十郎幹行か分、
しまたの村に□宇・にししゆくのかち入道かさいけ《在家》壱宇（中略）、合参町也、又□《くカ》わうや田おきに壱町、又くわうやのやしき《屋敷》をハうちもと《氏幹》・ひろもと《寛幹》・もとゆき《幹行》として、三にわけてもつ「　」ゑいたい《永代》をかき《限》てゆつりたふなり、いらん《違乱》わつら□《い》あるへからす、もしこの中にいらん《違乱》をいたすこともあら□《ハ》、いらん《違乱》せさらん一ふく《腹》のきやうたい《兄弟》してそのふんをもつへし、くうし《公事》ハふんけん《分限》にしたかうて、もとあり《幹有》のかたへさた《沙汰》すた□《へカ》し、くちかき《口書》・おくかき《奥書》ハしひつ《自筆》にてかくなり、「　」のちのためにしやうくたのことし、
りやくをう《暦応》三ねん二月七日　とうあ《頭阿》（花押影）

暦応三年（一三四〇）、石川氏の当主頭阿（実名成幹）は、吉田郡平戸郷島田村内の在家・田を氏幹・寛幹・幹行の三人の庶子に譲与した。史料1はそのうち幹行に宛てた譲状で、譲与する在家・田を指定したのち、「くわうや（荒野か）」の田・屋敷は氏幹・寛幹・幹行で三分割し、もし違乱する者があれば、違乱をしない「一ふくのきやうたい（一

腹の兄弟)」で分割すること(傍線部)、公事は分限にしたがって頭阿の嫡男幹有へ沙汰せよと言い置いている。氏幹と寛幹と幹行は「一腹兄弟」であり、相続上対等な関係にあった。

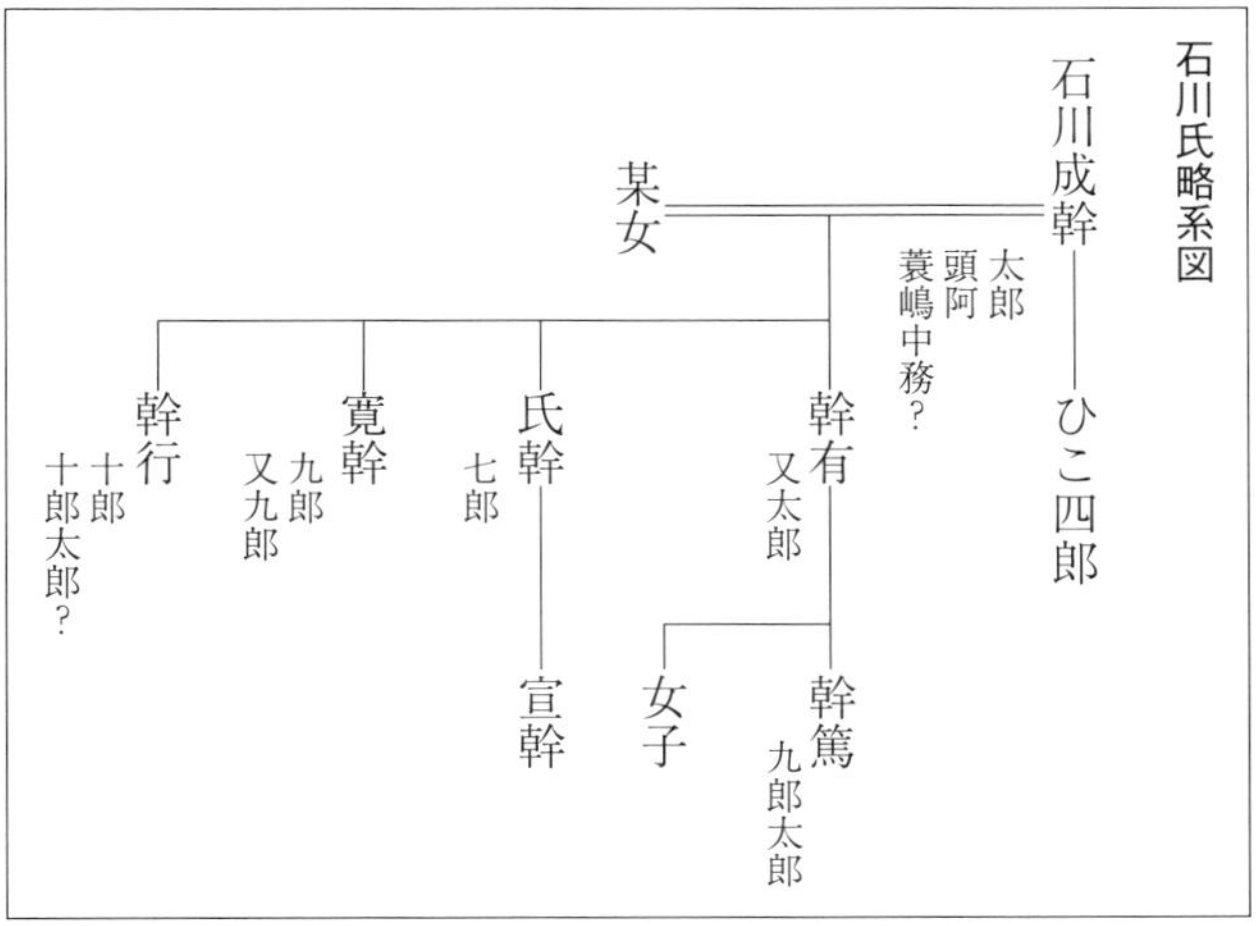

〔史料2〕石川頭阿譲状写(水戸彰考館所蔵石川氏文書、南関一五〇〇)

ひたちのくに（常陸国）よしたのこほり（吉田郡）ひらとのか□（平戸郷）のうちしまたのむら（島田村）ハ、お、ち（祖父）のりもと（範幹）のてより、まかつふちにさいけ（在家）三け・しをたに田七町おのそ（除）いてゆつりうるなり、かのところのそせう（訴訟）大事たるとき、太郎（幹有）・七郎（氏幹）・九郎（寛幹）・十郎（幹行）おの〳〵壱ひき馬月へち（別）まていたし、又ようとう（用途）を参十貫、九郎ひろもと（寛幹）ハいたすあいた、かのところをわけて、ゑいたい（永代）をかきつ（限）て九郎にうりわたす也、おなし心にそせう（訴訟）おいたしてうりけん（売券）にまかせてもつへし、しまた（島田）の村に四郎ひやうへ入道のいやしき（居屋敷）、又あたりのこはたけ内つきの田(中略)、是おうりたふ也、ひこ四郎ハさたようとう（沙汰用途）おふれ（触）るといゑとも、いたさゝるあいた、たふへからすといへとも、かんとりのミや（香取宮）のにしのわきにくらかわうちのうしろにあるさいけ（在家）、田ハおきに壱町おゆつりたうふなり、まへしまたにある田おはわけあハせて八たんもつへし、此外そう村にうちつきてなきうきめん（浮免）の田・はたけおハ、かやうにわけてもつへし、此中にいらん（違乱）おいたすきやうたい（兄弟）あらハ、いらん（違乱）せさらんきやうたい（兄弟）してもつへし、御くうし（公事）ハふんけん（分限）おかんく（考）ゑて、もとあり《幹有》のかたへさつた《沙汰》すへし、いらん《違乱》をいたすきやうたい《兄弟》の所おハ、いらん《違乱》せさらん人等もつへし、□か
きおハしひつ《自筆》にてかくなり、仍状如件、
かうゑい《康永》三年五月廿五日
沙弥とうあ《頭阿》（花押影）

その四年後の康永三年（一三四四）、頭阿はかつて所領平戸郷島田村をめぐる相論が勃発した際、幹有・氏幹・寛幹・幹行兄弟が馬を供出し、寛幹はさらに訴訟費用を三〇貫も負担したとして、島田村内の屋敷・田を寛幹へ売却している。費用負担分の対価としての売却であるが、事実上の譲与とみなしてよいだろう。嫡男幹有と氏幹以下の三人は、並記されていることなどからして、「一腹兄弟」だったと推定される。「一腹兄弟」は、訴訟費用の負担（「壱ひき馬月へち」）においても、対等だったのである。

一方、ひこ四郎は訴訟費用を出さなかったため、譲与すべきでないとしながらも、一部の在家・田を譲与している。そして、もしこの分割譲与に違乱をする兄弟があれば、違乱をしない兄弟の所有とせよと命じている（傍線部）。ひこ四郎も頭阿の子息の一人と思われるが、史料1には「一ふくのきやうたい（一腹の兄弟）」とあるのに対して、史料2には「きやうたい（兄弟）」としかなく、幹有・氏幹・寛幹・幹行とひこ四郎とは異母兄弟だったと推測される。

このように、子息への分割譲与を進めていた頭阿であったが、貞和五年（一三四九）十月、嫡男幹有が父頭阿に先立って他界してしまったため、再処分の必要に迫られた。

〔史料3〕石川頭阿譲状写（水戸彰考館所蔵石川氏文書、南関一八六一、大掾浄永裏書省略）

ひたちのくに《常陸国》よしたのこほり《吉田郡》ひらとのかう《平戸郷》のうちのたさいけ《田在家》をわけて、ちやくし《嫡子》□《又》太郎もとあり《幹有》にゆつり、
しやうちう《正中》三年五月□日、けたひ《外題》を申たふといへとも、をや《親》にさきたちてたかい《他界》する間、かのけたい《外題》のところを
とり［　　］て、七郎《氏幹》・九郎《寛幹》・十郎《幹行》三人にたふなり、十郎もとゆき《幹行》にゑひたひ《永代》をかきて《限》たふところハ、三郎五

郎かさひけ《在家》うちつきのた《田》(中略)ミのしま《蓑嶋》のまころくかさひけ《在家》うちつきのた《田》・きやう□うちはんふん《半分》、又六たんのつほにてつくりにたん、これをたふなり、もし又太郎《幹有》かあと《跡》のしよりやう《所領》についてさた《沙汰》いてきたらんときハ、もとあり《幹有》かあと《跡》をもとりてあるたさひけ《田在家》をか、へて、ようとふいけ《用途以下》をいたしあわせてさた《沙汰》をすへし、このなかにそむき《背》てさた《沙汰》をせぬもの《者》あらハ、そむか《背》んもの《者》かもちてあるもとあり《幹有》かあと《跡》のしよりやう《所領》を、そむか《背》さらん一ふく《腹》のきやうたひ《兄弟》してちきやう《知行》してさた《沙汰》をすへし、御くうし《公事》ハ大はん《番》のか、へて、そうりやう《惣領》うちもと《氏幹》のかたへさた《沙汰》すへし、もしうちつきてなきうきめん《浮免》のたハたけ《田畠》あらハ、三人してくし《鬮》にとりてをなし《同》やうにもつへし、御なこ《女子》にゆつるへからす、た人《他》にゆつるへからす、のちのためにくちかき《口書》ハしひつ《自筆》にてかくなり、しやうくたんのことし、

ちやう八《貞和》五年十二月八日　とうあ《頭阿》(花押影)

貞和五年十二月、頭阿は亡き幹有の分を氏幹・寛幹・幹行の三兄弟に分割し、もし背く者があれば、その者が持つ幹有跡の所領を背いていない「一ふくのきやうたひ(一腹の兄弟)」が知行すること(傍線部)、公事は惣領氏幹へ沙汰すること、帰属不明の浮免の田畠があれば三人でくじ引きして等分することなどを言い置いている。幹有の同母弟氏幹が新たな惣領に立てられ、幹有跡の所領が氏幹・寛幹・幹行の同母兄弟に分割譲与されたのであった。一部にくじ引きによる等分が指定されており、彼ら三兄弟が相続上なおもほぼ対等の関係であったこともうかがえる。

ところが、この嫡男の早世にともなう惣領の再指名と遺跡の分割譲与の背景には、次のような事情があった。

〔史料4〕石川頭阿申状写(水戸彰考館所蔵石川氏文書、南関一八七六・一八八八)

子息又太郎幹有分譲所領常陸国平戸郷内候之所、去年貞和五十月廿四日先立于頭阿《石川成幹》令夭亡候之刻、幹有子息九郎太郎幹篤・同女子等、盗取着到以下文書等、成敵対候之間、於幹篤等者、永令義絶候訖、且其段守護《佐竹貞義》方并一族等令

存知候也、仍先日於所給与幹有所領者、悔返之、相分等分、譲給幹有舎弟七郎氏幹・又九郎寛幹・十郎幹行等候也、頭阿老病相兼候之間、難期旦暮候、此趣賜御返事、可備亀鏡候、恐惶謹言、

(貞和六年)三月十五日　沙弥頭阿(花押影)

進上　(清原繁隆)刑部少輔殿御宿所

「(モト裏書)御孫子九郎太郎殿義絶并御領御等分事等承了、随仰用御裏候也、恐々謹言、

(貞和六年)卯月九日　散位(清原)繁隆(花押影)

謹上　石河太郎入道殿(頭阿、成幹)御返事」

早世した嫡男幹有の子幹篤とその姉妹は、着到状などの家伝文書を盗み取り、頭阿に敵対する行動をとった。そのため、頭阿は彼らを義絶して幹有跡を悔い返し、幹有の弟氏幹・寛幹・幹行に譲与したのである。これを頭阿から伝えられ、了承した旨の裏書を記した刑部少輔／散位清原繁隆は、鎌倉府の吏僚とされる[10]。頭阿は嫡孫の義絶を守護佐竹氏に連絡するとともに、鎌倉府にも報告してその了解を得たのである。

この石川氏の相続過程で注目されるのは、嫡男幹有の存命中からその「一腹兄弟」の氏幹・寛幹・幹行が特別な待遇を受け、嫡男の没後にはその「一腹兄弟」のなかから新たな惣領が立てられたこと、「一腹兄弟」間では相続上ほぼ対等な関係を認められていたこと、そして、「一腹兄弟」が当主家(家督―嫡男)と一体的であることを特に求められたことである。むろんそこには、違乱をしないという条件が付いてはいるが、嫡男の「一腹兄弟」は一族内で明確に他とは異なる立場に置かれていたのである。他方、こうした状況に、異母兄弟のひこ四郎は、訴訟に非協力的であるなど当主家に距離を置き、孫の幹篤は敵対したように、「一腹兄弟」以外は当主家と行動を別にしたのであった。

2　常陸真壁長岡氏の場合

続いてとりあげたのが、同じ常陸平氏の真壁長岡氏の相続における兄弟のあり方である。長岡氏では、鎌倉末期、当主道法（実名政光）の死後に、その遺領をめぐって親族内で相論が勃発する。

〔史料5〕妙心申状（長岡古宇田文書、南関七六七、ルビ省略）

□〔目〕安
　真壁弥太郎□□〔政光カ〕法師法号道法後家尼妙心申真壁郡長岡郷事
右、当郷者、本主道法去元徳元年□□預□〔置カ〕文於真壁入道法超〔幹重〕、給与案文於妙心、死去訖、如判□□認置譲状、任本主素意、又太郎幹政□〔無〕男子者、又次郎宣政彼跡お可知行、宣政無男子者、幹政此分お可知行、但男女子皆一腹之上者、妙心一期之間者、可為彼計、遺領知行輩□〔背カ〕此命者、彼跡お別子孫等仁妙心可譲与、為止向後之煩、惣領仁置文お書かせまいらせ申、加判奉預置云々、仍当知行之条、鹿嶋社役・国衙正税関東先代守護人催促状等所見也、
一　当郷内又次郎宣政・即心房処久等無知行分事
舎兄又太郎幹政、元徳二年閏六月廿二日死去之刻、妙心当知行之間、不能処分之処、幹政後家本照小栗孫二郎左衛門尉重宗女子号亡夫譲状、構謀書、於先代一番引付為斎藤九郎兵衛尉基連奉行、被仰御使結城七郎左衛門尉朝高・小栗六郎二郎入道円重等、如本解状者、幹政遺領長岡郷内田三町・在家三宇・堀内・山野半分事、元徳二年閏六月廿二日分譲後家本照女子平氏、令他界、任譲状申給御外題了、爰母尼阿妙真壁弥太郎入道々法後家子息宣政致押領狼藉云々、両使令施行之間、任本主置文、妙心知行之由支申之、元徳四年三月属賦、申寄斎藤九郎兵衛尉基連奉行、可被止不知行之本照与宣政非論旨、就令言上、如同月廿八日御教書者、真壁弥太郎入道々法後家尼妙心代頼円申、常陸国長岡郷

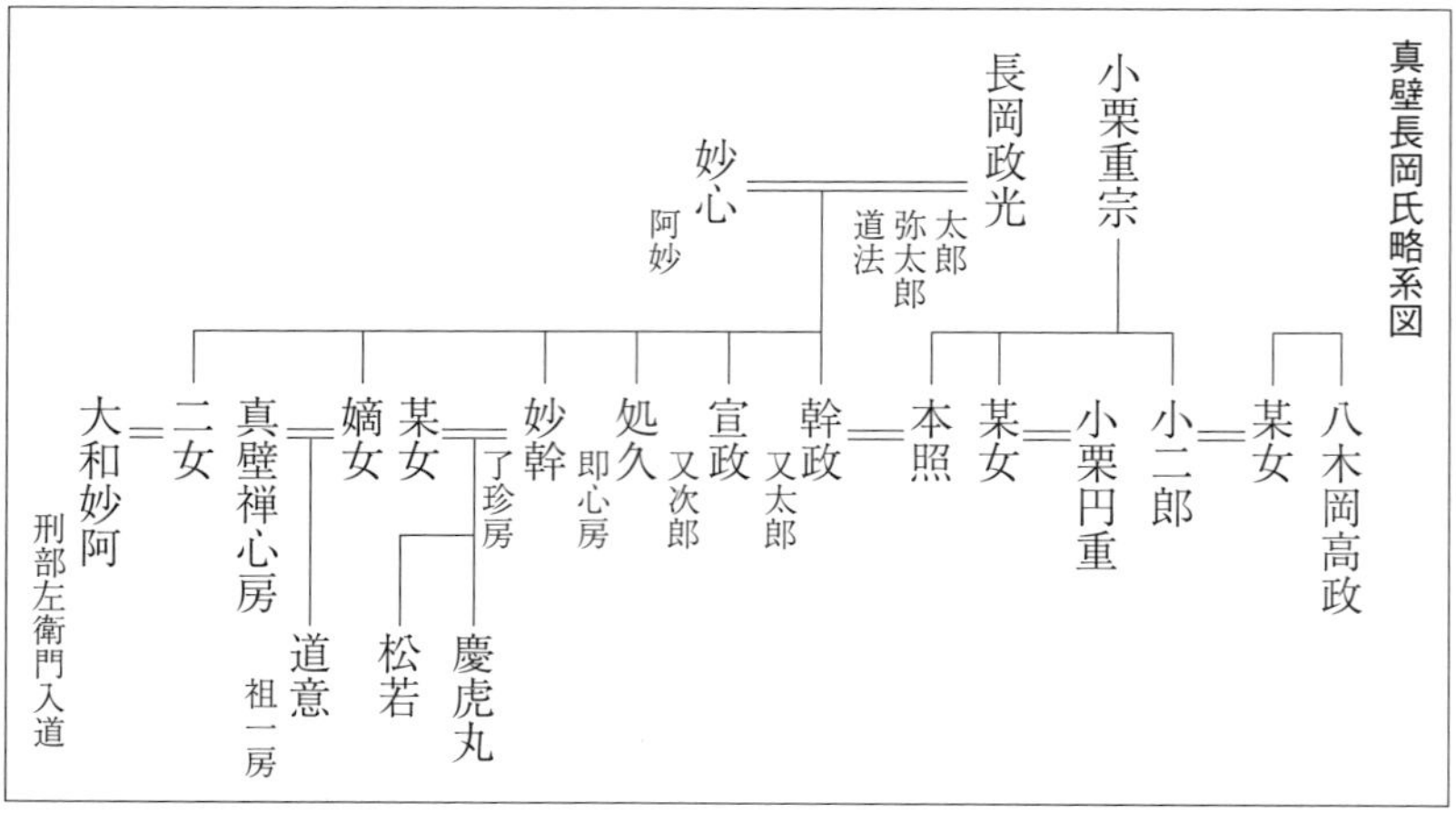

田在家事、訴状如此、早企参上可被弁申之状、依仰執達如件、真壁又太郎後家云々、因茲被止御使入部之間、可被行本照於謀書之咎之由、言上之刻、基連他界之後、被渡嶋田甲斐二郎之処、依先代滅亡延引畢、無宣政等跡之条、不及御不審者也、

一　妙心男女子等事

道法遺領狭少之処、国衙正税・鹿嶋社役以下繁多之間、依男女子扶持不合期、又次郎宣政就諸事背命、為成彼阿党罷成御敵、即心房処久者、故不諧之間、籠居畢、了珍房妙幹為御方、不断参候宇都宮、致軍忠、帯数通御一見状等之子細、先立令言上歟、随而大将軍所被知食也、嫡女真壁禅心房後家者、進子息祖一房道意於御方、尽忠節、二女夫大和刑部左衛門入道妙阿者、当奉公也、依遺跡不知行、宣政不調、被分召妙心所領令牢籠条、不便次第也、可然者、当知行妙心無罪怠之上者、為蒙安堵御成敗、目安如件、

延元二年十一月　日

故道法と妙心夫妻の間には、長男又太郎幹政・次男又次郎宣政・三男即心房処久・四男了珍房妙幹と、長女真壁禅心房後家・次女大和刑部左衛門入道妙阿室の、四男二女があった。元徳元年（一三二九）、道法は妻子に、幹政に男子がなければ宣政が、宣政に男子がなければ幹政が所領を知行す

ること、みな「一腹」の兄弟姉妹であるので、母妙心の存命中は妙心が知行し（傍線部）、背く者があれば別の子孫に譲与すべきことを言い残した。そして、その旨の置文を真壁氏の惣領法超（実名幹重）にも提出し、加判を得たのであった。ところが、翌元徳二年、長男幹政が嗣子なく母妙心に先立って没すると、その跡をめぐって、鎌倉末期から南北朝期に二つの相論が勃発する。以下、糸賀茂男氏の解説[11]によりつつその概略をみてみたい。

一つめの相論は、一条目の、幹政の後家本照（小栗重宗娘）と妙心・宣政母子との対立である。元徳三年八月、本照は亡夫幹政の遺領の領有を主張して鎌倉幕府に認められ、遵行両使結城朝高・小栗円重による沙汰付がなされることとなった。しかし、母妙心の当知行を訴える宣政の反論に遭い、本照は同年末、今度は八木岡高政と小栗円重を遵行両使に指名して再度の沙汰付を試みた。この遵行使の小栗円重は本照の姉の夫、八木岡高政は本照の弟の小舅で、隣国下野国の住人であったという[12]。これに反発する妙心が鎌倉幕府に訴え出たが、相論の決着が付く前に幕府が滅んでしまった。そこで妙心は、南朝方へその裁許を求めたのである。

もう一つは二条目の、妙心・宣政母子の対立である。次男宣政は延元二年（一三三七）に足利方に転じ（南関一一三五）、南朝方の母妙心に敵対した。そこで妙心は、宣政を惣領から外し、残る子息のうち、三男即心房処久は籠居して一族から離れていたため、南朝方に忠節を尽くしていた四男了珍房妙幹を跡継ぎとして（南関七六八）、南朝方へ当知行地の安堵を求めた。あわせて、嫡女とその子、次女の夫の忠節も訴えている。妙心は、次男宣政を跡継ぎの第二候補とする亡夫道法の遺志を曲げて、四男妙幹を跡継ぎに指名したのである。妙幹は延元三年に南朝方より真壁郡正税の催促を命じられており（南関八九四）、南朝方に惣領と認められていたことがうかがえる。

この了珍房妙幹については、すでに清水亮氏の分析がある[13]。妙幹は、実家長岡氏をしのぐ経済力をもとに、売却によって散逸した長岡氏の旧領を回収し、一族の救済者として擡頭したという。また、義兄弟の妙阿（二女の夫）も、鹿嶋社周辺の寺院経営にかかわる人物で、有徳人的性格をもっていたという。清水氏は、武士でありながら僧形の有徳人としての性格も具有し、寺院や地方都市などに広汎にネットワークをもって経済活動を展開していた武士団の多面性を明らかにしている。

鎌倉末期の長岡氏において、前当主道法が嫡男幹政以下兄弟姉妹に結束を求めるにあたって、そのよりどころとしたのは「一腹」であり、その結束の要としたのは、彼らの母である妻妙心であった。他の妻妾や異母兄弟の存在はうかがえないが、母妙心一期の知行とそれへの服従を命じるにあたって、ことさら「男女子皆一腹」であることがとりあげられている点は注目されよう。「一腹兄弟」は一族の結束の基準となったのである。しかし、それでも南北朝内乱に絡んで、「一腹兄弟」は分裂の結末を迎えてしまうのであった。

次男宣政に代わって惣領となった四男妙幹は、その後、子息慶虎丸に長岡郷の「惣地頭職」を譲与し、南朝方にその安堵を求める（南関一一三五・一一三六）とともに、娘に宛てて次のような譲状を残している。

〔史料6〕長岡妙幹譲状（長岡古宇田文書、南関一一二九、端裏書省略）

譲渡　女子松若御前分

常陸国真壁郡長岡郷内田在家事、

合在家壱宇　別当三郎入道内本目六作人

田壱町 捌段 白井河堰北号教知作
　　　 弐段 大町の南の大なわそい

右、そうかう（惣郷）伝領の次第、男子慶虎丸か譲状にのせ畢、為一腹うへハ、よろつわつらいなく、永代可令知行者、

為向後亀鏡譲状如件、

興国元年庚辰七月十五日　　僧妙幹（花押）

妙幹は娘松若御前に長岡郷内の田・在家を譲与し、子息慶虎丸と「一腹」であるので支障なく知行することを言い置いている。「一腹兄弟」の分裂を経験していながら、なお子女には「一腹」であることによる兄弟姉妹の協調・連帯を命じたのである。史料からは妙幹室（慶虎丸・松若の母）の気配はうかがいがたいが、長岡氏の一族結合において「一腹」が重要な意味をもっていたことはうかがえよう。

3 一族の相論と南北朝内乱

如上の石川・長岡両氏の事例に共通するのは、嫡男の「一腹兄弟」が重視されていたことはもとより、嫡男の早世によって一族に分裂の危機が訪れている点である。石川氏では、嫡男の遺児が当主に敵対し、長岡氏では、嫡男の後家が当主家と対立している。嫡男の「一腹兄弟」の優遇が、当主家と嫡男亡き後の嫡男家（後家・遺児）の間に確執を生んだのである。「一腹兄弟」の連帯は、姻戚関係が絡んだり、世代をまたいだりすることで、崩壊する可能性を有していた、ということができよう。本項では、こうした一族内の対立が、南北朝内乱とどうかかわるのかという点について考えてみたい。

石川氏の相論については、最近、中根正人氏が興味深い指摘をしている[14]。中根氏は、常陸の豪族佐竹氏と大掾氏が衝突し、大掾方の「ミのしまのなかつかさの子息十郎太郎」が討死した常陸青柳荘合戦（南関一一一八）について、北朝方佐竹氏と南朝方大掾氏とが対立する暦応三年・興国元年（一三四〇）のこととする従来の理解を批判し、関連文書の年代比定から、観応の擾乱にからんだ観応元年（一三五〇）の高師直方佐竹氏と足利直義方大掾氏の対立によるものと位置付けた。さらに、大掾方で討死した「十郎太郎」を石川十郎幹行、その父「ミのしまのなかつかさ（蓑嶋中務）」を石川頭阿に比定したうえで、大掾氏を上位権力と仰ぐ頭阿が、佐竹氏を後ろ盾とする孫幹篤（「篤」を佐竹義篤の一字かとする）の反抗に対して、鎌倉府と佐竹氏に通達することで未然の対抗策を打ち（史料4）、これによって常陸平氏一族の切崩しに失敗した佐竹氏が、吉田郡へ侵出して青柳荘で大掾・石川氏と衝突した、との新たな理解を提示した。蓑嶋中務を石川頭阿とする人名比定には、なお検討の余地を残すように思われるが[15]、もしこれによるならば、頭阿が子息に「一腹兄弟」の結束を求め、嫡孫を義絶してまで回避しようとした一族の分裂は、上位権力を巻き込んだ合戦へと発展し、子息幹行の討死という悲劇的な結末を迎えた、ということになる。

長岡氏についても、内乱とのかかわりを見てみたい。史料5が南朝年号であるように、このとき尼妙心と四男妙幹は南朝方に属していた。次男宣政は、前年の延元元年（一三三六）五月には南朝方の拠点「宇都宮御所」に参上するなど南朝方に属していた（南関四四五）が、翌二年、足利方に転じ（南関一一三五）、代わって宇都宮には四男妙幹が「参候」した。宣政が南朝方から離叛した要因は、「狭少」な「道法遺領」に対して「繁多」な「国衙正税・鹿嶋社役」等がかけられ、「男女子」の「扶持」が「合期」しなくなったため（史料5）、すなわち、南朝方からの重い課役に耐えられず、兄弟間の協調が保てなくなったためとされる。経済的な困窮により宣政が立場を転じたとすれば、有徳人的な性格を持つ妙幹との交替もうなずけよう。経済格差が一族内に確執を生み、「一腹兄弟」の分裂を惹起して、足利方・南朝方の対立に直結したことは、地域社会の対立矛盾に起因する南北朝内乱のあり方を端的に表している。

一方、嫡男の後家本照との対立についいては、本照の実家が小栗氏であり、鎌倉末期の二度の沙汰付の遵行使に小栗氏一族が指名されていることから、その根底に真壁氏と小栗氏の領主間競合があったことがうかがえる。建武三～四年・延元元～二年の頃、常陸小栗城は足利方の一拠点となっており（南関五七七・五九六・七四二）、小栗氏は足利方に属していたと考えられる。同じ頃、真壁氏の惣領高幹（法超の子）は南朝方であり、妙心・妙幹もそれに従っていた（南関一一三五）。真壁・小栗氏の領主間競合は、内乱の去就としても顕在化していた。その後、真壁高幹は康永三年（一三四四）七月以前に足利方に転じており（南関一五〇六）、妙幹もこれに従って足利方に属したとされる(16)。妙幹発給文書の北朝年号の初見は貞和三年（一三四七）四月であり（南関一六九四）、この文書で妙幹は、兄嫁本照が亡夫幹政の菩提のため某寺へ土地を寄進したことを認めたうえで、同寺へ代々の供養を命じている。この頃にはすでに本照との対立は解消していたのであろう。

血縁関係を後ろ盾とする嫡男後家と当主家との対立、すなわち、姻戚関係を媒介にもたらされた一族内相論は、鎌倉末期以来の領主間の競合関係を基にしつつ、南北朝内乱での去就ともかかわり、その帰結にともなって解消されたのである。妙心の実家については不明なものの、妙心と本照の嫁姑の対立からは、「一腹兄弟」の結束が女系・母系の取捨選択のうえに成り立っていた、ということがうかがえる。「一腹兄弟」を一族結合の基準とすることは、一つの母系姻戚を選択し、その他の母系姻戚を排除することでもあったのである。

二　戦争と「一腹兄弟」

1　下野茂木氏の場合

では、南北朝の戦争において「一腹兄弟」はいかに位置付けられていたのであろうか。次の下野国人茂木明阿（実名知貞）の置文から見てみたい。

〔史料7〕茂木明阿置文案（茂木文書、南関二四五九）

条々

一配分所領等一筆同日譲与之状、□□知世（茂木）・知久（茂木）為一腹一姓兄弟之上者、連□好芳昵殊不浅歟、知世於仰父、知久於□子登、相互成水魚之思、雖一塵不可⎡　　　⎦之儀也、処分知行永代任譲状、互無違失、須守家門、可栄子孫、是則今□忠孝、未来之報恩也、若背此□□為不孝之者也、

（中略）

一種阿弥陀仏者、条々為不調之仁之間、□□不孝出家道〔遁カ〕世之上者、不孝於免天如形□□願西寺仁供僧内壱口了音跡、坂井郷内仁□田在家、同郷内滝内田在家於充給也、⎡　　　⎦譲状者無之、任此置文可給与也、一期之後□、可為惣領知世之計也、若背置文□□、永為不孝之仁、雖縦〔段〕歩不可計充者也、

右、置文状如件、

文和二年六月十日　　　沙弥明阿□□

欠損が多く読みづらいが、明阿は二人の子息知世と知久に、「一腹一姓兄弟」であるので、互いに父子と思い合い、一体的に家を守ることを命じている。一方、種阿弥陀仏は不孝者であったが、出家遁世したので不孝を免じ、願西寺の供僧職等を与えて、一期ののちは惣領知世が管掌すべきものとしている。中略部分には、宇都宮頭役や鎌倉公事、年貢、係争中の東茂木保内の村のことなどが書かれている。なお、冒頭にもあるとおり、同日に明阿は知世・知久兄弟にそれぞれ譲状を認め、嫡男知世に実子がなければ知久の子香犬を養子として所領を譲与すること、知世に実子ができれば香犬を次男とすべきことを命じている（南関二四六〇・二四六一）。惣領権に関してはうかがえないが、知久は、田中氏がいうところの「特別な舎弟」に当たろうか。「特別な舎弟」の前提に「一腹一姓兄弟」があったことは、「特別な舎弟」の設定が母系の選択のうえに成り立っていたことを推測させる。

これ以前、茂木氏は、建武三年（一三三六）十一月に南朝方の攻撃によって本拠茂木城を落とされ、「無足」となったうえ、火災によって公験も失う（南関五八九・五九六・七一六）という危機に陥っている。また、延文四年（一三五九）

には、知世（法名賢安）が畿内出征に際して「今度上洛仕候、戦場之習［　　］候者、ひとへに可奉憑」、「今度不慮之子細候者、何日之死去候と［　　］十八日於もて忌日に、可有御用候」とする置文（南関二八九二）を認め、討死を強く意識している。[17] 結果的に当主や継嗣の戦死はなかったとはいえ、本領への侵犯や公験の喪失、当主の長期不在といった戦争のリスクの多くに、茂木氏は直面していたのであり、[18] 史料7もそうした危機意識のもとで作成されたものと考えられる。

建武三年の本拠茂木城の落城の際、当主明阿は他所へ出陣中であったようで、「以近隣人々合力」「相催近隣之輩」して対応している（南関五八九・五九六）。近隣の味方勢力の存在は、裏を返せば、敵対する近隣領主や一族によって茂木落城が惹き起こされたことをうかがわせる。であるとすれば、危機回避のためには、一族の結束が不可欠であっただろう。明阿は、「守家門」り、「栄子孫」えさせるために、息子の知世・知久兄弟が父子と思い合い、「相互成水魚之思」して、「互無違失」く協力し合うことが必要であるとし、その根拠として「一腹一姓兄弟」を掲げたのである。呉座氏は、戦時リスクの管理システムとして一族や近隣領主との一揆を位置付けているが、「一腹兄弟」はその中核に位置するものとみることができるのではないだろうか。戦争のリスクから「家門」や所領を守るための一族結合の核として、東国武士は「一腹兄弟」を見出したのである。しかし、その傍らには種阿弥のように疎外される兄弟の存在があったことも、見逃してはならない。

2 奥羽平賀氏の場合

こうした家や所領を守るための「一腹兄弟」の結束を、上位権力も認知していたことを示すのが、次の史料である。

〔史料8〕北畠親房袖判御教書写（有造館本結城古文書写、『南北朝遺文　東北編』[19] 四五七、ほぼ同文に同四五四あり）

（花押影）（北畠親房）

高野郡郷々相博事、伊達一族為度々恩賞拝領候、或帯綸旨、或帯故国司（北畠顕家）宣候、相博候段、自公方被執仰之条、彼等定失其勇候歟、直被談合、令承諾申者、就其可有計沙汰候、且此間打渡事、任申請先被成国宣候了、伊香郷者、平賀兵庫助景貞為恩賞拝領云々、於海上令討死了、一腹兄弟数輩子息等定申委細候歟、当時凶徒未退散之上、先被加対治、且景貞跡ニも同被致直談合候者、可宜候、近日時分面々難被空功之条、可被察申候、手沢郷者、藤蔵人房雄拝領云々、房雄当参候、於此所者、被召替他所之条無子細候歟、早加対治、追可被申之由、内々仰候也、
仍執達如件、

（延元四年）五月十日　　沙弥宗心

結城（親朝）大蔵大輔殿

陸奥白河の結城親朝は、南朝方に自領と陸奥国高野郡内諸郷との相博を要求したが、その多くは伊達一族ら南朝方奥羽武士が恩賞として拝領した地であった。常陸にあって東国計略にあたった北畠親房は、へたに相博して味方内に紛争を惹起し、南朝方より離叛されては、とその対応に苦慮したのである。この高野郡のうちの伊香郷は、さきに討死した平賀景貞の所領であり、結城親朝の求めに応じて伊香郷を他所と相博すれば、景貞の「一腹兄弟数輩子息等」が訴え出るだろう、と予想されている（傍線部）。平賀氏は陸奥国司北畠顕家の多賀国府に仕えて奥羽支配にあたったとされており、[20] 景貞もその一族で南朝方として活躍した奥羽武士と考えられる。

当主亡き後、その遺領を改替すれば、「一腹兄弟」や子息が訴訟を起こすことが、上位権力にも十分予想されていたように、「一腹兄弟」や子息は遺領の正当な継承者、知行者として、上位権力からも認知されていたのである。親房の戦死者遺族に対する配慮もあろうが、子息だけならばともかく、ここに「一腹兄弟」も明記されていることは注

目に値しよう。「一腹兄弟」も当主家の所領の知行に正当性を有していたことは、子息のみならず「一腹兄弟」とによって当主家の所領の維持、経営がなされていたことを示している。内部には、前節でみたような対立を抱えていたかもしれないが、対外的にみれば両者は一体的に当主家を構成していたのである。

おわりに

本稿では、「一腹兄弟」の文言に注目して、南北朝期東国武士の一族結合や相論について分析を試みた。嫡男と母を同じくする「一腹兄弟」は、相続上優遇されるとともに、当主（父）から結束や連帯を期待された。一族の相続形態や結合形態は、父系を基調としながらも、特定の母系の選択によって成り立っていたのである。これは反面、異母兄弟を疎外し、他の母系を排除する側面をもつことを忘れてはならない。それゆえ、世代をまたいだりして姻戚関係の重層化が進むと、一族内に相論を勃発させ、南北朝内乱と絡んで、一族の分裂をもたらすこととなった。鎌倉末期から南北朝期にかけて、異母兄弟間や先妻の子と後妻（継母）の間における所領相論が各地で頻繁に起きているように、[21]母系の取捨選択は一族結合の要となる一方で、母系姻戚を通じて地域社会へ波紋を広げ、紛争の火種ともなったのである。

そのうえ、南北朝内乱と経済格差は、長岡氏のように「一腹兄弟」間に分裂をもたらすこともあった。しかし、それにもかかわらず父は子らへ「一腹」ゆえの結束、連帯を命じたのである。このことは、母系の選択にともなう一族の分裂というデメリットよりも、母系の選択そのことによる一族の結合というメリットのほうが、当該期社会において価値を有していたからにほかならない。分裂して紛争に至ることはあれども、ややもすれば戦争によって一族の滅亡や没落を招きかねない南北朝内乱期の武士にとって、緊密な「一腹兄弟」を核とする一族結合は、より重要なものだったのである。

むろん、「一腹兄弟」の語は『曾我物語』にも見えるように、鎌倉期より全国的に存在した。検討は不十分であるが、相続等に関してその正当性を示す用例が多く[22]、「一腹兄弟」であることが家領の相続に一定の意義を有していたことがうかがえる。しかし、本稿でみたように、「一腹兄弟」が相続上の意義を超えて一族結合の核となったのは、南北朝期以降のことと考えられる。

では、南北朝期の東国武士が、一族結合において「一腹兄弟」を持ち出すようになったのはなぜだろうか。石川氏は女子・他人への譲渡を禁じ(史料3)、また、長岡氏は、「所領の細分化に伴う分割相続の行き詰まり」と「郷内秩序の流動化」により「惣領候補者・所領継承者を限定する志向」を持っていたとされる[23]。彼らは分割相続による所領の細分化や散逸を回避するため、相続人を限定する必要があった。しかし、かといって内乱期に武士団の人的資源である一族を極端に縮小させるわけにもいかない。そうしたなかで編み出されたのが、惣領(嫡男)とその複数の「一腹兄弟」を核とする一族結合だったのではないだろうか。ことに戦争の止まない内乱期のことであり、一族の分裂は武士の家にとって危機そのものであった。それゆえ、強固かつ最小のユニットとして、惣領(嫡男)と最も緊密な「一腹兄弟」が採用されたのであろう。母系の選択をともなう「一腹兄弟」の採用は、母系姻戚の関係を強化できると同時に、異母兄弟や他の姻戚を排斥することで、「一腹兄弟」を含む当主家への集権化や求心力の強化にもつながったと考えられる。

以上、南北朝期に出現した「兄弟惣領」と危機管理システムとしての一揆の中間に、ひとつの父系とひとつの母系が形成する「一腹兄弟」があったことを指摘しておきたい[24]。さらに、姻戚関係を媒介とする領主間結合によって地域社会の秩序維持が図られていた時代にあって、母系の取捨選択が地域社会に紛争を喚起していたことも、強調しておきたい。「特別な舎弟」には「一腹」という条件があったし、それは一人とも限らなかった。また、危機管理システムとしての一族結合には、戦争を加速させる側面も持っていたのである。

最後に、「一腹兄弟」の室町期における展開に触れたいが、管見の限り、この時期に「一腹（一生）兄弟」の文言は見出せない。見られるのは、永享十一年（一四三九）の常陸真壁氏の家督争いにおける「一腹」「非一姓」の兄弟のみである。「一腹（一生）兄弟」について追究してきた本稿の比較対象には相応しくないが、ひとまず触れておこう。

真壁氏は、当主秀幹が京都扶持衆として応永三十年（一四二三）に鎌倉府に滅ぼされてのち、その遺児慶幹と甥朝幹との間で家督争いが起こり、慶幹の早世後は、代わって慶幹の兄弟氏幹と朝幹が争った。この氏幹は、慶幹の「一腹兄弟」とされるが、朝幹によれば「彼氏幹称真壁段、更不得其心、非同名、亦非一姓」という[25]。氏幹は、真壁氏出身でないにもかかわらず、慶幹の「一腹」を理由に真壁氏の家督争いにかかわったのであった。この相論では、真壁氏の庶流や被官の擡頭が指摘されているが[26]、「一腹」は氏幹派の庶流・被官にとって家督候補推戴の理由付けとなったのである。「非一姓」のため比較は難しいが、「一腹」は家督候補の正当性を主張するためのレトリックと化し、一族結合の核としての価値を大きく変質させていたことがうかがえよう。

註

（1）真名本『曾我物語』巻第五。角川源義編『妙本寺本曾我物語』（角川書店、一九六九年）、読み下しは『真名本 曾我物語一（東洋文庫）』（平凡社、一九八七年）によった。仮名本『曾我物語』（日本古典文学大系、岩波書店、一九六六年）巻第四にも同様の場面がある。

（2）高橋秀樹「鎌倉期・在地領主層の婚姻と親族―聟の位置づけをめぐって―」（『日本中世の家と親族』吉川弘文館、一九九六年、初出一九八八年）、鈴木国弘「鎌倉幕府草創期における私戦世界と地域社会―妙本寺本『曾我物語』の分析から―」（『日本中世の私戦世界と親族』吉川弘文館、二〇〇三年、初出二〇〇〇年）、山本幸司「『曾我物語』と中世家族の実態」（『軍記と語り物』四〇、二〇〇四年）、菱沼一憲「姻戚関係からみる『曾我物語』」（『季刊ぐんしょ』六五、二〇〇四年）、佐倉由泰「『曾我物語』の機構」（『軍記物語の機構』汲古書院、二〇一一年、初出二〇〇四年）等。

（3）角川編註（1）書所収「妙本寺本曾我物語攷」、註（1）日本古典文学大系所収「解説」、梶原正昭・大津雄一・野中哲照校注・訳『曾我物語（新編日本古典文学全集）』（小学館、二〇〇二年）所収「解説」、坂井孝一「研究史―『曾我物語』と中世社会―」（『曾我物語の史的研究』吉川弘文館、二〇一四年）等。

（4）田中大喜「南北朝期武家の兄弟たち―「家督制」成立過程に関する一考察―」（『中世武士団構造の研究』校倉書房、二〇一一年、初出二〇〇五年）。

（5）この点は、田中大喜「家督と惣領」（高橋秀樹編『生活と文化の歴史学 四 婚姻と教育』竹林舎、二〇一四年）においてさらに議論が深められている。

（6）大谷愛「鎌倉末・南北朝期武士層にみる兄弟関係の一考察―相続形態を中心として―」（『史論』五〇、一九九七年）。

（7）呉座勇一「南北朝～室町期の戦争と在地領主」（『日本中世の領主一揆』思文閣出版、二〇一四年、初出二〇一二年）。

（8）高橋註（2）論文。

（9）『南北朝遺文 関東編』一～七（東京堂出版、二〇〇七～一六年）。

（10）湯山学「鎌倉府奉行小考―町野浄善と清原繁隆―」（『鎌倉府の研究』岩田書院、二〇一一年、初出二〇〇三年）。

（11）『真壁町史料 中世編Ⅱ』所収「解説」、糸賀茂男氏執筆分。

（12）『真壁町史料 中世編Ⅱ』所収「長岡古宇田文書」九・一一号。

(13) 清水亮「了珍房妙幹と鎌倉末・南北朝期の常陸国長岡氏」（同編『常陸真壁氏』戎光祥出版、二〇一六年、初出二〇〇五年）。
(14) 中根正人「大掾浄永発給文書に関する一考察─観応の擾乱期の常陸─」（『常総中世史研究』二、二〇一四年）。
(15) 青柳荘合戦を伝える大掾浄永書状（写、南関一一一八）が史料1～4と同じ「石川氏文書」にあること、「ミのしま（蓑嶋）」が史料3にも見える石川家領（平戸郷内）であることから、蓑嶋中務＝石川頭阿の比定は一見妥当なようにも思われる。しかし、頭阿は「石河太郎入道」と呼ばれる（史料4）のに対して、平戸郷嶋田村内の領主には、「平戸中務少輔」なる人物も確認でき（『茨城県史料 中世篇Ⅱ』所収「彰考館所蔵石川氏文書」二一・二三号）、また、氏幹の嫡孫とされる石川光幹の継嗣は「蓑嶋之きやうまつ」とされている（南関四四六七）。石川・平戸・蓑嶋氏の名字の変遷や系譜関係については、なお検討の必要があろう。
(16) 糸賀註（11）解説。
(17) 当該期の茂木氏の動向については、松本一夫「南北朝・室町前期における茂木氏の動向─上級権力との関係を中心に─」（『下野中世史の世界』岩田書院、二〇一〇年、初出一九九一年）参照。
(18) 呉座氏も、この茂木城落城について、本拠の落城という戦時固有のリスクと、その克服のための近隣領主との軍事的提携の必要性を指摘している。呉座註（7）論文。
(19) 『南北朝遺文 東北編』一・二（東京堂出版、二〇〇八・一一年）。
(20) 遠藤巌「建武政権下の陸奥国府に関する一考察」（豊田武教授還暦記念会編『日本古代・中世史の地方的展開』吉川弘文館、一九七三年）、同「南北朝内乱の中で」（小林清治・大石直正編『中世奥羽の世界』東京大学出版会、一九七八年）。関係論考については堀川康史氏のご教示を得た。
(21) 山本註（2）論文、岡田清一『相馬氏の成立と発展』（戎光祥出版、二〇一五年、一部初出一九七八年）、田中大喜「武士団結合の複合的展開と公武権力」（田中註（4）書、初出二〇〇七年）等。
(22) 『鎌倉遺文』一九二一・三五八三・一〇四七八・一六六〇六・二四四九六・二六三〇七・二九〇七八号等。ほか、同二四九二八号には「非他腹」ともある。なお、用例は九州地方に多い。
(23) 清水註（13）論文。
(24) 田中氏が「兄弟惣領」の象徴的な例としてあげた足利尊氏・直義も同母兄弟であり、草創期室町幕府が母系姻戚である上杉一族に大きく支えられていたという事実、また、尊氏の子息義詮・基氏も同母兄弟であり、異母兄弟の直冬が父や兄弟から冷遇され続けたという事実を見逃してはなるまい。
(25) 『真壁町史料　中世編Ⅰ』所収「真壁文書」一一七・一一九号。
(26) 小森正明「中世後期東国における国人領主の一考察―常陸国真壁氏を中心として―」（『茨城県史研究』六二、一九八九年）、清水亮「南北朝・室町期常陸国真壁氏の惣領と一族」（清水編註（13）書、初出一九九九年）。

藤原保昌伝承と千葉氏
――『千学集抜粋』の酒呑童子説話をめぐって――

外山信司

はじめに

酒呑童子説話は、源頼光と四天王、藤原保昌が大江山もしくは伊吹山に棲む酒呑童子を退治する物語として広く知られ、絵巻物等にした作例が多く残されている。そのなかで、南北朝期に制作された「香取本大江山絵詞」（逸翁美術館蔵、以下「香取本」とする）は、最も古い作品であり高い美術的価値を有し、国の重要文化財に指定されている。[1]

この「香取本」について、鈴木哲雄氏は画期的な論考を発表している。[2] まず、その伝来について「香取文書」の検討により、本来は香取社の神宝ではなく、天正十八年（一五九〇）の小田原合戦で千葉氏・大須賀氏が滅亡した際に、「落城ノ節所ノ百姓共」によって養育され香取大宮司大中臣清房の祖母となった大須賀四郎の女が、「大宮司方へ嫁」いだ際に持参した、「千葉家断絶ニ付、私家ニ所持仕候」ものであったことを明らかにしたのである。[3]

大須賀氏は千葉常胤の子、四郎胤信を祖とする北総の有力国人で、戦国期には松子城（成田市松子）に拠る大須賀本宗家と、助崎城（成田市名古屋）に拠る助崎大須賀氏に分立していたが、大須賀四郎は、その仮名から本宗家の当主と考えられる。[4]

さらに鈴木氏は「香取本」が千葉氏のもとにあったことをふまえて、源頼光の四天王の一人、平貞道（忠道）は三浦氏の祖であり、「三浦氏と深い関係にあった上総氏あるいは千葉氏にとっても祖に位置付く存在」であり、「頼光は千葉氏にとっても先祖である平貞道（忠道）の主人として尊崇すべき対象だった」とした。貞道の父は村岡五郎と呼ばれた平良文であり、良文の子孫である千葉氏は「京武者としての平貞道（忠道）に一族の出自を見いだそうとしたのではないか」と述べ、「香取本」は千葉氏が「都の武者としての千葉氏のステータス・シンボルとして制作させた」という興味深い指摘をしている。(5)

ところで、次節で紹介するように、酒呑童子説話は千葉妙見宮（現千葉神社、千葉市中央区院内）に伝えられた『千学集抜粋』等にみることができる。(6) 本稿では、鈴木氏の研究に導かれつつ、『千学集抜粋』等にみられる、もう一つの酒呑童子説話について考察するものである。

一　『千学集抜粋』の藤原保昌・酒呑童子・千葉胤宗

1　千葉妙見宮の酒呑童子説話

『千学集抜粋』の酒呑童子説話に関する記事は、次のとおりである。

一、都東山に珠天《酒呑》童子そ住ける、院宣によつて宝生《保昌》是を退治す、此刀大裏（ママ）におさめたてまつる、これを宝生の懐太刀といふ

一、胤宗、在京、浄山と称す、御捐館年四十五、法照院（諡清脱カ）殿と申、実に正和元年壬子三月廿八日也、御子三人、長子貞胤、二男八世座主覚源、外女子一人、胤宗在京の日、殿上の女房に契て、遂に是を盗出さんとはかりける、

此事内へ聞えて、彼女房ハ大裏にて失ハれける、その追福のためにとて、阿弥陀七体、千葉の庄の内にたて給ふ也

一、妙見納物とて、火取、水取、玉、牛王、一條院の薄墨の御証文、七難開毛《メ》三筋長七尋也、鳳皇（ママ）羽五本、いつれも箱に入らる、頼朝の納め給ふ白絲鎧甲、御多羅枝鴮羽征矢、三尺八寸剣、広光作也、蛇巻《をして》　け《うらむ》ハ即死す、宝生懐太刀、即珠天童子を打し刀也、二尺七寸、菖蒲つくり也、良文よりして納物とも、皆秘事とす也、

この記事に最初に注目したのは野口実氏であり[7]、次いで宮原さつき氏も触れているが、ともに酒呑童子説話に直接言及したものではない[8]。

また、千葉妙見宮に伝わった伝承等をもとに、『千学集抜粋』を増補するようなかたちで近世後期に成立した『妙見実録千集記』には、次のような記事をみることができる。

千葉第十四代　胤宗　頼胤之次男也。正和元年壬子三月廿八日逝去。四十五歳。法名清照院殿常山梵阿弥陀仏。

御子三人。

嫡子 貞胤　　二男 覚源 北斗山第八世座主。　　一人女子也。

胤宗大番役にて在京の時、宝蔵鎰司の女房と契り、保昌の宝剣を竊ませて関東に持ち還りしが、女房の罪死せるを聞き、追福の為に千葉の庄に七体の阿弥陀仏を建立せりといふ[9]。

さらに、同じく近世後期に成立した『千葉実録』の記事では、恋仲となった胤宗と鎰司女房との間で詠み交わされた歌や、胤宗が「昔、平井保昌が、丹波なる大江山にて化生を討つたる太刀、宝剣となりて大内の御宝蔵に納めありと聞き及びぬ。何卒、保昌が武勇にあやかるよう、一目見たし」と言ったのに対して、太刀を盗み出した女房が「御家の重宝ともなし給へ」と答えた会話、「永き別れの自然の印にや、互いに袖をしぼりけり」といった表現が加えら

れる等、詳細かつ文学的潤色の著しいものとなっている[10]。

これらによって、藤原保昌が酒呑童子(化生)を討ったとされ、「宝生の懐太刀」と呼ばれる刀剣が千葉妙見宮に納められ、宝物となっていたことがわかる。

ちなみに、御伽草子「酒伝童子絵」では、保昌は「石割といふ小長太刀、二尺余にありけるを、中ごを切り、束を三束ばかりにこしらへて、馬の尾にてねた巻にぞ巻かせたる」ものを持参したとされる[11]。「石割」は切られて短くされたとされるが、「懐太刀」という名称との共通性が感じられる。「懐太刀」は「石割」に擬せられたのかもしれない。

なお、「宝生の懐太刀」は菖蒲造りであった。日本刀の造り込みは鎬造りが普通であるが、菖蒲造りでは横手(身と切先との境となる横の線)がなく、菖蒲の葉に似ているため、このように呼ばれる。菖蒲は端午の節句につきものであるように、その香気から邪気を祓う力があるとされるので、菖蒲造りの太刀が酒呑童子を討ったものとされたのであろう。

2 主役としての藤原保昌

『千学集抜粋』等にみえる千葉妙見宮に伝えられた伝承は、一般に知られる酒呑童子説話とは異なる特徴を有しているので、それについて指摘していきたい。

まず、酒呑童子を退治したのが藤原保昌とされ、源頼光とその四天王が大江山に棲む酒呑童子を討つという、広く知られる枠組みとは異なる。しかし、頼光と四天王が主役化するのは、室町中期から戦国期に下るのであり、本来は頼光と保昌は対等の存在であり、頼光・保昌のペアが活躍することになっていたのである。

南北朝期に制作された「香取本」では、酒呑童子を退治するため、朝議でまず「致頼、頼信、維衡、保昌等を召れ」たが、彼らは辞退し、改めて「摂津守頼光・丹後守保昌」が召されて承諾し、二人は「両将」と呼ばれている（上巻）。これに対して、四天王は「四人の殿原を人、四天と呼ぶ事、その故有る物をや。綱（渡辺）は多聞天、公時（坂田）は持国天、忠道（平）は増長天、季武（卜部）は広目天、共に天下を愛愍し、禁中を守護し給ふ」（詞書巻）とあり、頼光・保昌に従属する存在であった[12]。世阿弥もしくは宮増の作とされる謡曲「大江山」でも頼光・保昌は対等の存在として勅諚が下されている[13]。

このように頼光・保昌を並列して挙げるのは、高橋昌明氏が指摘するように、鎌倉・室町期の常套句と言うべき表現であった[14]。『保元物語』上の「新院御所各門々固めの事付けたり軍評定の事」では、「古その名聞えし田村・利仁が鬼神をせめ、頼光・保昌の魔軍をやぶりしもの、或は勅命をかたどり、或は神力をさきとして、武威の誉を残せり」とみえる[15]。『平家物語』巻六「廻文《めぐらしぶみ》」では、木曽義仲について「ありがたき強弓勢兵、馬の上、かちだち、すべて上古の田村、利仁、余五将軍（平維茂）、保昌、先祖頼光、義家朝臣といふとも、争《いか》でか是にはまさるべき」と形容している[16]。『梅松論』下でも、夢窓疎石が足利尊氏を評するなかで「将軍は君を扶佐し、国の乱を治る職なれば、（略）我朝の田村・利仁・頼光・保昌、異賊を退治す」と述べ[17]、『異制庭訓往来』には「古の武者乱を治むること徳に皈す、（略）我朝則ち田村・利仁・頼光・保昌等なり」とみえる[18]。

さらに、高橋氏は鎌倉期には「頼光・保昌が対立の関係で理解されていたことを示す事実」を指摘している[19]。『御堂関白記』にみえるように、寛仁元年（一〇一七）三月八日、頼光の弟で「殺人の上手」として知られる源頼親が、保昌の郎党で清少納言の兄である清原大宰少監致信（清原元輔男。陽明文庫本「酒天童子物語絵詞」にも大宰少監として登場する）を殺害させる事件が起きた[20]。しかし、『古事談』巻二―五七「源頼光四天王、清原致信を討つ事、清少納言迷惑の事」では、頼光が四天王等を遣わして致信を討たせたとされているのである[21]。保昌の姉妹が源満仲に嫁し、頼親・頼信兄弟を生んでおり、複雑な血縁関係・人脈と利害関係が絡み合うなかで起きた事件であるため、様々な説話が発生したのであろう。また、観世小次郎作の謡曲「羅生門」は、羅生門に棲む鬼神を退治した渡辺綱の武勇を述べるものであるが、その前段には保昌と綱との論争が描かれている。[22] このように、中世において頼光・四天王と保昌との関係は、緊張関係さえ孕むものと認識される場合があったことがわかる。

しかし、時代が下ると頼光・四天王の主役化、すなわち保昌の従属化が進行していくのである。御伽草子「酒呑童子」では「頼光が郎等に貞光、季武、綱、公時、保昌、いづれも文武二道のつはものなり」とあって、[23] 保昌は頼光の郎等とされ、しかも四天王の後に位置している。御伽草子「酒伝童子絵」では、四天王を引き連れた頼光が「そのほかは保昌をかたらふべし」と述べるように、[24] 保昌は頼光・四天王の添え物であるかのように扱われている。北条氏綱の注文によって大永二年(一五二二)に制作されたサントリー美術館本「酒呑童子絵巻」でもまったく同様である。[25] このように保昌は頼光と並ぶ「両将」としての存在感を失い、綱の存在感が大きくなっていったのである。[26]

3 東山に住む酒呑童子

酒呑童子の棲みかは「大江山」とされるのが通例であるが、「大江山」は二か所ある。京と丹波の境に位置する老ノ坂・大枝山(京都市西京区と亀岡市の境)と、丹波と丹後の境に聳える千丈ヶ岳・大江山(京都府与謝郡与謝野町・福知山市・宮津市)である。高橋氏が明らかにしたように、老ノ坂は京都の境界として外界から入り込もうとする鬼気《もののけ》(穢れ)を防ぐ四堺祭が行われる場であったが、次第に千丈ヶ岳・大江山と認識されるようになっていった。[27] 因みに酒呑童子説話は童子の棲みかによって分類され、「香取本」をはじめ大江山とするものを「大江山系」、近江の伊吹山(滋賀県)とするものを「伊吹山系」としている。[28]

ところが、『千学集抜粋』には「都東山に珠天《酒呑》童子そ住ける」とあり、大江山でも伊吹山でもなく、東山とするのは異例である。

大江山系の「酒呑童子」では、童子は越後の山寺の稚児で、比叡山へ移ったものの最澄によって追われ、大江山に棲んだが、空海によってここも追い出され、その没後に大江山に戻ったとされる(29)。「伊吹童子」では、伊吹弥三郎と大野木殿の姫君との間に生まれた童子は、「日吉の山の北の谷」に捨てられ、小比叡（日吉山王社の二宮鎮座）、比叡山の東に続く峰の八王子、大比叡（日吉山王社の大宮鎮座）、西坂（雲母坂）へと移ったが、最澄によって延暦寺が建立されたため、丹波国大江山に至ったとされる(30)。

このように童子は比叡山にいたとされ、酒呑童子説話が叡山周辺で成立したことは定説となっている。東山には妙法院・青蓮院といった延暦寺の門跡寺院があり、祇園社（八坂神社）はその支配下に置かれるなど、延暦寺の強い影響下にあったことは周知のことである。これを背景として、童子が東山に住んでいたとする説話が作られたと考えられる。

また、野口実氏は『石清水八幡宮護国寺略記』に建武期には千葉介の宿所が清水坂にあると記されていることを紹介し、千葉氏当主が東山に住み、一族も六波羅付近に居住していたことを指摘した(31)。千葉氏が東山周辺に居住していたことが、千葉氏と酒呑童子説話を結びつける契機となったと考えられる。

4　実在の保昌《やすまさ》と説話世界の保昌《ほうしょう》

平安中期の中流貴族である実在の藤原保昌について簡単に紹介しておきたい。保昌（九五八～一〇三八）は武智麻呂流（南家）で、父は致忠《むねただ》、母は元明親王の女、祖父は冷泉天皇の立太子に際して失意のうちに没し、怨霊となって様々な祟りをなしたことで知られる元方である。大和・丹波・摂津等、諸国の受領や左馬頭を歴任し、藤原道長・頼通に家司として仕えた。摂津国平井（大阪府宝塚市）に住んだので、平井保昌とも言われる。和泉式部の夫で、勅撰和歌集にも歌が入集している。

保昌が盗賊の大将軍袴垂を畏怖させたという、『今昔物語集』巻二五「藤原保昌朝臣値盗人袴垂語第七《ぬすびとはかまだれにあふこと》」の説話は、その武威を示すものとして有名である。(32)また、保昌の弟の保輔は『尊卑分脈』に「強盗の張本、本朝第一の武略、追討の宣旨を蒙る事十五度」とあり、(33)大江匡衡を襲う等の刃傷沙汰を起こし、兄の斉明《ただあきら》とともに追捕されている。『続古事談』巻五―四五「盗人藤原保輔の捕縛と死と葬儀との事」によれば、腹を切り腸を引きずり出して獄中で死んだという。(34)また、先述のように摂津源氏と姻戚関係を有しており、保昌一族は貴族でありながら、暴力団的な側面も含め武士に限りなく近い性格を有していたのである。(35)

保昌は早くから伝説化していったが、真名本系の『曾我物語』巻二にみえる、出生についての次のような説話は興味深い。

元方は怨霊となって恐ろしいことをした人であるが、家を継ぐ公達がいなかった。そこで仏神に祈ったところ若君が生まれたが、四歳の時に「その魂は不敵で、山野に交る相がある。お前に家を譲ったならば、家に瑕瑾があるだろう。育てることはできない。」といって、荒血山《あらちやま》の谷底に捨てられてしまった。しかし、猛獣も危害を加えず、比叡山麓の狩人に拾われて成長した。(36)

この説話は「御成人の後、武略の心、勇にして、弓馬の芸、世に勝れ、その名、天下に聞こえつつ、帝の御堅めとなり給ふ丹波守保昌とは、かの若君の御事なり」と結ばれるが、先に述べたとおり保昌は元方の孫であって子ではない。

しかし、普通と異なる誕生をした幼子が、深山幽谷に捨てられ、超人的な武勇を備えた者となるという筋立は、佐竹昭広氏が中世口承文芸の一類型としての「山中異常誕生譚「捨て童子」型」と命名し、酒呑童子の原義は「捨て童子」であると指摘しているように[37]、外ならぬ酒呑童子と同一である。さらに、頼光四天王の坂田公時が足柄山で育ったとされるのも共通している。御伽草子「弁慶物語」によれば、弁慶も熊野の山中に捨てられたとされる[38]。しかも、保昌が捨てられた荒血山は、近江と越前の境にあって荒発関(福井県敦賀市)が置かれた要地であり、境界の地という点で大江山と共通する。

常人と異なる生まれを持ち、自然のなかで育ち、超人的な武勇を発揮したとされる保昌が酒呑童子を討ったとされる宝剣を宮中から入手したという伝承は、千葉胤宗を権威づけるものと言えよう。

保昌に関する伝承として忘れてはならないのが、謡曲「花盗人」である。その粗筋は次のとおりである。

節会の夜、殿上で和泉式部という女官を見初めた保昌に、「命にかへて思召サば。禁庭の桜花。何ときびしく御垣もる共。一枝手折て来り給はゞ、カヽル御心に任せ申べし」との難題を記した返事が来た。保昌は、女官の望みをかなえるために禁裏に忍び込み、とうとう紫宸殿の桜を手に入れることができた[39]。

「花盗人」では和泉式部の望みを保昌が叶え、『千学集抜粋』等では胤宗の望みを鎰司女房が叶える。男女の役割は相反するが、愛しく思う人のため危険を冒して宮中から望みのものを盗み出すという構図が共通する。

また、『義経記』巻二「義経鬼一法眼が所へ御出での事」には、一条堀川に住む鬼一法眼が秘蔵する、太公望呂尚の撰とされる兵法書『六韜』を読むため、源義経が鬼一の娘に近づき、義経を愛した娘が宝蔵から『六韜』を密かに持ち出すという話がみられる[40]。

『千学集抜粋』等の保昌伝承は、謡曲「花盗人」と同根の説話・伝承や『義経記』等の説話を換骨奪胎してつくられたのかもしれない。

二　肥前千葉氏と下総千葉氏

周知のように、蒙古襲来（元寇）は千葉氏にも大きな影響を及ぼした。千葉氏は肥前国小城郡（佐賀県小城市）の惣地頭職を有していたため、頼胤は幕府の命によって警護のため九州に赴いた。文永十一年（一二七四）、蒙古軍は博多に上陸し（文永の役）、出陣した頼胤は疵を受け、建治元年（一二七五）八月に小城で没した。弘安四年（一二八一）、蒙古軍は再度来攻したが（弘安の役）、頼胤の嫡子宗胤は大隅の守護であり、父と同じく防備のため九州に下向した。しかし、宗胤も永仁二年（一二九四）に九州で死去した。その子胤貞は幼少であったのに対し、宗胤の弟胤宗は本国下総の所領支配を担当した。胤宗が下総への影響力を強めていく反面、胤貞は次第に庶子的な立場となっていった。

南北朝の内乱が勃発すると、胤宗の子の貞胤は後醍醐天皇方に属し、胤貞は足利方に属した。こうして一族の分裂と南北朝の対立がリンクすることによって、下総国内でも激しい戦乱が引き起こされたのである[41]。

嫡流である宗胤の系統は、肥前小城郡のほか、下総では千田庄《ちだのしょう》（香取郡多古町）・八幡庄（市川市）・臼井庄（佐倉市・八千代市・船橋市・四街道市）を領し、胤貞は「千田太郎」「千田大隅守」を称した。胤貞が日蓮宗を外護したため、これらの地で日蓮宗中山門流が発展した[42]。一方、胤宗系は下総守護を継承し、貞胤は「千葉介」を称した。

ところが、南朝方として新田義貞に属した貞胤は、足利方に降伏し下総守護を安堵され、下総国内の内乱は収束に向かったのである。貞胤は下総のみならず、遠江・伊賀の守護職も与えられ、足利政権で一定程度重用された。その子氏胤は、足利尊氏・義詮の庇護の下に編纂された勅撰和歌集『新千載集』に入集し、上総の守護職を与えられるなど、当時の社会で正当性を認められたのである[43]。これに対して胤貞の系統は、肥前千葉氏として九州の地域権力とし

南北朝・室町期千葉氏系図

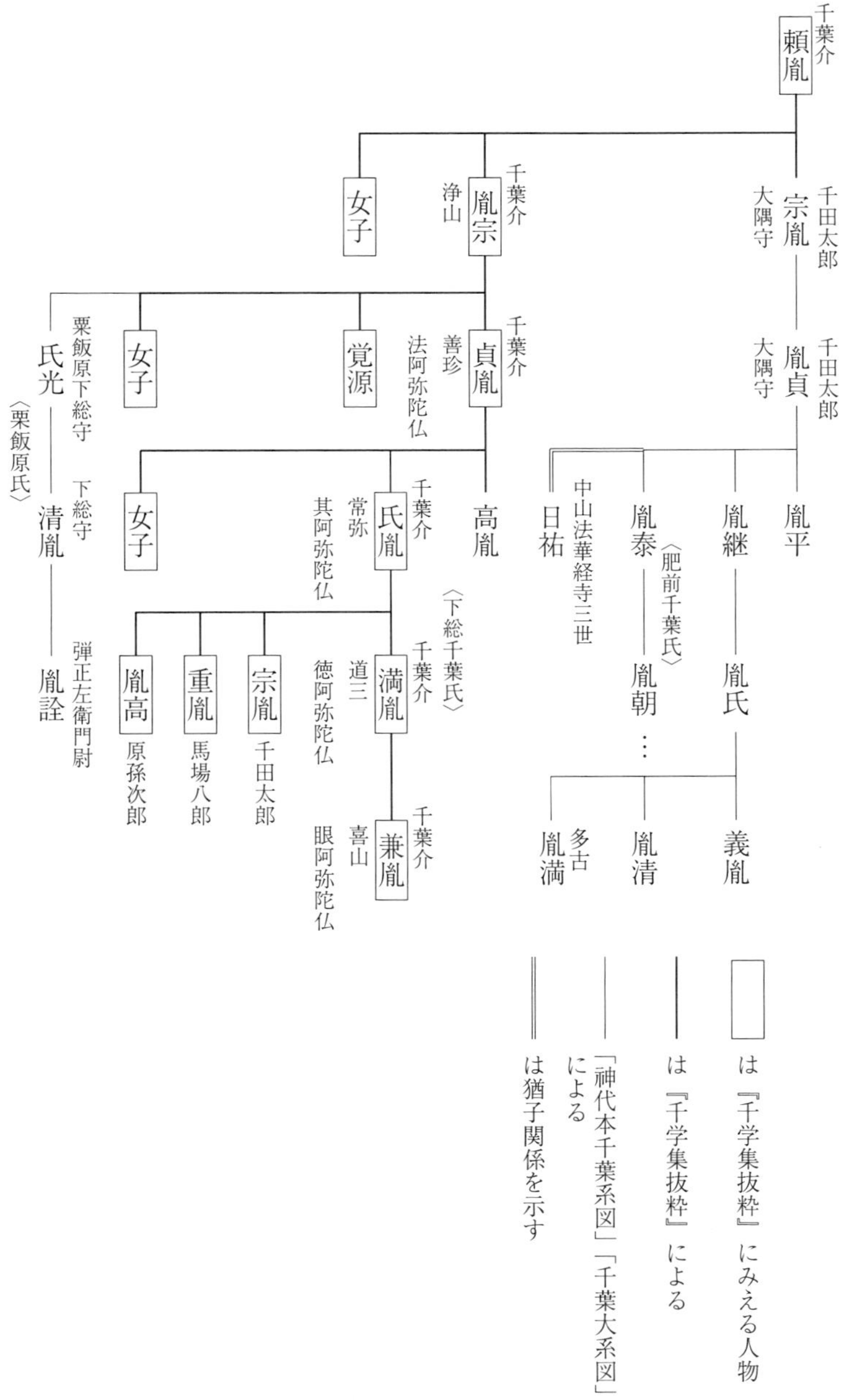

て発展し、多古氏は千田庄の在地領主として存続したが、下総への影響力を失っていった(44)。

三　保昌の懐太刀と千葉氏の正当性

1 宝剣説話の盛行

武士が社会の表舞台に登場した中世は、宝剣説話が盛行した時代である。武士の存在が武力に拠るものである以上、その源泉である武器、特に武士の象徴とされた太刀や剣が尊重されるのは当然である。

アーサー王伝説のエクスカリバーに代表されるように、世の東西を問わず、宝剣は「その霊力により英雄・王者の活躍と栄光を保障し、象徴するもの」であり、「その所持者の軍事的・政治的支配権を表象するレガリア」であった。古く記紀神話でも「刀剣は邪悪・非調和的なものを鎮静・滅却する機能を備え、そこに認識される聖性・呪術性をふまえて神格化され」ているのである(45)。それゆえ「名剣の由来(始原)と威徳を語ることは、王権の始原及びそれを支える武家の栄光を語ること」であり、「歴史の継承」「伝統の健在」という不可視的なものが、名剣の継承というかたちをとって表現されたのである(46)。

中世の軍記物語において最も有名な宝剣説話は、『平家物語』諸本のなかで屋代本と百二十句本にある剣巻である(47)。また、『源平盛衰記』冒頭(48)、『太平記』巻三二「直冬上洛ノ事付鬼丸鬼切ノ事(49)」、仮名本『曾我物語』巻八「箱根にて暇乞の事」にもみることができる(50)。御伽草子「羅生門」「土ぐも(51)」、謡曲「土蜘蛛」にもみられ(52)、中世に広く流布していたことがわかる。剣巻については豊富な研究成果が蓄積されている(53)。

2　宝剣説話成立の土壌

宝剣説話は、名剣が他の刀剣とは異なる独自の価値を有することが前提となる。その価値は、まずは名のある刀鍛治によって鍛えられた刀剣であることから生ずる。次いで、その刀剣が誰によって所有され、特定の家に継承されていったかが重要である。武勇に秀でた武士に伝えられ、そのような武士を代々輩出してきた「武家の棟梁」と言うべき家に伝来していたことが、その刀剣の価値を高めていくことになるのである。宝剣説話には、こうして成立した「由緒」が必要不可欠である。

さらに名のある刀剣についての記事が集成されていくことによって「刀剣伝書」と呼ばれる書籍が編纂された。これが剣巻をはじめとする宝剣説話の成立基盤となったという視点から軍記物語の研究を進めている鈴木彰氏は、刀剣伝書が「十五世紀以来、多くは相伝の形で伝えられ、公家・武家・寺社等に広く流布していたこと」を明らかにした(54)。『千学集抜粋』には保昌の懐太刀のほかに、太刀についての二つの説話がみられる。馬加康胤がかつて養子入りしていたとされる常陸大掾氏から持ち帰った太刀と原氏重代の「蛇太刀」にまつわるものである（ともに「住持代々血脉の事」）。

大掾氏は、常陸に大きな勢力を有していた坂東平氏の名族で、そのもとに代々伝わった太刀が佐倉（本佐倉城）に拠点を移した千葉氏のもとにあるというのである(55)。康胤は享徳の大乱で千葉宗家を滅ぼして千葉氏を継いだ（馬加千葉氏）。馬加千葉氏とこれを継承した佐倉千葉氏は、宗家の子孫で武蔵に逃れた武蔵千葉氏と対立していたが、馬加千葉氏にとって大掾氏重代の太刀は、家督の正当性を保証する役割を果たしたのである。

また、別稿で述べたように、原氏重代の「蛇太刀」は千葉氏胤から原氏を継承した胤高に与えられたものであるが、享徳の大乱を契機に主家である千葉氏を凌いで下総の中心勢力に成長を遂げる原氏の、権力の正当性を示すものであった。[56]

この二つの説話は、ともに十五世紀以降の政治情勢を背景としており、刀剣伝書が十五世紀頃に流布していたとされる傾向と軌を一にしていることがわかる。[57]

3 保昌の懐太刀の説話を作った下総千葉氏

鈴木哲雄氏は、頼光と四天王が活躍する「香取本」について、南北朝時代前後に中央周辺に存在していた祖本をもとに、坂東で制作されたか、あるいは千葉氏の依頼で中央で誂えられたか、中央で入手したか、という説を提唱されたが、[58]この千葉氏が如何なる存在であったかについては、特に考察を加えていない。しかし、香取本「大江山絵詞」の作成に深く関与した千葉氏本宗家は、血統的には嫡流で肥前千葉氏となる宗胤系(旧嫡流)ではなかったか。戦国末期にこれを持っていた大須賀氏も、千葉氏の祖常胤の子胤信から続く、いわゆる「千葉六党」の一つとして千葉一族のなかで高いステイタスを有していた。[59]

これに対して、血統のうえで嫡流とは言えない下総千葉氏は、宮中に伝わった保昌の太刀を胤宗が入手したという宝剣説話を作り出し、その正当性を主張したのではないだろうか。小松和彦氏は、酒呑童子説話を王権の繁栄をたたえる「中世王権説話」としている。[60]美濃部重克氏は、宝剣説話と結び付いた酒呑童子の物語が「武家神話」であり、近世においては「徳川幕府にとって、清和源氏を名乗る徳川家の統治の正当性を誇示する神話としての意味を持ち得た」と述べている。[61]千葉氏にとっても、宝剣説話と酒呑童子説話は同様の意味を有したと考えられる。

四　千葉妙見宮と時宗

妙本寺本・日大（大石寺）本といった真名本系の『曾我物語』には、曾我十郎の恋人であった大磯の虎が鎮魂のため兄弟の骨を頸に掛けて諸国の霊場を巡拝し、千葉妙見宮へも参詣したことがみえる。虎は、信濃善光寺（長野県長野市）から碓氷峠、松井田宿（群馬県安中市）、板鼻宿（同安中市）、世良田の安養寺（明王院、同太田市）、二荒山神社（栃木県宇都宮市）、中禅寺（同日光市）を経て千葉妙見に至り、武蔵の浅草寺（東京都台東区）、慈光山（坂東三十三か所観音札所慈光寺、埼玉県比企郡ときがわ町）、比企の岩殿山（坂東三十三か所観音札所正法寺、同東松山市）を経て曾我へ帰っている(62)。霊場であった善光寺をはじめ、一遍が開いた板鼻宿の時宗聞名寺が善光寺参詣の聖の拠点であったように、虎は遊行廻国のコースをたどっている。角川源義氏は、虎の行状を「念仏聖」そのものとし、『曾我物語』の成立に時宗教団が深く関与し、管理していたことを明らかにしている(63)。

『千学集抜粋』には、千葉貞胤（法阿弥陀仏）について「此の御代より時宗にならせられ」とあって、千葉氏が貞胤の代に時宗を受容したことがわかる。千葉妙見宮やその別当寺の金剛授寺にも時宗の影響が及んだ。『千学集抜粋』には「当寺住持退転おハしますとも、ゑ《ど》け僧時宗なと申立る事叶ふまし」とあり、妙見宮側の反発が窺われる。

また、妙見宮近くには時宗寺院が建立された。智東山聖聚院来迎寺である。寺伝によれば、建治二年（一二七六）、千葉貞胤が一遍を開山として建立し、来光寺と称したという。「千葉道場」と称された同寺は、道場北・道場南という町名の由来となったが、昭和二十年（一九四五）の空襲により焼失し、中央区道場北から稲毛区轟町に移転した。近世には浄土宗に属し、現在は単立の寺院となっている。境内には、応永三十二年（一四二五）に造立された千葉氏胤・

満胤・氏胤母妙仏・氏胤夫人円勝禅尼等の五輪塔七基が残る。(64)

『千学集抜粋』には、胤宗が女房追善のため千葉庄内に七体の阿弥陀を建立したとの記事があった。宮原さつき氏が指摘しているように阿弥陀を七体で祀ることは異例であり、北斗七星を神格化したとされる妙見との関連が推定され、(65)時宗をはじめとする阿弥陀信仰と妙見信仰との習合、つまり時宗の千葉妙見宮への浸透を示しているのである。

金井清光氏は「全国各街道の時衆道場は遊行僧ばかりでなく、御師・山伏・行商人など、種々雑多な旅人が休息したり宿泊したりする。当然、時衆道場には諸国の珍談奇聞や世間話などの情報が集中する。住職は居ながらにして諸国の説話や情報を仕入れることができ、それをまた遊行者に語って聞かせる。遊行者は時衆道場で聞いた話を、行く先々に語り伝えてゆく。つまり街道上の時衆道場は、在地の念仏信仰の中心であると同時に、説話など語り物文芸の集散所でもあった」と述べているが、(66)千葉道場来迎寺や千葉妙見宮は、『曾我物語』を生成し管理した時衆と深い関わりを有していた。仮名本『曾我物語』に宝剣説話が記されていることを考え合わせると、彼らが、保昌の懐太刀という宝剣説話と下総千葉氏を結び付けるうえで、大きな役割を果たしたのではないかと考えられる。

おわりに

千葉氏は、胤宗・貞胤・氏胤の三代にわたって在京しており、氏胤は一定程度とはいえ足利政権に近い存在であった。(67)南北朝期、京における千葉氏の拠点は、『園太暦』観応元年(一三五〇)十一月八日条に「北小路里辺千葉軍勢多寄宿、狼藉之企触耳」とあるように、室町幕府に近接する北小路(京都市中京区)付近にあったことがわかる。(68)

このような千葉氏にとって、「香取本」のみならず、酒呑童子説話は「都の武者としての千葉氏のステータス・シンボル」であったと言えよう[69]。野口実氏は、中世前期の千葉氏を「列島各地に散在する所領をネットワーク支配する都市的・荘園領主的存在」として位置付け、ネットワークの結節点としての京都の重要性に注目している[70]。このような千葉氏の性格は、少なくとも南北朝期までは維持されていたのである。

『平家物語』の異本である『源平闘諍録』は「東西文化の再融合ともいうべき作品」であり[71]、鈴木哲雄氏はこれと同様に「香取本」も「鎌倉末期から南北朝期にかけてのこうした関東や千葉氏周辺の文化状況のなかに創出されたもの」としている[72]。

そして、下総千葉氏は、藤原保昌を中心とするもう一つの酒呑童子説話に基づく宝剣説話を、一族の精神的な紐帯として位置付けられた妙見信仰の中心であった千葉妙見宮に取り込むことによって、自己の権力の正当性を主張したのである。

註

（1）阪急グループの総帥であった小林一三（逸翁）が入手し、逸翁美術館の所蔵となっている。小松茂美編『続日本絵巻物大成19　土蜘蛛草紙　天狗草紙　大江山絵詞』（中央公論社、一九八四年）及び阪急文化財団　逸翁美術館編・伊井春樹監修『絵巻　大江山酒呑童子・芦引絵の世界』（思文閣出版、二〇一一年）に紹介されている。

（2）鈴木哲雄「香取本「大江山絵詞（酒顚童子絵巻）」の伝来について」「香取文書の歴史」（ともに『香取文書と中世の東国』同成社、二〇〇九年）、「香取本「大江山絵詞」の伝来と附属の品々」（佐藤博信編『中世房総と東国社会　中世東国論4』岩田書院、二〇一二年）、「東国の武士と都の武士―『酒呑童子絵巻』にふれて―」（『本郷』一〇一、二〇一二年）。

（3）「大禰宜日記」享保九年六月九日条（香取神宮社務所編『香取群書集成　第六巻』続群書類従完成会、一九九五年）。
（4）大須賀氏については、遠山成一・外山信司他『大栄町史　通史編　中世』大栄町、二〇〇一年の第三編「中世」参照。
（5）鈴木註（2）「香取本「大江山絵詞」の伝来と附属の品々」。
（6）従来は『千学集抄』と呼ばれた。『妙見信仰調査報告書』二（千葉市立郷土博物館、一九九三年）で国立公文書館内閣文庫本が翻刻された。『改訂房総叢書』第二輯（改訂房総叢書刊行会、一九五九年）にも所収。土屋賢泰「『千学集抄』をめぐる問題―妙見信仰を中心にして―」（川村優編『論集　房総史研究』名著出版、一九八二年）参照。
（7）野口実「鎌倉のならい・京の狼藉―鎌倉時代下総守護千葉氏の一側面」（『研究紀要』一、千葉県立鎌ヶ谷西高等学校、一九八七年）。
（8）宮原さつき「「千葉妙見」の本地をめぐって」（註（6）『妙見信仰調査報告書（二）』に所収）。
（9）『改訂房総叢書』第二輯（改訂房総叢書刊行会、一九五九年）に所収。なお、『妙見信仰調査報告書』三（千葉市立郷土博物館、一九九四年）所収の翻刻では、胤宗・貞胤の部分は欠文となっている。
（10）『改訂房総叢書』第二輯（改訂房総叢書刊行会、一九五九年）に所収。
（11）大島建彦・渡浩一校注・訳『新編日本古典文学全集63　室町物語草子集』（小学館、二〇〇二年）。
（12）註（1）『続日本絵巻物大成19　土蜘蛛草紙　天狗草紙　大江山絵詞』による。
（13）野上豊一郎編『新装愛蔵版　解註　謡曲全集　巻五』（中央公論社、一九八六年）に所収。
（14）高橋昌明『酒呑童子の誕生　もうひとつの日本文化』（中央公論社、一九九二年）。
（15）永積安明・島田勇雄校注『古典文学大系31　保元物語　平治物語』（岩波書店、一九六一年）。
（16）市古貞次校注・訳『日本古典文学全集29　平家物語一』（小学館、一九七三年）。
（17）矢代和夫・加美宏校注『新撰古典文庫　梅松論　源威集』（現代思潮社、一九七五年）。

(18) 原漢文。『群書類従　第九輯　文筆部消息部』（続群書類従完成会、一九八三年、訂正三版五刷）。
(19) 高橋註(14)『酒呑童子の誕生　もうひとつの日本文化』。
(20) 寛仁元年三月十一日条（東京大学史料編纂所編『大日本古記録　御堂関白記　下』岩波書店、一九五四年）。この事件については、土田直鎮『王朝の貴族』（中央公論社、一九七三年）の「盗賊・乱闘・疫病」で紹介されている。なお、致信が保昌に従って大江山に赴いたことについては、小林健二「能《大江山》と「大江山絵詞」」（『国文学研究資料館紀要文学研究篇』三五、二〇〇九年）に詳しい。陽明文庫本「酒天童子物語絵詞」は、註(1)『続日本絵巻物大成19』に榊原悟氏によって紹介されている。
(21) 川端善明・荒木浩校注『新日本古典文学大系41　古事談　続古事談』（岩波書店、二〇〇五年）。
(22) 註(13)『新装愛蔵版　解註　謡曲全集　巻五』に所収。
(23) 大島建彦校注・訳『日本古典文学全集36　御伽草子集』（小学館、一九七四年）に所収。
(24) 註(11)『新編日本古典文学全集63　室町物語草子集』に所収。
(25) 榊原悟「サントリー美術館本「酒傳童子繪巻」をめぐって（上・下）」（『國華』一〇七六・一〇七七号、一九八四年）参照。同本の詞書は註(1)『絵巻　大江山酒呑童子・芦引絵の世界』にも図版として掲載されている。
(26) 辻田豪史「酒傳童子話変遷の一側面―登場人物の異同と頼光像の再編成―」（『国文学研究』一三六、二〇〇二年）。
(27) 高橋註(14)『酒呑童子の誕生　もうひとつの日本文化』。老ノ坂峠の南側には酒呑童子の首塚がある。
(28) 酒呑童子説話の分類については、松本隆信「増訂室町時代物語類現存本簡明目録」（奈良絵本国際研究会議編『御伽草子の世界』三省堂、一九八二年。初出は一九六二年）による。
(29) 註(23)『日本古典文学全集36　御伽草子集』所収。
(30) 沢井耐三他校注『新日本古典文学大系54　室町物語集　上』（岩波書店、一九八九年）に所収。

(31) 野口実「京都のなかの鎌倉―空間構造と東国武士の活動―」(福田豊彦・関幸彦編『「鎌倉」の時代』山川出版社、二〇一五年)。

(32) 馬淵和夫・国東文麿・今野達校注・訳『日本古典文学全集23 今昔物語集 三』(小学館、一九七四年)に所収。

(33) 原漢文。『新訂増補国史大系 第五九巻 尊卑分脈 第二篇』(吉川弘文館、一九五九年)。

(34) 註(21)『新日本古典文学大系41 古事談 続古事談』。

(35) 土田註(20)『王朝の貴族』参照。

(36) 妙本寺本は、角川源義『貴重古典籍叢刊3 妙本寺曾我物語』(角川書店、一九六九年)として翻刻されている。日大(大石寺)本は、梶原正昭・大津雄一・野中哲照校注・訳『新編日本古典文学全集53 曾我物語』(小学館、二〇〇二年)として翻刻されている。

(37) 佐竹昭広『酒呑童子異聞』(平凡社、一九七七年)。

(38) 徳田和夫校注『新日本古典文学大系55 室町物語集 下』(岩波書店、一九九二年)に所収。

(39) 田中允編『未刊謡曲集 続18』(古典文庫、一九九六年)に所収。なお、「花盗人」は広く人々に知られていた。今も祇園祭では山鉾「保昌山」が巡行し、その御神体人形は、鎧を着た保昌が和泉式部のために手折った紫宸殿の紅梅を捧げる姿であるが、明治初めまで「花盗人山」と呼ばれていた。山鉾町は下京区東洞院通松原上ル燈籠町である。脇田晴子『中世京都と祇園祭』(中央公論社、一九九二年)に言及がある。

(40) 梶原正昭校注・訳『日本古典文学全集31 義経記』(小学館、一九七一年)に所収。なお、義経と兵法の巻物については、小松和彦「「虎の巻」のアルケオロジー」(『酒呑童子の首』せりか書房、一九九七年)に興味深い指摘がある。

(41) 小笠原長和「建武期の千葉氏と下総千田荘」(『中世房総の政治と文化』吉川弘文館、一九八五年。初出は一九六二年)。遠山成一「建武期千田庄動乱の再検討―下総国における南北朝内乱の展開をめぐって―」(石橋一展編著『下総千

葉氏』戎光祥出版、二〇一五年。初出は一九九八年）参照。

(42) 中尾堯『日蓮宗の成立と展開―中山法華経寺を中心として―』（吉川弘文館、一九六八年）。

(43) 拙稿「勅撰歌人となった千葉氏胤―『新千載集』から見た足利政権と千葉氏―」（前掲註（41）『下総千葉氏』。初出は二〇〇五年）。

(44) 野口実「東国武士西遷の文化・社会的影響―肥前千葉氏・美濃東氏などを中心に―」（同編『千葉氏の研究　第二期関東武士研究叢書5』名著出版、二〇〇〇年。初出は一九九七年）。湯浅治久「肥前千葉氏に関する基礎的考察―地域と交流の視点から―」（『中世東国の地域社会史』岩田書院、二〇〇五年）参照。

(45) 多田圭子「中世軍記物語における刀剣説話について」（『国文目白』二八、一九八八年）。また、多ヶ谷有子「アーサー王のエクスキャリバーと「剣の巻」」（千明守編『ひつじ研究叢書〈文学編〉3　平家物語の多角的研究　屋代本を拠点として』ひつじ書房、二〇一一年）も参照。

(46) 松尾葦江「『剣巻』の意味するもの」（『日本古典文学会会報』一一二、一九八七年）。

(47) 屋代本は佐藤謙三・春田宣編『屋代本平家物語　下巻』（桜楓社、一九七三年）。百二十句本は水原一校注『新潮日本古典集成　平家物語　下』（新潮社、一九九〇年）。

(48) 水原一考定『新定源平盛衰記　第一巻』（新人物往来社、一九八八年）。

(49) 後藤丹治・岡見正雄校注『日本古典文学大系36　太平記　三』（岩波書店、一九六二年）。

(50) 市古貞次・大島建彦校注『日本古典文学大系88　曾我物語』（岩波書店、一九六六年）。

(51) 「羅生門（絵巻）」は横山重・松本隆信編『室町時代物語大成　第十三』（角川書店、一九八五年）に所収。「土ぐも（絵巻）」は同編『室町時代物語大成　第九』（角川書店、一九八一年）に所収。

(52) 横道萬里雄・表章校『日本古典文学大系41　謡曲集　下』（岩波書店、一九六三年）。前掲註（13）『新装愛蔵版　解註　謡

曲全集 巻五』所収。

(53) 黒田彰「剣巻覚書―土蜘蛛草子をめぐって―」(長谷川端編『新典社研究叢書71 太平記とその周辺』新典社、一九九四年)、内田康「「剣巻」をどうとらえるか―その歴史叙述方法への考察を中心に」(長谷川端編『軍記物語研究叢書8 太平記の成立』汲古書院、一九九八年)、鈴木彰「源家重代の太刀と曾我兄弟・源頼朝―『曾我物語』のなかの「鬚切」「友切」―」(竹久堅監修『中世軍記の展望台』和泉書院、二〇〇六年)等。最近では関幸彦『武士の原像 都大路の暗殺者たち』(PHP研究所、二〇一四年)にも言及がある。

(54) 鈴木彰「重代の太刀の相伝―刀剣伝書の生成基盤と軍記物語―」(『平家物語の展開と中世社会』汲古書院、二〇〇六年)。

(55) 中根正人「南北朝～室町前期の常陸大掾氏」(『国史学』二一七、二〇一五年)によれば、長く実子に恵まれなかった満幹の養子になったとされる。

(56) 拙稿「原氏の蛇太刀」(『千葉史学』六四、二〇一四年)。なお、新井白石の「折りたく柴の記」上(小高敏郎・松村明校注『日本古典文学大系95 戴恩記 折りたく柴の記 蘭東事始』岩波書店、一九六四年)に、上総佐貫城(富津市)の加藤氏にも蛇太刀が伝えられていたことがみえる。滝川恒昭氏の教示を得た。

(57) 鈴木註(54)「重代の太刀の相伝―刀剣伝書の生成基盤と軍記物語―」。

(58) 鈴木註(2)「香取本「大江山絵詞」の伝来と附属の品々」。

(59) 高村隆「千葉六党」(千葉県郷土史研究連絡協議会編『郷土研叢書1 論集 千葉氏研究の諸問題』(千秋社、一九七七年)。戦国期の千葉一族については黒田基樹「戦国期の千葉氏御一家」(『千葉いまむかし』二四、二〇一一年)を参照。

(60) 小松和彦「酒呑童子の首―日本中世王権説話にみる「外部」の象徴化―」(前掲註(40)『酒呑童子の首』所収)。

(61) 美濃部重克『酒呑童子絵を読む まつろわぬものの時空』(三弥井書店、二〇一一年)。

(62)　真名本系『曾我物語』については註(36)参照。岩殿については、宮瀧交二「「霊場」としての岩殿丘陵」（峰岸純夫監修・埼玉県立嵐山史跡の博物館編『東国武士と中世寺院』高志書院、二〇〇八年）参照。
(63)　角川源義「妙本寺本曾我物語攷」（前掲註(36)『貴重古典籍叢刊3　妙本寺曾我物語』所収）。なお、聞名寺は唱導と深いかかわりを有し、『義経記』や謡曲「鉢木」に代表される北条時頼廻国説話も管理していたこともみえる。
(64)　和田茂右衛門『社寺よりみた千葉の歴史』（千葉市教育委員会、一九八四年）。拙稿「千葉氏関連史跡ガイド（千葉市内）」（註(44)『千葉氏の研究』所収）。同寺を含む中世の千葉の景観については、簗瀬裕一「中世の千葉―千葉堀内の景観について―」（『千葉いまむかし』一三、二〇〇〇年）が最良の成果である。
(65)　宮原註(8)「千葉妙見」の本地をめぐって」。なお、宮原氏は阿弥陀が六体で祀られることが多いとするが、『観無量寿経』の九品往生説に基づく九体阿弥陀仏も、浄瑠璃寺（京都府木津川市）の九体阿弥陀堂に代表されるように知られている。
(66)　金井清光「遊行と文化の伝播」（時衆の美術と文芸展実行委員会編『時衆の美術と文芸―遊行　聖の世界―』（東京美術、一九九五年）。
(67)　拙稿註(43)「勅撰歌人となった千葉氏胤」参照。
(68)　岩橋小弥太・斎木一馬校訂『園太暦　巻三』（続群書類従完成会、一九七一年）。
(69)　鈴木註(2)「香取本「大江山絵詞」の伝来と附属の品々」。
(70)　野口実「千葉氏研究の成果と課題」（前掲註(44)『千葉氏の研究』）。
(71)　福田豊彦「あとがき」（福田豊彦・服部幸造編『全注釈　源平闘諍録（下）』講談社学術文庫、二〇〇〇年）。
(72)　鈴木註(2)「香取本「大江山絵詞」の伝来と附属の品々」。

室町期鶴岡八幡宮寺寺僧組織の基礎的考察
――若宮別当と二十五坊供僧を中心に――

小池勝也

はじめに

中世東国の宗教史を考える上で、鎌倉幕府・鎌倉府という両東国武家政権下で非常な崇敬を集めた鶴岡八幡宮寺（以下鶴岡と略）について考察することは、極めて重要であると考えられる。これまでの鶴岡研究を大別すると、二つの傾向に分類することが可能である。一つ目は、鶴岡に属する僧たちの担った職掌や武家祈禱等における役割を検討した研究[1]、二つ目は、武蔵国佐々目郷などに代表される鶴岡領における所領支配のあり方に関する研究である[2]。留意しなければならないのは、この二つの研究動向には時代的偏差が大きいという点である。すなわち、前者の研究は鎌倉期を中心に据えて論じたものが多く、後者は室町・戦国初期を中心に据えて論じたものが多い。この理由は、前者については鎌倉幕府の宗教政策研究に比して、鎌倉府のそれが十分に進んでいないこと、後者については鎌倉期には、所領支配の実態を窺わせる史料がないが、室町・戦国初期については、『鶴岡事書日記』[3]（以下『事書日記』と略）、『香象院珍祐記録』[4]（以下『珍祐記録』と略）という供僧の引付史料が残されている点に起因するといえよう。

ただ、室町期については寺内組織の検討も考察可能であるように思われる[5]。というのも、上述の『事書日記』『珍祐記録』には、確かに所領支配に関する記述が多いが、一方で別当と供僧の関係や、僧侶たちの担った職掌等が明らかとなる記述も少なからず存在しており、室町期の寺内組織の検討素材としても活用することが可能だからである。

筆者はその試みとして別稿において、室町期における鶴岡別当と二十五坊供僧（以下、特に断らない限り、供僧とは二十五坊供僧を指す）の関係の推移を鎌倉府等の世俗権力の存在にも留意しつつ検討を行った(6)。しかし、紙幅の都合に加え、別当と供僧の間で繰り広げられた相論の展開過程の分析を考察の中心に据えたため、当該期の別当や供僧に関する基礎的な考察を十分に行うことができなかった。よって本稿では室町期に作成された鶴岡の記録類を主要な素材として、室町期鶴岡寺僧組織、特に、その中核となる若宮別当（社務）と供僧について考察を加えていき、研究が不足している中世後期の鶴岡寺僧組織の実態の一端を明らかにしたい。

一　室町期鶴岡八幡宮寺別当

1　別当の宗派と出自

まずは、鶴岡の寺僧の頂点に君臨する別当（社務）について検討する。鶴岡別当についてより厳密を期すならば、彼らは鶴岡若宮の別当である。なぜ若宮の別当が鶴岡の寺僧全体のトップに立つに至ったのか。この点を考えるには、源頼朝によって、治承四年（一一八〇）十月に曩祖頼義が勧請した由比ヶ浜の八幡（現元八幡）を現在地に遷したときに創建されたのが現鶴岡若宮であり(7)、現在の本宮の創建は、焼失した鶴岡を再建するに際し、改めて石清水八幡宮から勧請を行った建久二年（一一九一）四月である点に留意する必要がある(8)。つまり、鶴岡が創建された最初の十年は若宮しか存在しなかった。そのため、若宮の別当が鶴岡全体の統括者と位置付けられたものと思われる（以下特に断らない

鶴岡八幡宮寺歴代若宮別当(社務)

名前	宗派	出自	在任期間
円暁	寺門	輔仁親王(後三条院第三子)孫	1182～1200
尊暁	寺門	円暁舎弟	1200～1206
定暁	寺門	平大納言時忠一門	1206～1217
公暁	寺門	源頼家息	1217～1219
慶幸	寺門	不詳	1219～1220
定豪	東密	民部権少輔源延俊息	1220～1221
定雅	東密	勧修寺参議藤原親雅卿息	1221～1229
定親	東密	土御門大臣通親卿息	1229～1247
隆弁	寺門	四条大納言隆房卿息	1247～1283
頼助	東密	武蔵守(北条)経時息	1283～1296
政助	東密	武蔵守(北条)宗政息	1296～1303
道瑜	寺門	普光園院入道関白(二条)良実公息	1303～1309
道珍	寺門	鷹司関白太政大臣基忠公息	1309～1313
房海	寺門	従二位宗教卿猶子	1313～1316
信忠	東密	摂政右大臣二位(九条)忠家公三男	1316～1322
顕弁	寺門	越後守(北条)顕時息	1322～1331
有助	東密	駿河守平(北条)有時孫、兼時息	1331～1333
覚助	寺門	後嵯峨帝息	1333～1336
頼仲	東密	仁木次郎源師義息	1336～1355
弘賢	東密	加子七郎息	1355～1410
尊賢	東密	全仁三品親王息	1410～1416
快尊	東密	上杉右衛門佐入道禅秀息	1416～1417
尊運	東密	上杉式部大夫朝広息	1417～1431
弘尊	東密	加子某息	1431(８～12月)
尊仲	東密	一色五郎入道々慶息	1431～1439
弘尊	東密		1439～宝徳年間
定尊	東密か	足利持氏息	宝徳年間～享徳の乱発生時
弘尊	東密		享徳の乱発生後

限り、別当とは若宮別当を指す）。ちなみに、鶴岡本宮については別当職が設置されていない。

さて、『鶴岡八幡宮寺社務職次第』（以下『社務職次第』と略）を基に、鎌倉期から戦国初期までの別当を一覧にしたのが表である。

鎌倉期と南北朝期以降で明確に異なるのが、別当の属する宗派に関する点である。鎌倉前期は、寺門派の別当が続いたが、鎌倉中・後期は寺門派・東密派の別当が数代置きに入れ替わっており、どちらか一方に独占されることはなかった。一方南北朝期以降は、別当は東密派の僧が続き、別稿でも指摘したが、供僧も鎌倉期は寺門派が最大勢力であったが、南北朝以降は次第に東密派僧の数が増え、十五世紀後半段階では二十五坊すべてが東密派僧となった。なぜ、東密派僧の別当が続くことになったのか、明確な理由は明らかではないが、この点を考える上で参考になるのが次の史料である。

〔史料１〕『珍祐記録』寛正三年（一四六二）六月条

一当年□□（寛正）三年五月十二日ヨリ別当先師如来院尊運権僧正為三十三廻菩提、当別当神守院弘尊於御坊理趣三昧百日有勤行者也、来至于八月廿六日也、近此如此別当之御訪目出敷者也、前々先代時分者別当職無相続故也、近代者頼仲別当ヨリ弘賢・尊賢・尊運如来院・当弘尊神守院、至于御代五代之御相続間、御訪在之、（後略）

これは、寛正三年に時の別当弘尊が師にあたる「別当先師如来院尊運」の三十三回忌法要として理趣三昧百日を勤行したことを伝える記事である。この記事で注目すべきは傍線部の記述である。すなわち、鶴岡別当職は、「前々先代時分」は相続が行われる職ではなかったが、「近代」は頼仲以降相続が行われるようになったとされる。頼仲の別当就任は、表に示したように建武三年（一三三六）であるので、「前々先代時分」とはそれ以前、具体的には鎌倉期を指すものと思われる。つまり、鎌倉期においては別当職の師資相承は容認されず、逆に足利氏政権が樹立した建武三年以後は師資相承による継承が容認され、東密派僧別当による別当職の師資相承が行われるようになったものと思われる。

外岡慎一郎氏は、鎌倉中・後期に寺門派と東密派の別当が定期的に入れ替わっている点を、北条氏による、どちらか一方の宗派が力を持ちすぎないようにするための政策的措置であったと推定する[9]。逆に足利政権が、東密派僧による別当職の師資相承を容認した理由は不詳だが、南北朝が分裂した建武三年以後の二代の別当の出身が仁木氏・加古氏と、ともに足利一族である点に留意したい。足利氏とゆかりの深い下野鑁阿寺は東密寺院であり、同じく東密派僧が多数就任した伊豆密厳院の院主職にも、足利一族の僧が複数鎌倉期に就任している[10]。つまり足利政権としては、戦乱が続く不安定な情勢の中で、天下静謐の祈禱を担わせるために足利一族の人間を別当に据えることを意図したのではないかと思われる。そして、文和四年（一三五五）に別当に就任した弘賢が半世紀以上の長きにわたって別当として君臨し、中世東国の主要寺社の別当職を兼帯するなど[11]、大きな力を帯びるに至って、東密派僧による別当職の師資相承原則が確立したものと思われる。

次に、史料1で頼仲以下に列挙される別当の数は五人であるが、南北朝期以降の鶴岡別当でここに記載されていない人物が三人いる。快尊・尊仲・定尊の三人である。この三人が除かれている理由を次に検討したい。

まず快尊は上杉禅秀の乱の首謀者である上杉禅秀の子であり、禅秀の乱で父に与同し、命を落とした[12]。また、快尊と彼の次に別当となる尊運は、ともに尊賢の弟子であり、その後継の座をめぐって競合関係にあった可能性が考えられ[13]、快尊が敗死したことで、一度は尊賢—快尊と師資相承された鶴岡別当職が、尊賢—尊運と師資相承されることになった。こうした経緯から、快尊は史料1には記載されていないものと思われる。

次の尊仲は、別当就任の経緯に問題がある。尊運は永享三年（一四三一）八月に別当職を弘尊に譲与したが、『社務職次第』にその事実は記されず、同年十二月に尊仲が別当に就任したとある。尊仲は持氏の外戚一色氏の出身であり、先行研究でも指摘されるように、足利持氏が人事介入し、弘尊を退位させ尊仲を強引に別当に据えたものと思われる。最終的に尊仲は永享の乱の張本として京都で処刑されることになり、別当に弘尊が復帰した[14]。以上の経緯を踏まえると、尊仲は本来別当職の継承者ではなく、かつ『珍祐記録』執筆時点での別当が弘尊であったから、史料1には記載されていないと思われる。

最後の定尊についても事情は同様であろう。足利成氏は公方の座に就くと、再び弘尊を更迭し、弟の定尊を別当の座に就けた[15]。しかし、定尊は享徳の乱に際し、成氏とともに古河に移座して、鶴岡を離れたので、三度弘尊が別当に復帰した。ここに、名目上の別当(雪下殿)たる定尊と、現地で実際の寺務を取りしきる弘尊という「二人の鶴岡別当」が誕生することになった。定尊側の系譜はその後、古河公方子弟によって継承されたが、弘尊側の系譜については、弘尊以後は明らかではない。

ところで、定尊に関連して注目すべき記述が『珍祐記録』の中にある。

〔史料2〕『珍祐記録』寛正三年六月条。

一過比上様別当御座之時モ当社之旧例□□勤行法例八臥(卦)之由申間、尤以可守古来□御傍例旨被仰出者也、(後略)

注目したいのは、「上様別当」という表記である。この「上様別当」が誰にあたるかについてだが、参考となるのが鶴岡別当の兼帯の職であった下野鑁阿寺の事例である。佐藤博信氏によれば、宝徳年間以降、定尊に仕える社家奉行人が文書を発給した文書において「雪下殿は、当時社家奉行人から「上様」「此方上様」「別当上様」などと尊称され、その発給文書も「御書」と呼ばれた」とする。さらに、「そうした呼称が本来的なものか否かは不明で、むしろ成氏の弟定尊の就任と相まって使用された可能性が高い。「上様」が関東足利氏の出自なるが故に呼ばれた尊称とすれば、両上様の存在が当時の鎌倉公方と鶴岡八幡宮の別当の関係を象徴しているといえる」と指摘する。[16] 佐藤氏の指摘を参考にすれば、この「上様別当」も定尊を指している可能性が高いといえよう。

次に、史料2の内容を考えてみると、上様別当がいた時期も、古来の傍例を遵守するよう仰せが出されていたとする内容である。ここで、「上様別当御座時モ」とあえて強調されている点を考えると、「上様別当」が御座した時代というのは、鶴岡の歴史の中でも特別な時代、すなわち南北朝期以降師資相承された頼仲門流の別当職相承が否定され、「上様」と一体的な存在の「別当」が鶴岡を支配した時代であったといえよう。[17]

では、なぜ持氏・成氏親子は、頼仲門流の別当の排斥にこだわったのだろうか。この点を考える上で参考になるのが、歴代鶴岡別当と京都との関係である。

2　鶴岡別当と京都

鎌倉入りした頼朝は、鶴岡別当に伊豆走湯山から良暹を迎えたが、彼はあくまで仮の別当であり、[18]『社務職次第』においても、彼は別当の代数には数えられていない。正式な初代別当は、寿永元年（一一八二）に都から下向した寺門派僧円暁であり、[19] 鶴岡別当は当初から京都と深いつながりを有していたといえる。鎌倉後期になると、隆弁や頼助などが鶴岡別当在任の状況で、在東国のまま、園城寺長吏・東寺長者・東大寺別当に就任するなど、京都の顕密仏教界にも大きな影響力を与える存在となった。[20] 建武三年（一三三六）六月に別当に就任した頼仲も鎌倉での祈禱活動を展開し、在京しての祈禱活動は確認できないが、暦応二年（一三三九）に東寺長者に加えられている。[21] この点は、鎌倉後期の東密派鶴岡別当の東寺長者就任の慣行が、幕府崩壊後も維持されていたことを示すものといえよう。

頼仲について注目すべきもうひとつの点は、石田浩子氏が指摘された醍醐寺地蔵院流との関係である。[22] 頼仲は、鎌倉後期に関東でも祈禱活動を展開した地蔵院親玄から伝法灌頂を受け、親玄の三十三回忌仏事も執行している。[23] 石田氏は、頼仲は自らを「親玄流」集団の一員であると認識し、京都の親玄門流僧との関係にも留意していたと指摘する。以上の事例から、別当頼仲が京都の寺院社会とも密接な関係を有する存在であったことは疑いなかろう。

頼仲の後継として別当に就任した弘賢も一三六〇年代に東寺長者に任命された。さらに、弘賢は先代の頼仲と異なり、別当在職中に京都で祈禱活動を行っている。[24] 特に注目すべきは、貞治五年(一三六六)正月宮中で行われた真言密教の一大行事後七日御修法の大阿闍梨を勤めたことである。管見の限り、現職の鶴岡別当が後七日御修法の大阿闍梨を勤めたのは弘賢のみである。東寺二長者という地位にあり、かつ在京していた点が大きく影響したものと思われる。また、弘賢は三宝院流僧の聖尊法親王から灌頂を受け、醍醐寺西南院の管領権を譲られている。[25] 以上から、弘賢は前代の頼仲以上に京都と密接な関係を持った僧侶であったことがうかがえる。

ところが、この状況が一三六〇年代を画期として変化しはじめる。まず、弘賢の東寺長者の在任は、後七日御修法の大阿闍梨を勤めた貞治五年までで、以後の在任は確認されない。管見の限り貞治五年以後の、弘賢の京都での活動も確認できない。弘賢以後の歴代別当は、東寺長者等の畿内顕密寺院の重職を帯びておらず、鎌倉の鶴岡別当が畿内権門寺院の重職に就任し、大きな影響力を畿内寺院にも及ぼすという構造はここに終焉を迎える。この要因としては、大田壮一郎氏が指摘するように、室町幕府が三宝院院主を中心とする独自の祈禱体制を確立し、一方で鎌倉府の自立化によって、京都と鎌倉で独立した宗教秩序の構築が目指されたためであると思われる。[26]

ただ、石田氏が地蔵院流僧を検討素材として明らかにしたように、[27] 室町期になって東西顕密僧の関係が没交渉的になってしまったわけでは決してないことにも注意する必要がある。実際、弘賢以後の鶴岡別当も、確かに東寺長者等の畿内権門寺院の重職に就くことはなくなったが、京都との結びつきを示唆する事象が存在する。まず、弘賢後継の尊賢は全仁親王(亀山上皇孫)の子であり、南北朝期以降で唯一の非武家出身の鶴岡別当である。京都での祈禱活動は管見に入っていないが、『社務職次第』によれば彼は大覚寺に入室とあり、元々は京都の僧侶であった可能性が高い。事績で注目すべきは、後小松上皇から別当御影堂が勅願寺に認定されて、八正寺の寺号を賜り、翌年には二十五坊供僧にも院号が尊賢の手配で上皇から下賜された点である。

この一件が持つ意義については、別稿で詳論したが[28]、本節での問題関心からさらに注目したいのは、この一件が別当在職半世紀に及んだ弘賢の時代ではなく、別当在職わずか七年足らずの尊賢の時代になされた点である。尊賢が南北朝以降唯一の非武家(皇族)出身別当であり、元大覚寺僧であることを考慮すると、尊賢と京都側との関係の深さが、鶴岡別当坊、二十五坊の勅願寺認定を促す要因となったのではないだろうか。

快尊と尊運はともに、上杉家出身の別当であり、禅秀の乱では対照的な行動をとるが、ともに京都の公家の猶子となっている点に注目したい。すなわち、『社務職次第』によれば、快尊は「久我前大将通全猶子」であり、尊運は「日野北浦松中納言豊光卿猶子」となっている。特に、尊運と猶子関係を結んだ裏松豊光は、足利将軍家の外戚である点が注目に値する。また尊運は「応永廿四年、四月、京都安堵関東護持奉行」とあり、別当就任直後に、京都から関東護持奉行という役職を安堵されている。以上の点から、快尊・尊運ともに、京都側と一定の関係性を保っていたものと思われる。また、快尊と尊運は時の公方足利持氏に対し反抗的な態度も示している。快尊は鎌倉公方の護持僧の筆頭的地位といえる鶴岡別当の立場にありながら、父禅秀に与同し落命した。尊運は、持氏が、別当が人事権を握る進止供僧の人事に介入しようとした際に、それを頑なに拒んでいる[29]。鶴岡別当と鎌倉公方との関係は、常に良好なものだったとは言い難い。

以上の点からもわかるように、歴代鶴岡別当は、時代による程度の差はあるものの、京都の武家・寺僧と深い関係を有すると同時に、常に鎌倉公方に従順であったとは言い難い側面も有していたと言える。これが、徐々に室町幕府との対決姿勢を強めていった足利持氏にとっては容認しがたいものとなり、尊運の後継者弘尊を解任し、自身の意のままに動く尊仲の別当への補任がなされたものと思われる。頼仲―弘賢―尊賢―尊運―弘尊の系統と、尊仲―定尊の系統は、室町期の鶴岡別当と武家政権との関係を考える際には、はっきり区別して考えるべきであろう。

二　室町期の二十五坊供僧

二十五坊供僧については、すでに川上淳氏・中嶋和志氏による基礎的な研究があり、その成立過程や、職掌について検討が行われている(30)。ただし、両氏の研究は鎌倉期を中心に据えたもので、室町期の供僧についても詳述している『鎌倉市史　社寺編』においても、当時、『事書日記』以外の室町期の記録史料は、認知されていなかったこともあり、検証素材として用いられていない。そこで本節では、『珍祐記録』、『鶴岡諸記録』(以下『諸記録』と略)(31)を主に用いながら、室町期の供僧の実態を検討したい(32)。

1　別当による供僧改易の実態

〔史料3〕『諸記録』二四～二六丁

一応永年中マテ

本様供僧九人在之、其後有過失被成進止者

一別当如来院御代三坊進止職ニ成者也

一荘厳院東弘俊　応永廿四年正月日禅秀方ノ間田舎へ被下者也、仍進止供僧職トシテ如来院ヨリ賢仲被給者也、
一増福院寺教清　当社護摩ノ人数事ニヨリテ如来院ト訴訟、公方へ被申時分田舎ニ半年計居住間、公方ヨリ被成過失申、進止職トシテ如来院給弘胤ニ被給者也、
一吉祥院尊誉　応永三十三年九月八日　夜乱行依無其隠、当所退出也、然間如来院公方へ御申、如来院給、進止職トシテ慶賢給者也　両界職者等覚院快季法印如来院ヨリ進止職トシテ被給者也、
一其以後
別当大勝院御代ニ坊被成進止職者也
一安楽院寺乗真　永享五年七月十一日連々濫行露顕間、捨職逐電也、然間大勝院公方へ申、進止職トシテ長忍被給者也、其時余職者大勝院殿御成（後闕か）
一慈恩院寺範季　彼範季未受法間明石一心院ノ寺乗永阿闍梨ヲ馮、為名代与無相違処ニ彼名代乗永ト口論ナシ、然間永享五年十一月乗永名代ヲ辞退間、其時被成進止職ニ者也、雖然　大勝院殿彼範季不便ニ被思召、東寺法師成、進止職トシテ受法間名代ヲタテ彼範季慈恩院ニ被成者也、
一蓮花院弘珍　今度古河被参者也、然間進止、
一如来院御代ニ　応永年中記在之吉祥院・増福院如来院之以御吹挙、公方之御判雖被給、是又以前十六人公方之御判如被給、外方供僧ノ御文章無之、鶴岡八幡宮供僧天下安全之御祈禱可致精誠由御文言也、　外方ノ御文言以前様ニ無之、

歴代鶴岡別当は、供僧を改易に追い込み、別当が任免権を自由に行使できる進止（内方）供僧に変えることで自身の権限拡大を図っていた。史料3に記載されているのは、十五世紀以降に改易を受けて、別当が任免権を自由に行使で

きない本様(外方)供僧から進止供僧坊に変更された六坊の改易理由が記されたものである。

最初の一つ書きにあるように、別当が供僧を改易するには、供僧側に何らかの「過失」が必要であった。何が過失にあたるかについて、『諸記録』内には、「供僧中之過失云者大犯三ヶ条殊更乱行事也、其外不可為過失者也、此者前々之御傍例也」との記述があり[33]、当初は大犯三か条に抵触するのが過失と認識されていたようである[34]。しかし、室町期の改易理由は史料3からも明らかなように非常に多様である。

まず荘厳院は、弘俊が上杉禅秀方であり、おそらく禅秀方の敗北をうけて田舎へと去ったため、禅秀の乱が終結し、尊運が別当に就任した応永二十四年(一四一七)正月に供僧職が改易されている。次の増福院は、護摩壇の人数をめぐって別当と対立し、公方へ訴訟の最中に、半年間田舎へ下向したことを理由に改易処分を受けている。改易理由とされている田舎への下向については、『諸記録』に「田舎在国者三ヶ月免之、以後者罪科也、職者闕所也、草創以来之御法例也[35]」という記載があり、三か月以上鶴岡の地を離れることは禁止されていたことがうかがえる。実際には、教清が別当と訴訟を展開していたことが、別当が教清の改易を目論んだ真の理由だと思われるが、その口実に、禁止されている長期間の田舎下向に関する規定が利用されたものと思われる。また弘俊も、禅秀の乱終結と同時に改易されていることからして、田舎下向というよりは、禅秀方だった点が事実上の改易理由だと思われる。

次に注目したいのは、慈恩院範季の事例である。まず、範季は供僧就任時に未受法であったので、明石一心院の乗永阿闍梨を名代に立てたとする。この供僧の未受法による名代の起用についてだが、先行研究でも指摘されているように[36]、供僧として種々の祈禱に従事するためには、その僧が受法(受法の要件は後述)している必要があった。そのため、もし先代供僧から供僧職を譲与された人物が未受法であった場合は、供僧としての職務を代理で勤める人物、すなわち名代を立てる必要があったのである。

さて範季は、名代の乗永と口論し、乗永は名代を辞退するに至った。こうして、供僧としての役目を勤めることが不可能となった範季は、供僧職を一度改易されるに至った。この処置は一見理にかなったもののようにも思えるが、この処置にも別当の恣意性が存在する可能性が高い。というのも、未受法の人物が供僧に任命され、社役を勤めるための番帳に載ってしまった事例が過去に存在するからである。

〔史料4〕『事書日記』　応永五年六月条。

一未文（受カ）法仁載当社番帳事、応永五年戊寅六月十二日当社供僧被補弘重律□（師カ）、同十四日所載番帳也、為未受法仁不立名代、直被載番帳之条、希代不思議也、於当社者無未其例、此之由追可被□（尋カ）

この記述からも、供僧への就任と諸役の勤仕をするメンバーに入る（番帳に載る）ことが、同一のものでなかったことがわかる。ここでは、未受法の僧侶を別当が番帳に載せてしまったことが問題となっているが、結局この問題は、弘重が同年末に受法を済ましたので、不問に附された(37)。重要な規定が別当の一存によって曲げられるという事態が、すでに十四世紀末段階から存在していたと思われる。範季の事例に立ち返ってみると、新たな名代を立てさせることもせず、一度改易して進止供僧とし、かつ東密派に改宗させた上で、結局は範季の相承を認めている点から考えて、非東密派供僧の本様供僧房を改易に追い込み、進止の東密派供僧坊へと改めようという別当の強い意向が働いていたといえる。別当は鶴岡の供僧に関する諸規定を恣意的に適用し、自身の権力拡大を図っていたといえよう。

なお史料3の最後の一つ書きについてだが、如来院（尊運）の時代に進止供僧に改められた増福院と吉祥院にも公方の御判が与えられたが、そこには以前の一六人と同様に外方供僧に任命するという文言はなく、祈禱の精勤を命じるものであったという。実はこの記事は、別稿で問題とした応永七年八月の進止供僧への公方御判付与一件に関連するものである(38)。『鎌倉市史　社寺編』は応永七年の御判付与によって、進止供僧が外方（本様）供僧となり、進止供僧と外方供僧の区別が消滅したと論じたが、筆者は、この一件について記した『諸記録』の記載等から、上記の見解に疑義を呈した。

すなわち応永七年相論の際も、進止供僧たちは別当の推挙によって公方の御判(御教書)を賜ったが、これを受けて進止供僧たちは、外方供僧になったと判断し、別当御影堂への出仕を怠ったが、これに怒った弘賢は御判を召し出して、御判には彼らを外方供僧に任命するとは記されておらず、天下安全祈禱の精勤を命じる内容にすぎず、別当の進止権は依然健在だと主張し、勤仕を怠る僧侶は改易すると述べて供僧たちを屈服させた。この一つ書きで、殊更、外方の文言がないと強調されているのは、上述の理由による。尊運が新たに進止供僧とした供僧にも公方御判を付与したことも踏まえると、公方御判付与は、進止供僧の別当からの独立を示すものではなく、逆に別当と進止供僧の「主従関係」を、別当の推挙による公方御判付与というかたちで、可視化・公認化させる作用を及ぼしたものではなかろうか。

2 外方供僧と進止供僧の関係

本項では、二十五坊供僧内の二つの集団、本様(外方)供僧と進止(内方)供僧の関係性を示す史料を検討する。

〔史料5〕『珍祐記録』寛正三年(一四六二)六月条

一進止供僧者当別当之依御法流、同心可被致真言者也、別当之御影堂江有出仕者也、別当之手替御代官社役被勤所也、然間別当寺法師之代者寺真言被成者也、別当東之代者東真言ヲ被成者也、仍進止供僧者寺・山・東人々モ依当別当之法流被受者也、

一本様供僧者無此儀、其身々々従心真言被受者也、其謂者別当之御影堂江出仕無之、其外別当方へ□□於事無之、

歳末時一度被参者也、是モ近代者被□近比南蔵坊本様供僧時、俊誉法印□□之御影供之人数参御影堂江被出仕代□頓覚坊珍誉法印、是又御影供計仁被参、後ハ皆御影堂ニ出仕被申者也、前々者別当之法□□雖法疏（流）与、本様供僧者別当之御影堂御影供之出仕無之、南蔵坊俊誉法印之代ヨリ新儀ヲ被始者也、今者別当廿五供僧同心ニ東寺之真言之法流也、仍其身々々之可為気色者也、

前半の一つ書きでは進止供僧は、別当の法流（宗派）よって自身の宗派も別当と同じものになる、つまり別当が寺門派僧ならば、進止供僧の宗派も寺門派となり、別当が東密派ならば進止供僧も東密派になるとする。先行研究でも指摘されるように、この進止供僧坊の性質のゆえに、別当の宗派が入れ替わると供僧の宗派構成も大きく変更されるという事態が、鎌倉期においては生じていた(39)。ただし、南北朝期以降は、前述のように東密派別当が続いたため、進止供僧坊の数の増加とも相まって、供僧の内に占める東密派僧の割合は年を逐うごとに増加することになる。また、進止供僧の役目として、別当御影堂への出仕や別当の代理として社役を勤めることなどが課されていたことがわかる。

二つ目の一つ書きからは、本様供僧はそれと本来は対照的な関係にあったことがわかる。本様供僧は自身の意志によって宗派を選択することができ、別当御影堂への出仕義務もなかった。ところが、この関係に異変が起こったことが続いて記される。本様供僧であった南蔵坊俊誉が本来義務ではなかった別当御影堂への出仕をはじめて、最終的には他の本様供僧たちも皆御影堂へ出仕することになったのである。この俊誉は康暦二年（一三八〇）から応永八年（一四〇一）にかけて、南蔵坊の供僧であったから(40)、別当弘賢の時代にあてはまる。別当の影響力が進止供僧のみならず、本様供僧にまで強く及び、別当に積極的に結びつこうとする本様供僧が現れたことが示唆される。

また次の記述も、本様供僧と進止供僧の関係を考える上で重要なものである。

〔史料6〕『諸記録』二六丁

一前々者　公方ヨリ臨時御祈禱被仰出時者、
　本様供僧者　於社頭勤行在之、
　進止供僧者　於御影堂勤行在之、
　近代ヨリ臨時御祈禱同心於社頭勤之者也、

本来、公方よりの臨時の祈禱命令があった際は、本様供僧は社頭において勤行し、進止供僧は別当御影堂で勤行することになっていたが、近代は両者とも社頭において祈禱するようになったという。進止供僧が、本様供僧と同じく社頭で祈禱を行うようになったことは、進止供僧の地位が前代よりも高くなったことを示すものではなかろうか。「近代」が具体的にいつかは特定できないが、『諸記録』の作成年代は『珍祐記録』と同じ一四六〇年代頃と推定されること、史料１・５の「近代」の用法から考えると、南北朝期以降であることは確実であろう[41]。鎌倉期は、進止供僧坊は半数以下であったが、南北朝期以降は過半を超え、最終的には二十五坊のうち二十二坊までが、進止坊となる。元来は別当への従属性が強く、本様供僧よりも格下の存在と認識されていた進止供僧であるが、別当の権力が強大化し、進止供僧坊の数が本様供僧の数を圧倒するようになることで、進止供僧が二十五坊の中核を担う存在となっていったものと思われる。

3　鶴岡寺僧の受法

次に、鶴岡寺僧の受法に関する記述を検討する。以下に引用する記述は、鎌倉の顕密諸寺院の関係を考える上でも非常に注目すべきものである。

〔史料７〕『珍祐記録』寛正三年（一四六二）六月条

一前々者当所仁寺・山・東法流被授大阿闍（梨脱カ）御座在之、又当所ニ無御座時者、寺之真言ヲハ明石一心院ニテ被受、当所ニテ加行ヲ被成者也、山之真言ヲハ当所ニ可被授人躰無御座時ハ、大御堂本覚院ノ御門跡ニテ被受、加行ヲ当所ニテ被成者也、東寺真言是又当所□可被授人躰無御座時者、二階堂永福寺ニテ被受、加行ヲハ当所ニテ被成者也、

一寺ノ真言灌頂ヲハ三井寺へ上リ本寺ニテ被受者也、

山灌頂ヲハ当所又者本覚院ニテ被受者也、

東灌頂ヲハ当所又者二階堂ニテ被受者也、

一鶴岳廿五供僧可被成人躰者、於当所四□（度カ）印可灌頂可受者也、不然者未受法也、

一廿五供僧者本様進止ナリトモ、印可ヲ不受者供僧ニ不可成、草創以来之御傍例也、□社頭之座不冷以下番帳ニ不可載所也、然間当所之人数者、早々四度印可受也、

一条ずつ内容を見ていくと、最初の一つ書きでは、前々は鶴岡には寺門派・山門派・東密派の法流を授ける大阿闍梨がいた。そして、もし鶴岡に大阿闍梨がいないときは、寺門派では明石一心院で法流を受け、山門派においては大御堂本覚院御門跡すなわち勝長寿院において受け[42]、東密派の場合は二階堂永福寺で受け、それぞれ法流を受ける前になされる修行（加行）は、鶴岡で行われるとする。二つの目の一つ書きでは、阿闍梨号を得るために必要な灌頂を受けるに際しては、寺門派は上洛し三井寺で、山門派は鶴岡、もしくは勝長寿院で、東密派は鶴岡、もしくは永福寺で灌頂を受けるとする。

両条の記述を比較すると、寺門派の記述内容の違いが気になるところだが、その点は後述することにし、まずは鎌倉顕密寺社相互の関係について考えてみたい。鶴岡には、伝法灌頂を授ける資格があることを示す阿闍梨号を持つ僧

侶が、三派それぞれにいることが想定されている。実際、十五世紀前半までの鶴岡は徐々に東密派の勢力が増しつつあったが、寺門・山門派の供僧も存在しており、三派の僧侶が混在している状況であった。一方で鶴岡に阿闍梨が存在しない場合の事態も想定されており、それぞれの宗派ごとに代替となる寺院が設定されている。

まずは、寺門派の明石一心院(43)であるが、先に検討した史料3において、未受法の寺門派供僧範季の名代を明石一心院の乗永阿闍梨が務めている点に注目したい。一心院院主が当時の鎌倉の寺門派僧として重要な役割を担っていたことが示唆される。

山門派の勝長寿院は鎌倉前期から一貫して山門派の別当が続き、特に「御門跡」と表記されているように、摂家・皇族出身者の入室が相次ぎ、鎌倉後期には天台座主をも輩出するなど、まさに東国(鎌倉)山門派の中核的寺院であった。ちなみに、室町期の鶴岡山門派供僧は心性院院主から受法しているが(44)、心性院は大御堂門跡の「御祈禱之御代官」であるとの記述が『諸記録』にみえる(45)。

最後に東密派の永福寺であるが、永福寺別当は鎌倉前・中期は、寺門派・東密派の間で揺れ動いたが、鎌倉後期に醍醐寺僧の地蔵院親玄が別当に就任して以降は、建武新政期以外は東密派別当が続いた(46)。また、足利氏満の護持僧として活躍した頼印も別当を務めるなど、鶴岡に次ぐ鎌倉の東密派の拠点としての機能を持っていたものと思われる。

以上の点から考えて、鶴岡に阿闍梨がいない場合の代替として指定されている寺院は、確かにそれぞれの宗派の拠点寺院として機能していることがうかがえ、これらの諸寺院は鶴岡を中核にして、相互に深い結び付を有していたと思われる。

次に、三つ目の一つ書きに話題を移すと、鶴岡で供僧となるためには、(次の一つ書から判断するに四度の)印可と灌頂を受けることが必要で、この規定を満たさない人物は未受法とされたとある。四つ目の一つ書きでは、印可を受けていない人物は供僧に就任することができず、諸役の番帳に載ることもできなかったとある。室町期の鶴岡では実際のところ、前述のように未受法の人物が供僧に就任することもあったが、番帳に載ることが許されないという規範は一応機能しており、未受法の供僧は名代を立てる必要があったのである。

最後に、検討を保留した寺門派の受法に関する問題について考えてみたい。最初の一つ書きで、寺門派僧は鶴岡もしくは一心院で法流を受けるとあるが、次の一つ書きで、灌頂は上洛して三井寺で受けるとある。一件矛盾するかにみえる記述で、明確な結論を下すことは難しいが、筆者は法流を受ける行為＝印可を受けることと解し、灌頂を受ける行為と区別して考えれば、一応の整合性はつけられるものと判断する。「印可」「灌頂」ともに意味が時代や宗派等によって異なるため明確な定義付が難しいが、鎌倉・室町期の用例から両語の意味を考察した永村眞氏が、「「一流伝授」とされる「印可」と、伝法阿闍梨位に関わる「伝法灌頂」とでは、受者の資格・条件に相違があったことが知れる」と指摘する点に注目したい[47]。実際三条目で、受法したと認定されるには、四度の印可と灌頂を受ける必要があるとされ、両者を区別して捉えるべき項目と考えることが可能ならば、法流の一流伝授を意味する印可は鎌倉で行うことが可能であったが、寺門派の場合、阿闍梨位の獲得を意味する灌頂を受けるには三井寺に上京することが求められた、ということではないかと考える。なぜ、寺門派のみこのようになったのかの究明は今後の課題としたい。

4　鶴岡若宮・本宮と別当・供僧の関係

最後に、別当と供僧の関係を考える上で最も本質的な問題が示唆される記述をとりあげたい。

〔史料8〕『珍祐記録』寛正二年（一四六一）三月条

一座不冷始行事、弘安年中惣衆無御存知間、注置者也

当代帝皇御夢想御告在之、座不冷壇所奉寄進者也

御夢想御託宣

鶴岡廿五菩薩之三密修行座不冷此時也、依御夢想帝皇廳鎌倉殿へ勅使院宣成下給間、公方ヨリ供僧中江被仰者也、然間有衆会内談御返事被申旨者、前々ヨリ本地供長日之勤行大儀□処ニ、座不冷勤行以殊更大儀也、雖然当社御①建立建久二年十二月十五日、廿五人被成勅使院宣者也、菩薩之位事者既大菩薩有御影向、被御定菩薩ノ位也、然者如以前勅使院宣直ニ於被成可領掌申哉、御返事被申者也、此旨廳関東ヨリ奏門（聞）被申間、今度者廿五人中江直ニ勅使院宣ヲ被成者也、仍供僧中有内談、八幡宮東方ヲ被頼、座不冷壇所弘安八年三月十七日開白始行可被成処ニ、当代之別当頼助《佐々目殿》大僧正、我可致開白由被望申間、供僧中致内談御返事被申旨者、既廿五人中江勅使院宣上者、廿五人中可勤開白始行者也、②若宮神前勤行之開白別当御勤仕勿論也、於鶴岳八幡宮者廿五菩薩ヨリ外不可有之者也、然者勅使相尋給フ処ニ、勅使御返事、廿五菩薩中ニテ開白始行、王意可有如此者也ト御返事在之、然間別当頼助望ヲ被止者也、仍本様一臈間、円誉法印号善松坊始行開白被勤仕者也、

これは鶴岡の座不冷座壇所開設に関わる故実を注記した記事である。内容を簡単にまとめると、座不冷壇所の開白を、別当頼助と供僧どちらが勤めるか問題となり、王意により供僧側が勤めることになったというものである。ここで注目したいのは傍線二か所の記述である。まず、傍線部①では、鶴岡の建立が建久二年（一一九一）十二月十五日とされているが、頼朝が小林郷に鶴岡若宮を遷したのは、前述のように治承四年（一一八〇）十月十二日であり、建久二年十二月十五日とは、史料に記されるように二十五坊供僧に後白河院宣が授与され、二十五坊供僧の枠組みが成立したと伝承されている年月日である[48]。つまり、ここでは二十五坊供僧の成立＝鶴岡八幡宮の成立というやや不可解な論理が見受けられる。

傍線部②では、開白をどちらが行うかをめぐって、若宮の神前で勤行が開始されるならば（若宮）別当が勤仕するべきだが、「鶴岡八幡宮」で勤行が開始される以上、供僧側が勤仕するのが当然であると主張される。ここでいう「鶴岡八幡宮」は、若宮と対比される存在であること、そして座不冷壇所は本宮回廊の巽の一隅にあったとされることからして、(49)鶴岡本宮を指している可能性が高い。つまり、鶴岡本宮で行う祈禱は（若宮）別当ではなく、供僧側が主導すべきだとの認識が存在していたものと思われる。

もちろん、この記述は室町期に執筆されたものであり、実態がこの記述どおりであったか定かではない。(50)しかし、このような逸話が故実として室町期の鶴岡に伝承されていた事実は重要であろう。第一節の冒頭で述べたように、鶴岡は開創当初は若宮しか存在せず、若宮の別当が鶴岡寺僧の首座として君臨した。一方の本宮の上棟は前述のとおり建久二年四月であり、同年十二月には二十五坊の枠組みが成立したと伝承されている。「本宮別当」という役職が存在しないことも踏まえると、それに相当するのが二十五坊供僧であるとの意識が供僧側には存在したのではなかろうか。すなわち、別当―若宮と、供僧―本宮という、二元的な関係が中世の鶴岡の基底に存在し、それゆえ寺社運営の主導権等をめぐって両者が対立するという構造を生み出す要因となっていたのではなかろうか。そして別当が供僧の過失を捉えて改易し、進止供僧へと改め、自身の支配下に次々と収めていったことは、鶴岡の運営の主導権を本宮（供僧）側ではなく、若宮（別当）側が徐々に強く握るようになったことを象徴的に示す事象であると思われる。

おわりに

以上、まとまりとない雑駁な検討となったが、室町期の鶴岡で作成された記録類をもとにして、室町期の鶴岡別当・二十五坊供僧について検討を行った。ただ、鶴岡の組織の構成要員は当然ながら、この両者のみではない。神主（大伴氏）、境内の掃除等を担当する小別当、論義会等を主催する学頭など、多くの役職が存在する。これらの諸職に関する興味深い記述も、室町期の記録類には多数存在するが、今回は十分に扱うことができなかった。中世後期の鶴岡については、まだまだ基礎研究が不足している状況にあるといえ、さらなる検討を今後も継続していきたい。

註

（1）川上淳「鶴岡八幡宮における供僧の役割」（『駒澤史学』二五、一九七八年）、外岡慎一郎「鎌倉時代鶴岡八幡宮に関する基礎的考察」（『中央史学』三、一九八〇年）、永村眞「鶴岡八幡宮寺両界壇所の成立と存続の要因」（『神奈川県史研究』五〇、一九八三年）、吉田通子「鎌倉後期の鶴岡別当頼助について」（『史学』五四―四、一九八五年）、同「鎌倉期鶴岡八幡宮寺の宗教的特質とその役割について」（『日本仏教史学』二一、一九八六年）、中嶋和志「鶴岡八幡宮における供僧の成立と役割」（『法政史学』四五、一九九三年）、湯山学『鶴岡八幡宮の中世的世界』（私家版、一九九五年）、伊藤恭子「鶴岡八幡宮別当頼仲と二人の弟子について」（『駒澤史学』五八、二〇〇二年）など。

（2）佐藤和彦「一四・一五世紀東国社会と農民闘争」（民衆史研究会編『民衆史の課題と方向』三一書房、一九七八年）、田代脩「中世東国における農民闘争とその基盤」（豊田武博士古希記念『日本中世の政治と文化』吉川弘文館、一九八〇年）、山田邦明「室町期における鶴岡八幡宮の所領支配と代官」（同『鎌倉府と関東』校倉書房、一九九五年。初出一九八八年）など。

（3）明徳二年十一月から応永七年八月までの本様供僧の引付記録。『戸田市史資料編一　原始・古代・中世』（戸田市、一九八一年）所収。

（4）長禄三年十一月から寛正三年十月までの本様供僧の引付記録。前掲註（3）書所収。

（5）室町期の別当と供僧に言及したものとして、『鎌倉市史社寺編』（鎌倉市、一九五九年。以下『市史』と略）。及び戦国期が中心だが、横田光雄「戦国期鶴岡八幡宮の歴史的伝統と後北条氏」、同「戦国期鶴岡八幡宮の宗教的権威と後北条氏」（ともに同『戦国大名の政治と宗教』國學院大學大学院、一九九九年）がある。

（6）拙稿「室町期鶴岡八幡宮寺における別当と供僧」（『史学雑誌』一二四―一〇、二〇一五年）。以下、別稿と呼称する。

（7）『鶴岡八幡宮寺社務職次第』（豊田武・岡田荘司校注『神道大系神社編　二〇巻　鶴岡』神道大系編纂会、一九七九年、所収）冒頭部分参照。

（8）『吾妻鏡』建久二年四月二十六日条参照。

（9）外岡註（1）論文七六頁。

（10）「伊豆国密厳院院務次第」（『大日本古文書　醍醐寺文書』一九四一―二号）参照。

（11）『社務職次第』弘賢の項参照。

（12）『社務職次第』快尊の項参照。

（13）別稿第二章二節参照。

（14）『市史』四八頁、及び別稿第三章二節参照。

（15）佐藤博信「雪下殿に関する考察」（同『古河公方足利氏の研究』校倉書房、一九八九年。初出一九八八年）一一五頁。

（16）佐藤註（15）論文一一八頁。

（17）この点を重視すれば、足利持氏によって強引に別当に据えられた尊仲も「上様別当」の範疇に入れることが可能であるかもしれないが、尊仲は公方連枝ではないため、尊仲が「上様別当」に含まれるか否かの判断は、現状保留としたい。

（18）『吾妻鏡』治承四年十月十二日条参照。

(19)『吾妻鏡』寿永元年九月二十日条参照。
(20)平雅行「鎌倉山門派の成立と展開」(『大阪大学大学院文学研究科紀要』四〇、二〇〇〇年)、同「鎌倉寺門派の成立と展開」(『大阪大学大学院文学研究科紀要』四九、二〇〇九年)参照。
(21)『東寺長者補任』(『続々群書類従』二巻所収)参照。
(22)石田浩子「室町期における「都鄙」間交流」(『人民の歴史学』一八二、二〇〇九年)参照。
(23)『鶴岡社務記録』(前掲註(7)書所収)文和三年三月十七日条参照。
(24)この点はすでに伊藤前掲註(1)論文で指摘されている。
(25)『社務職次第』弘賢の項。及び応安三年八月二十一日付「聖尊法親王譲状」(『大日本古文書　醍醐寺文書』三二三五号)。なお、弘賢の号は西南院である。
(26)大田壮一郎「室町殿の宗教構想と武家祈禱」(同『室町幕府の政治と宗教』塙書房、二〇一四年。初出二〇〇四年)参照。
(27)石田註(22)論文参照。
(28)別稿第二章一節参照。
(29)別稿第三章一節参照。
(30)川上・中嶋註(1)論文参照。
(31)鎌倉・室町期の鶴岡に関する故実が覚書風に記される。作成年代は寛正年間ごろと推定される。本史料についての詳細は、別稿一二頁を参照。東京大学史料編纂所所蔵謄写本(請求番号二〇一二―二六一)を使用。丁数は本謄写本の丁数を指す。
(32)所領支配や世俗権力との関係から室町期の供僧について言及したものに、『事書日記』を素材として前掲註(2)掲載の諸論文、『珍祐記録』を素材に、田代脩「その後の佐々目郷と矢古宇郷」（『埼玉県史研究』五、一九八〇年）、佐藤博信「室町後期の鎌倉・鶴岡八幡宮をめぐって」（同『続中世東国の支配構造』思文閣出版、一九九六年。初出一九九四年）、山田邦明「享徳の乱と鶴岡八幡宮」（山田註（2）書所収、初出一九八九年）などがあるが、本項では先行研究で検討が不十分な、供僧の職掌・規律・故実に関する記事を取り上げる。

(33)『諸記録』二九丁。

(34)実際最初に進止供僧へと改替された三坊は、実朝を殺害した鶴岡別当公暁に与同した罪科で改易されている。なお、二十五坊供僧の本様（外方）供僧から進止（内方）供僧への変更時期、改易理由については別稿の表2にまとめたので、参照願いたい。

(35)『諸記録』三五丁。なお、高野山参籠についても記載があり、こちらは三年間まで可とされている。

(36)『市史』一〇四～一〇六頁。

(37)『事書日記』応永五年十二月条。

(38)別稿第一章三節参照。

(39)吉田註（1）論文二六頁。

(40)『鶴岡八幡宮寺供僧次第』（貫達人・三浦勝男編『鶴岡八幡宮寺諸職次第』鶴岡八幡宮社務所、一九九一年）南蔵坊の項目を参照。

(41)進止供僧方で衆会が持たれるようになったのも南北朝初期、具体的には暦応・康永年中だとされる（『珍祐記録』寛正三年三月条）。

(42)大御堂とは勝長寿院の通称で、本覚院とは勝長寿院別当が兼帯した青蓮院の脇門跡の呼称である。勝長寿院については、『鎌倉廃寺事典』（有隣堂、一九八〇年）勝長寿院の項目、及び拙稿「『吾妻鏡』以後の鎌倉勝長寿院と東国武家政

権」(『千葉史学』六五、二〇一四年)参照。
(43) 一心院については、湯山学「山内本郷の証菩提寺と一心院」(同『鎌倉北条氏と鎌倉山ノ内』私家版、一九九九年。初出一九八二年)を参照。一心院は証菩提寺の別当坊にあたる。
(44) 『鶴岡八幡宮寺供僧次第』善松坊の項を参照。
(45) 『諸記録』三一丁。
(46) 『永福寺別当次第』(東京大学史料編纂所所蔵写真帳『広橋家記録一九冊 類聚諸寺長官補任』(永享九年写)所収。請求番号六一七〇・六八―三―一九。
(47) 永村眞「「院家」と「法流」」(稲垣栄三編『醍醐寺の密教と社会』山喜房仏書林、一九九一年)二六七頁。
(48) この院宣は、『珍祐記録』冒頭部に記述されているが、横田氏(註(5)書一三九頁)も指摘するように、明らかに偽文書であり、二十五坊供僧に院宣が実際に下された可能性は低い。また川上・中嶋氏が明らかにしたように、二十五坊供僧の枠組みは、一時に成立したものではなく、一一八〇年代から一二〇〇年代にかけて、徐々に成立したものである。
(49) 『新編相模国風土記稿』七三巻、座不冷壇所の項参照。
(50) 『社務職次第』の頼助の項では、逆に頼助が開白を行ったとされている。

【付記】本稿は二〇一六年度科学研究費補助金(特別研究員奨励費)による研究成果の一部である。

室町期南武蔵における寺社の転換
――長弁『私案抄』読書ノート――

湯浅治久

はじめに

中世が寺社の時代であることは周知の事実だと思うが、地域社会における寺社群の変化を跡付ける研究はそれほど多くはない。通時的に観察できる史料が限られていることと、寺社群を把握できる視角がさほど存在しないことが主な要因と考える。中世地域社会における寺社はいかなる存在で、どのような変化を遂げるのか。そのことを東国である南武蔵における室町期の史料を素材に考えてみることが、小稿の目的である。

この考察における直接の前提は、小森正明の研究にある。小森は当該期の主要な東国寺社の造営方法にふれ、鎌倉府および室町幕府の援助が大きく、これら政権の方策として主要な寺社を媒介とした社会の維持把握があったことを論じた(1)。その成果は貴重だが、一方で、鎌倉府が維持するという主要な寺社とは如何なる選択によるものか、またそれ以外の地域社会における寺社の造営や維持、および機能や役割をどのように評価すべきか、という点に課題があることを、筆者は小森の著作への書評で指摘した(2)。小稿は、この課題を意識して作成した研究ノートとしての性格を帯びる。

そこでテキストとしては、中世深大寺の僧長弁の文集である『私案抄』をとりあげたい。長弁は貞治元年（一三六二）の生まれであり、二十二歳の時に深大寺の観世音菩薩・深沙大将に祈願する文章からはじめ、永享六年（一四三四）つまり七十三歳に至るまで、旺盛な活動により多くの文章を残した僧侶である。その文章は五七編にものぼり、神仏への願文、故人の追善供養の諷誦文、卒塔婆造立の意趣書、堂塔・梵鐘を造成するため人々へ助成を求める勧進状など、多岐にわたる。そこには多摩川流域を中心とした南武蔵の多西・多東・立花・荏原の四郡にわたる寺社やその関係者が名前を連ね、室町期の当該地域を考えるに際して貴重な素材となっている。長弁は晩年に第五十二代の深大寺院主になっており、その学殖は、武蔵国の有力学問所（談義所）として勇名を馳せた深大寺にふさわしいものと言える。(3)

彼の文章を収めた文集『私案抄』は、原本は伝わっておらず、いく種類かの写本が伝来しているが、小稿では近年のもっとも良質な校訂本である『調布市史研究資料Ⅲ　深大寺の住僧長弁の文集　私案抄』（調布市、一九八五年）をテキストとする。同書の解題と各文章の語釈および解説はきわめて詳細であり、小稿もこれに多くを負っていることをあらかじめ述べておきたい。(4)

一　長弁『私案抄』にみる寺社の性格

そこでまず、『私案抄』にひかれた各種の文章にみえる寺社の分類を試み、表を作成した。五七編にのぼる文章には年未詳や具体的な寺社との関わりを記さないものもあるが、寺社とそれ以外のものも含め、ＡからＩの九つに分類した。以下でそれぞれに説明を加えながら性格を明らかにしてゆきたい。

A　国衙・一宮系寺社　武蔵国に律令制の時代から中世前期にかけて生み出された国衙とその関連する寺社群である。武蔵国は国衙の中世的展開が顕著にみられる国で、「府中」として中世に機能していた。また、一宮から四宮まで国内の主要な神社が編成され、整然とした一宮体制が確認できる国でもある（5）。その中核には惣社六所宮（現大国魂神社）、武蔵国分寺があがる。そして一宮制の関連寺社として、二宮社（二宮神社）があがる。

①惣社六所宮は中世府中の中核を占める宗教施設で、ここには嘉慶二年（一三八八）に般若会（大般若経の読誦を主にする儀式）が確認でき、正長二年（一四二九）に大般若経が施入されており、それが十五世紀に至るまで継続していることが推測される。嘉慶年間では在庁・目代の儀式への関与が窺われ、正長年間では、大般若経の施入に武蔵国目代大石憲重の助成が確認できる。つぎに②国分寺は、古代寺院が中世に展開を遂げている存在で、応永七年（一四〇〇）に日光・月光菩薩が造立され、応永三十三年には法華経の摺写施入がなされている。また③二宮社は府中からはやや離れた小河郷（現あきる野市）に鎮座する神社で、ここでは、応永十九年に法華経の開板施入が行われている。

B　古代以来の有力寺社　深大寺と栄興寺（影向寺）と高幡山金剛寺が該当する。

④深大寺（現調布市）は白鳳仏を擁する寺院で、鎌倉時代には長弁の所属する寺院であり、そのこともあって『私案抄』には永徳三年（一三八三）〜応永三十四年までに多くの文が草されている。それらには深沙大王宝前願文・表白、同戸張を懸ける際の意趣書（含年未詳）、前院主行昭百日忌の諷誦があるが、興味深いのは、応永八年の梵鐘鋳造の勧進状で、ここには深大寺の縁起譚が記されている。古代の貞観年間に国司蔵宗蔵吉兄弟の反乱と恵亮の深大寺におけるその調伏という話である。恵亮は比叡山で修行した九世紀の高僧で、これらは事実としては認められないが、恵亮の行力を説くきっかけとして、深大寺が法相宗から天台寺院へと改宗したことの反映であろうとされている。古代寺院の中世寺院への転換が、室町期の深大寺に縁起として認識されていることがわかる。

表　『私案抄』にみえる寺社の分類

A　国衙・一宮系寺社		
①惣社六所宮(大国魂神社)〔武蔵国府中〕		
	嘉慶2年(一三八八)	武蔵惣社般若会の願文(54)
	正長2年(一四二九)	大般若経施入の発願文(53)
	年未詳	六所大明神宝前の表白(15)
②武蔵国分寺		
	応永7年(一四〇〇)	日光・月光菩薩造立勧進状(07)
	応永33年(一四二六)	法華経摺写施入意趣書(50)
③二宮社(二宮神社)〔小河郷〕		
	応永19年(一四一二)	法華経開板施入勧進状(36)
B　古代以来の有力寺社		
④深大寺		
	永徳3年(一三八三)	深沙大王宝前の願文(1)
	至徳1年(一三八四)	十六善神画像の施入帳(8)
	明徳1年(一三九〇)	権大僧都行昭百ケ日忌の諷誦(13)
	明徳2年(一三九一)	深沙大王宝前の表白(5)
	応永8年(一四〇一)カ	梵鐘鋳造の勧進状(6)
	応永13年(一四〇六)	深沙大王戸張奉懸の意趣書(28)
	応永34年(一四二七)	深沙大王戸張泰懸の意趣者(47)
	年未詳	大般若経転読の意趣書(3)
	年未詳	天台大師講の祈句(18)
	年未詳	深沙大王宝前の表白(27)
⑤栄興寺(影向寺)〔稲毛庄〕		
	応永13年(一四〇六)	伽藍再興の勧進状(30)
⑥高幡山金剛寺〔得恒郷〕		
	応永22年(一四一五)	不動堂修造の勧進状(35)
C　鎌倉幕府祈禱所		
⑦威光寺(妙楽寺)〔大田郷〕		
	応永12年(一四〇五)	梵鐘鋳造の勧進状(19)
	応永33年(一四二六)	井田道祐十三回忌の諷誦(43)
	正長2年(一四二九)	井田妙珍三十三回忌の諷誦(49)
D　荘園公領鎮守寺社		
⑧真光寺(現在無)〔小山田保〕		
	嘉慶2年(一三八八)	修造の勧進状(04)
⑨勝宝寺(現在無)〔府内〈府中〉〕		
	応永10年(一四〇三)	造立の勧進状(09)
⑩山王社(稲毛神社)〔河崎郷〕		
	応永11年(一四〇四)	大般若経施入の勧進状(10)
⑪栄福寺(現在無)〔六郷保〕		
	応永13年(一四〇六)	修造の勧進状(14)
⑫泉蔵寺(現在無)〔府中カ〕		

応永34年（一四二七）　定仙七七回忌の諷誦（48）

⑬天満天神（布多天神社カ）〔布田郷〕
年未詳　布多カ天満天神（布多郷）宝前の願文（31）

E　有力武士の祈願所

⑭満願寺〔世田谷郷等々力〕
応永33（一四二六）　吉良氏逆修法会の諷誦（38）

⑮随願寺（不明）＊良寿丸は吉良氏あるいは大石氏関係者
応永32（一四二五）　良寿丸百ケ日忌の諷誦（41）
応永32（一四二五）　良寿丸百ケ日卒塔婆の意趣書（42）
応永33（一四二六）　良寿丸一周忌の諷誦（43）
応永33（一四二六）　良寿丸一周忌卒塔婆の意趣書（44）
応永34（一四二七）　良寿丸三回忌の諷誦（45）

F　本山脈修験系寺庵

⑯石原聖天坊（西光寺）（調布市上石原）
応永34年（一四二七）　幸承追善の諷誦（39）
応永34年（一四二七）　幸承諾追善の卒塔婆意趣書（40）
永享6年（一四三四）　幸尊三十三回忌の諷誦（56）

G　その他

⑰若林石天神（北野神社）（世田谷区若林）
応永8年（一四〇一）　百韻連歌法楽の意趣書（29）

⑱悉地坊（喜田見・宇奈根）〔世田谷郷宇奈根〕
応永22年（一四一五）　禅貞七回忌の諷誦（37）

H　卒塔婆造立

⑲染屋（府中市白糸台）
応永12年（一四〇五）　十三部経供養卒塔婆の意趣書（11）

⑳車返（府中市白糸台）＊府中から品川・六郷への道沿いか
応永19年（一四一二）　十三部経供養卒塔婆の意趣書（26）
永享6年（一四三四）　十三部経供養卒塔婆の意趣書（55）

㉑布田郷（調布市布田）
応永18年（一四一一）　三本卒塔婆の意趣書　入間道久の逆修（21）
応永18年（一四一一）　三本卒塔婆の意趣書（22）
応永18年（一四一一）　三本卒塔婆の意趣書（23）

I　橋供養

㉒綱島橋（横浜市港北区内・鶴見川架橋）
応永12年（一四〇五）　橋供養の意趣書（12）

㉓石原橋（調布市下石原三丁目・上森村橋か）
年未詳　橋供養の意趣書（20）

＊地名および寺社の現地比定は（　）、中世の荘郷は〔　〕に比定した。
文章名末尾の（　）のNo.はテキストに付けられたNo.。

また永和二年(一三七六)の銘をもつ梵鐘が実際に存在していることとの関連が問われている。また、至徳元年(一三八四)には、十六善神画像が行昭により施入されていることが施入帳によりわかるが、年未詳の大般若経転読の意趣書によれば、同寺でも般若会が行われていたことがわかる。十六善神画像はこの儀式に際して掲げられるものであるので、これを裏付ける。深大寺は鎌倉〜室町期の武蔵における有力な中世寺院であったことが理解できよう。

⑤栄興寺は現在の影向寺(現川崎市高津区)である。『新編武蔵風土記稿』には現影向寺がかつて栄興寺であることが記されている。影向寺は、境内から出土した七世紀〜八世紀中頃の古瓦や、礎石・基壇遺構から古代寺院と推定されており、薬師堂の本尊は平安後期の作とされる。応永十三年には伽藍再興の勧進状が草されるが、そこでは文徳天皇の時代に慈覚大師より建立されたとしている。

⑥高幡山金剛寺のある得恒郷は多西郡に属する国衙領で、金剛寺は現在の日野市高幡に所在する寺院である。応永二十二年には、その不動堂の修造の勧進状が草されている。これによると金剛寺は大宝年間以前の創建とされ、また本尊の不動明王は、南北朝以来、東関鎮護のため折にふれ汗を流す奇瑞を現し、鎌倉公方足利満兼も所領を寄進したとされる。当寺の大日堂の本尊の大日如来像は藤原時代の秀作であり、当寺が平安時代には存在していたことを示唆する。

C　**鎌倉幕府祈禱所**　橘樹郡の長尾山威光寺が該当する。

⑦威光寺はその比定に問題があり、稲城市矢野口にある現在の威光寺ではなく、川崎市長尾に所在する妙楽寺であることが、同寺蔵の日光菩薩像内部の天文十四年(一五四五)の墨書銘「大田郷長尾山威光寺」からわかる。威光寺については、まず応永十二年に梵鐘鋳造の勧進文が草されるが、慈覚大師以来の霊地の建立を謳っている。さらに応永三十三年と正長二年には、長尾の有力檀那井田氏の忌日法要の諷誦文を載せる。井田氏はさきの天文年間の墨書銘か

ら戦国期においても檀那であり、十五世紀前半以来の有力檀那であることがわかる。じつは、これらの文章には表れないが、威光寺は鎌倉期に鎌倉将軍家の祈禱所であることが、しばしば『吾妻鏡』にみえる。(6)古代以来の寺院だが、その後、鎌倉幕府を後ろ盾とする寺院として再生を果たした寺院ということになる。(7)

D　荘園公領鎮守寺社　十四〜十五世紀の東国社会は依然として荘園と公領をその単位として構成されており、武蔵国も例外ではない。したがって当該期の地域寺院について、便宜的に荘園公領鎮守寺社と位置づけて整理を試みた。

まず小山田保の⑧真光寺。現在は存在せず地名のみが町田市内に真光寺町として残されている。嘉慶二年（一三八八）に修造の勧進状が草されている。これによると建立した年代も人物も伝わらない「一宇小堂」で、観音菩薩を祀るが損壊が激しく修造の必要があるとされる。同寺は他の史料によると、南北朝期には上杉氏の所領であったが、勧進状はそのことにはふれていない。また小山田保は、これ以前には小山田庄という荘園で、秩父平氏稲毛氏一族の小山田氏を開発領主とする。しかしこの時期には小山田保として国衙領となり、さらに鎌倉府の直轄領となった。(8)寺院として個別の檀越との関係を記さないのは、小山田庄（保）の鎮守寺院としての公的な性格を示唆しているものと考える。

つぎに⑨勝宝寺。この寺院も現存しない。しかし応永十年の造立の勧進状により、「府内」＝武蔵「府中」に所在していたことがわかる。勧進状は寛喜二年（一二三〇）に国司（北条泰時）により建立されたという由緒を記す。北条氏所縁の寺院として「府中」領域に成立した中世寺院である。

つぎに河崎郷の⑩山王社は、現川崎市の稲毛神社である。河崎郷は河崎庄内の郷で、秩父平氏の一流重綱の弟の「河崎冠者」基家の開発により成立し、鎌倉期には近江の佐々木氏の所領となったと推測されている。(9)応永十一年に大般若経の施入がなされていることから、般若会を行う河崎郷の鎮守社であったことがわかる。同社は近世においては川崎宿の鎮守として栄えるが、それはこの時期に淵源を持つとしてよいだろう。

つぎに六郷保の⑪栄福寺。これも現在は確認できない。六郷保は多摩川下流域の北岸に成立した国衙領で、現東京都大田区域に属する。同寺の修造のための応永十三年の勧進状がある。同寺が元久元年(一二〇四)、鎌倉幕府将軍源実朝の御願によるという建立の由緒を記す。本来であれば幕府祈禱所であったものが、幕府の滅亡とともに衰微したのであろう。その後二百年が過ぎて修造が滞っていたので、再興するという趣旨を記している。

つぎに応永三十四年に定仙という僧侶の四十九日法要が⑫泉蔵寺で営まれた際の諷誦があるが、泉蔵寺は府中の六所惣社宮の裏に寛永年間まで確認できる寺院に比定されており、勝宝寺と同じ性格の中世寺院であろう。

最後に年未詳の天満天神宝前の願文があり、所願成就の折りは神馬一匹の奉納を誓っている。確証はないが、この天満天神は布多郷の鎮守社である⑬布多天神(現調布市布田天神)と推測されている(異論もある)。願文を捧げた某は武士とみられ、「本給の御恩の還補」を願っての行動であることが記されていることが興味深い。

E 有力武士の祈願所　ここでは有力武士の祈願所として分類した寺院をあげる。

まず応永三十三年の⑭満願寺において、世田谷郷に基盤を持つ吉良氏の逆修法会の諷誦が草されている。満願寺は現在も世田谷区等々力に所在する寺院だが、戦国期の天文二十三年(一五五四)頃には北隣の深沢村にあった。『私案抄』のこの記事は、吉良氏が世田谷郷に拠点を置いていたことがわかる初見史料である。(10) 当時の吉良氏の当主は頼治となる。吉良氏は足利氏の一族で三河国吉良庄を本貫地とする有力武士で、奥州で活躍したのち鎌倉公方を頼り東国世田谷郷に土着した一族がある。その当初の当主が頼治ということになる。この寺院は吉良氏に取り立てられた祈願所であろう。

つぎに⑮随願寺だが、この寺院の所在は不明である。しかし応永三十二年～三十四年にかけて良寿丸という人物の百日忌・一周忌・三回忌の諷誦文などが残されている。良寿丸は若年で早世した人物で、親とみられる施主は盛大な儀式を催している。その名は不明だが、この地域の有力武士ということになれば吉良氏、あるいは二宮郷の武蔵守護代大石氏ではないかと推測されている。

F　本山派修験系寺庵　以下は前のものとは明らかに異なる性格を持つ寺社その他を分類した。

まず本山派修験系の寺庵が注目される。これは⑯石原聖天坊が該当する。この「坊」は現在の調布市上石原の甲州街道に面した天台宗西光寺である。このことは、『新編武蔵風土記稿』の記すところで、近世の寛文年間に深大寺弁盛が天台宗寺院に改宗する以前、西光寺が聖天院と号する修験の寺であったとするところなどからわかる。おそらく天台宗系の本山派修験に属していた「坊」（院）ということになろう。石原聖天坊では応永三十四年にここの住持であった幸承三十三回忌の追善の諷誦と卒塔婆建立の意趣書が草されている。また永享六年（一四三四）にも、幸承の次代の住持とみられる幸尊の三十三回忌の諷誦が草されている。ちなみにこれが長弁が草した文の最後の年紀となる。

G　その他　石原聖天坊と同じく、E以前と明らかに異なる存在としてここに分類すべき寺社をあげる。

まず応永八年に百韻連歌法楽の意趣書が草された⑰若林石天神である。この神社は世田谷区若林にある現在の北野神社に比定される。意趣書によると、「霊石たちまちに涌現して一陰一陽の徳化を播《ほどこ》し、宝殿急かに建立して万邦万人の崇敬を輸《いた》す」とあるように、霊石信仰という土俗的な信仰を背景にして堂舎が建立されたものである。そこに僧侶（長弁とも推測されている）が連歌百韻を奉納していることは興味深い。

つぎに応永二十二年に草された禅貞という人物の七回忌の諷誦にみえる宇奈根悉地房小山仏子という僧侶に注目したい。この⑱悉地房は房号として僧侶名ともとれるが、同時に小規模な寺庵である可能性もあろう。ちなみにこの僧侶は、十年後の吉良氏逆修供養の諷誦にも喜田見悉地房とみえる僧侶と同一人物と推測されている。宇奈根・喜田見とも世田谷区の近接した距離にある地域で、そこを中心として活動した寺僧の住庵の名前とみておきたい。

以上である。なお、H 卒塔婆造立と I 橋供養に関しては、第三節であらためて詳述したい。

二　十四〜十五世紀における寺社の転換

以上、長弁が関与した寺社の性格と来歴を整理してみた。もちろん分類は便宜的なもので、その性格も一律に規定できるものでもなく、異論の余地もあろう。しかしあえて分類を試みたのは、そのことでその「変化」ないしは「転換」をみることがたやすくなる、という意図からである。長弁がこれらの文を草したのは、十四世紀の第四四半期から十五世紀の第一四半期をやや越えた時期で、けっして短くはない期間である。私見によれば、この時代は鎌倉時代という秩序が一旦崩壊し、南北朝内乱期を経て室町社会の枠組みが輪郭を明確にする時代とみることができる。以下で、この時代の変化を『私案抄』のなかに確認する作業を試みたい。

まずAの国衙・一宮系寺社についてみれば、ここにはその一定の機能維持を認めることができる。すなわち六所惣社宮での般若会の継続である。応永二十一年(一四一四)には武蔵国一宮(小野神社)で般若会が行われていることが確認できるので(11)、六所惣社宮の般若会が継続していることも当然であろう。一宮の般若会の事例からは、用途を武蔵国の有力武士が負担していたことがわかり、室町期においても、武蔵国の秩序の安寧をはかる公的な機能を有していたとみてよいだろう。したがって十五世紀の正長年間に至っても、国衙の機能を吸収したとされる守護権力に連なる武蔵守護代大石氏による大般若経施入への合力が意図されたのである。しかし、大石憲重がこの前年に死去したところから、「しかしながら諸方の奉加を憑む」ことが発願文に盛り込まれた。この事実は、公的な助成にばかり頼れない状況と、「諸方」すなわち不特定多数の助成者への期待が増大している様相を示していると考える。

ところで大般若経を備え、転読ないしは真読を行う儀式（転読会）は、地域社会の秩序維持のために、すでに鎌倉末期の十四世紀初頭までには、多くの荘園公領鎮守寺社においても行われている事実が指摘されているが、[12] 東国において荘園公領鎮守寺社など地域の寺社に大般若経の施入および転読会の実態が窺える時期は、やや遅れるようである。

加増啓二によれば、鶴ヶ岡八幡宮領武蔵国矢古宇郷の鎮守峯岡八幡宮および別当寺で大般若経の書写事業が確認できるのは、貞治五年（一三六六）以降である。[13] また下総国臼井庄塩古郷の鎮守塩古六所神社にも、貞治二年に大般若経が施入されている。[14] また『私案抄』の舞台である南武蔵には川崎市菅の寿福寺の事例もある。寿福寺は現在は禅寺だが、もとは天台寺院であり、平安時代から江戸時代にかけて書写された大般若経を所蔵するが、調査によれば、この経は建武五年（一三三八）までには確実に寿福寺の什物となっていたという事実も付け加えることができよう。[15]

これらの事実を踏まえると、『私案抄』にみえる深大寺（B）と河崎郷山王社（D）の事例が注目されよう。まず深大寺だが、大般若経転読の意趣書から転読会が確認できる。年未詳だがその範囲は長弁の活動期間に特定されることは言うまでもない。河崎郷の山王社は、応永十一年に大般若経施入が企図されている。山王社は河崎郷の鎮守であり、深大寺とあわせ、荘園公領の鎮守寺社に大般若経の施入および転読会が展開していることが確認できるからである。

ここからは、惣社六所宮の事例のみならず、それが地域社会に広がりをみせている様相を読みとるべきであろう。なお深大寺の転読会の意趣書には「施主」が確認できるが、特定の個人ではなく多数の檀徒が想定されていること、河崎郷山王社の場合、勧進僧の「某」が「諸人助成の恩施」を「隣国他郷の貴賤道俗」に期待しているのは、定型句とはいえ民間性を表しており、その期待が広く地域社会の人々に対するものであったことを示している。一国レベルの惣社六所宮ですら、公的な負担や国衙（守護）系役人の助成のみでは成り立たないことを踏まえるならば、地域社会におけるこの趨勢は、この時期特有のものと考えることができるものと思われる。

この点について、『私案抄』のほかの事例をみてゆこう。まずAの国衙・一宮系の武蔵国分寺と二宮社である。国分寺では応永七年に日光・月光菩薩の造立に際し、勧進比丘祖明が主体となり「諸人奉加の衆力」が求められている。これに先だって十二神将が「諸旦」への勧進によって修立されたが、二菩薩が未修造なのでこの企に及んだとある。また応永三十三年の法華経摺写施入に際しても、「信心帰依の道俗等」の「現世安穏後生善処」が掲げられていることがわかる。さらに応永十九年の二宮神社の法華経開板施入に関しても、運祐という勧進沙門のもと「貴賤甲乙道俗男女」の奉加が期待されている。これらからは、国衙・一宮系の寺社においても勧進を主とした広い集財システムが、寺社の維持に不可欠となっていたことをみてとることができよう。

つぎに深大寺以外の有力寺社の場合だが、栄興寺の応永十三年の伽藍再興に際しても勧進がなされ、「十方旦那の助成」と「四衢道中の貴賤」の奉加が期待されている。高幡山金剛寺でも応永二十二年の不動堂修造に際し勧進がなされ、「十方檀施」が勧誘されている。また威光寺も応永十二年の梵鐘の鋳造に際して「十方檀越、一紙半鵝の少施」が謳われ、「諸人奉加の衆力」が期待されている。このように他の有力寺社の場合も同様であった。

そしてこの点がもっとも顕著に窺えるのが、Dの荘園公領鎮守寺社群である。すでに河崎郷山王社についてふれたが、さらに真光寺(嘉慶二年)、勝宝寺(応永十年)、栄福寺(応永十三年)の三寺が、修造に際して勧進が選択され、「十方旦施」「十方旦那」「衆力和合」が謳われているのである。

注目すべきは、これらの寺社に、かつての秩序との懸隔が意識されている点である。真光寺は、「一宇小堂」でありながらその後、上杉氏の庇護を受けていたが零落している。勝宝寺は十三世紀前半に執権北条氏の庇護を受けて建立されたが、「二百年」の歳月のなかで堂社が荒廃してしまった。栄福寺も源実朝の御願による建立という由緒にかかわらず、「二百余歳」がすぎ荒廃したという。ここから見て取れるのは、鎌倉期以来の由緒が一度断絶したということである。つまり鎌倉期の秩序が崩壊し南北朝の内乱を経て、この間まさに二百年の年月を経た「現在」、再興が企図されたという認識を持っているのである。その際に広く江湖に期待する勧進が選択されたことは偶然ではないだろう。この間には勧進に耐えるべき地域社会の成熟がなされたことがその背景にあることは、間違いないと考える。

この点は威光寺(C)についても、応永十二年の梵鐘鋳造における勧進に、幕府祈禱所としての伝統が全く意識されていないことから同様と考えるが、威光寺の場合は、その後、井田氏という地域に密着した旦那との関わりが顕著に窺える。井田氏は武士階層ではなく、地域の有力者、土豪・侍、または有徳人などと言われる階層とみられる。さきにみたように、井田氏は戦国期から近世にかけて威光寺近くの有力な家として存続する。こうした存在は従来は確認できない新しい旦那層と言い得る。随願寺(E)の良寿丸の家もそうした階層の可能性がある。勧進が期待すべき地域社会の主要な構成員とは、彼らのような階層であったとみてよいだろう。そして地域社会のこうした変化は、地域に根ざす権力の定着を促す。吉良氏である。吉良氏自体は足利氏の一族という伝統的な武士だが、その世田谷への定着は、以降戦国期に至るまで連続する。その意味で、新たな地域社会が生み出した権力という側面を確かに持っていたのである。(16)

こうした有力者・地域権力の保護の獲得と、地域社会への期待という二つの方向の関連性を考えるために、ここで高幡山金剛寺(B)の勧進状を参照したい。金剛寺の不動堂は、建武年間に大風で大破し、儀海と地頭高麗助綱により暦応二年(一三三九)に修造されるが、応永二十二年に至り修造の勧進がなされた。この間、岩殿山合戦(貞治二年〔一三六三〕)、河越没落(応安元年〔一三六八〕)、小山義政の乱(康暦二年〔一三八〇〕)、小山犬若丸の乱・奥州発向(至徳三年〔一三八六〕)と、不動明王が汗を流す奇瑞が現れたと記されている。いずれも鎌倉公方足利氏の戦勝に利するもので、その結果、足利満兼も所領を寄進したとされる。

しかしこの点は単に足利氏の帰依に止まるものではないだろう。「上将武略猛勇の護持、坂東鎮衛無双の効験」には「国中皆恐怖」し、「世もって知る所」となることにより、高幡山金剛寺の評判が江湖に広がり、結果として多くの「衆力」が集まるのであり、勧進状は明らかにこの効力を狙っているのである。つまり、奇瑞による足利氏の帰依は、広く地域社会に金剛寺の重要性が周知されることと連動しているのである。新たな寺院と地域社会の関係は、このような回路をもってても再生されるのである。

最後にFとGの寺社に言及しておこう。この性格の寺社がE以前の寺社群に接合していること自体、ある意味で時代の変化を象徴する事実であると考える。修験の「坊」や民間信仰の小祠は、何故長弁の目にとまったのか。このことを考えるために、以下で論じ残したHとIについて検討を加えてみることにしたい。

三　寺社の転換と地域社会―「結衆」の広がり、道と橋―

HとIの事例とは、寺社や僧侶が表面に現れず、「地域」（地区と言うべきか）において追善・逆修などの儀礼が行われた場合である。

まずHの卒塔婆造立では⑲染屋（府中市白糸台付近に比定）で、応永十二年（一四〇五）に十三部経供養が行われ、卒塔婆が建立された。つぎに⑳車返（やはり府中市白糸台付近に比定）で、同じく十三部経供養と卒塔婆の建立が、応永十九年と永享六年（一四三四）に行われている。さらに応永十八年には、㉑布田郷（調布市布田周辺）において三本卒塔婆が造立されている。いずれも長弁が意趣書を草している。

Ｉ橋供養は、いわゆる橋供養の儀礼を意味する興味深い事例である。応永十二年には、鶴見川に架橋したと考えられる㉒綱島橋（横浜市港北区内）の供養があり、つぎは年未詳だが、㉓石原橋の供養の意趣書である。石原橋の所在は確定できないが、調布市下石原の上森橋に比定されている。これらも長弁の意趣書が草されている。

ところでこれらに特徴的なものは、いずれも卒塔婆が造立されている点である。この卒塔婆の材質（板碑との関連）、形態や種類、仏事などに注目した深澤靖幸の興味深い考察がある。(17)ここでは深澤の考察も参照しつつ、儀礼の性格からさらに地域社会の性格について論をすすめてみよう。

深澤がまず注目するのは、卒塔婆造立と板碑との関連である。周知のように、板碑とは緑泥片岩で作成された供養塔の一種であり、簡便な造塔＝作善行為の一つで、鎌倉時代から武士の間に流行し、当該期は地域の諸階層へかなり浸透をみせていた。『私案抄』に現れる卒塔婆のなかに板碑が含まれると想定することは当然であろう。すでに小川信が、卒塔婆のなかに板碑が含まれていた可能性に言及していたが、(18)深澤は「彫刻」といった『私案抄』の表現と多摩川中流域における板碑造立の傾向から、全てではないにしても、卒塔婆のなかに石造の板碑が含まれる可能性が高いことを指摘した。妥当な判断というべきである。

この点においてさらに注目すべきは、『私案抄』の解説において、小川信が卒塔婆造立と「結衆板碑」との関連を指摘していたことである。小川は、染屋での多数の人々による法華経読誦の上に造立された卒塔婆と、ほぼ同年の東村山不動院の「一結衆」や調布市内の結衆により造立された板碑との類似を指摘し、これを「民衆信仰の普及」を物語るものと指摘した。

この点についても、深澤の考察がある。深澤は『私案抄』の仏事である追善と逆修を詳細に考察し、忌日供養や十王思想といった板碑造立と共通する思想を読みとり、追善が有力者によることが多いのに比べ、「逆修と、逆修＋追善そして橋供養」が主に「結衆」によることが多く、「対照的」であるとする。そして、「結衆」による仏事が、墓所を含む寺社の門前や路傍や辻、「衆目の集まる場」であったことからも、板碑との共通性があることを指摘し、さらに窪田涼子の主張する「パブリックな卒塔婆」論からも、「衆目の集まる場に造立された時点で、卒塔婆はある程度公共的な役割を担ったはずである」とするのである。[19]

さて、橋供養の問題も含め、『私案抄』に現れた染屋・車返・布田という「地域」に「結衆」による卒塔婆造立が行われた問題を考える際に、これらの指摘はきわめて重要である。まず染屋以下の三「地域」は、武蔵府中から延びる旧品川街道に面した交通集落であり、卒塔婆が街道を意識した造立である可能性が高いと言えるだろう。車返という地名は、一般に交通に関わり急坂下や渡河地点に多く見られるものであることも参考となろう。[20]この点もすでに小川信が指摘しているが、[21]おそらく深澤の指摘したような性格のものであることはほぼ間違いないものと考える。

この点に関しては、近年の藤原良章の指摘も参照したい。[22]藤原は橋と道が「宗教的空間」であることを指摘するが、その際、奥州平泉の中尊寺を中心として設定された奥大道について、白河関から外浜までの道に笠卒塔婆が一町ごとに立てられていたことを『吾妻鏡』より確認し、さらに貞永元年（一二三二）の『二階堂文書』所収の「関東下知状案」[23]の薩摩国阿多郡における寺院と道と卒塔婆に関わるつぎのような事例を提示する。すなわち鮫島時景と同家高が郡内の南北の境を争ったところ、その境にある観音寺大門から出て高橋薬師堂の前を過ぎ、浜道を通る路について、家高の主張によれば、路は二本あり、北路は新路であり、観音寺別当公厳が亡母の孝養のためにこの路を作り、「万本卒塔婆」を立てたところであるとした事実である。これらから、作道と卒塔婆造立が密接に関連する点を確認することができるのである。

また藤原は、橋の場合も同様の場としての性格を指摘するのであるが、この点についても、深澤が指摘する『石山寺縁起』巻五にみえる勢多橋の袂に描かれた木製卒塔婆の事例からして、これも確実であろう。

中世東国の橋供養として、深澤もあげる建久九年（一一九八）の稲毛重成による亡妻のための相模川の橋供養に、ここでは南北朝期の六浦の瀬戸橋の事例を付け加えたい。周知のように六浦は中世東国屈指の港湾であり、朝比奈の切通により鎌倉と繋がっていた。六浦本郷からやや離れ、内部に広がる瀬戸内海のくびれ付近に、金沢北条氏により橋脚が設置され鎌倉方面との交通の便が整備されたのは、およそ嘉元三年（一三〇五）・四年頃であった。西岡芳文によれば、それは六浦から金沢郷の称名寺へと至る表参道にもなり、やがて南北朝期には道に沿って金沢郷内に「町屋」も形成される(24)。つまり、橋は称名寺へと至る道の整備の一環でもあったことになる。この瀬戸橋の架橋には、勧進も企図されたが、実際は称名寺領と金沢北条氏が多くを出資したらしい。しかし南北朝期の文和二年（一三五三）には二度目の架け替えが企図された。その際、称名寺で作成された橋供養のための『表白并廻向』と題する枡型本を分析した西岡は、この造営の主な出資者が六浦の著名な有徳人で法華門徒である六浦妙法であることを発見した。法華門徒である妙法が、宗派を超えて称名寺による橋の架け替えに関与していることはきわめて興味深いが、ともかくも、もはや鎌倉幕府や金沢北条氏による架橋や維持が望めない際には、勧進や有徳人への依存がなされるのである。

我々はここに、『私案抄』に連なる地域の有徳人による橋の維持という方向性を見出すべきであろう。道の場合も、染屋と車返において「結衆」が期待されているが、布田では入間道久という土豪による逆修である。また橋供養には関与しないが、綱島にも綱島大中という人物が確認される。この入間氏・綱島氏らも、妙法と同様の有徳人であろう。「結衆」の実態は、単に「民衆」というのではなく、彼らのような民間における有力者を想定すべきである。

さて、深澤はこうした「結衆」が地域に編成されてゆくことを、深大寺の膝下における、天台宗の宗派の布教の結果とみているが、この点も首肯できる。上島享は近年、十二世紀の中葉に権門寺院の周辺で遁世僧により編成された

「結衆」が、十三世紀中葉より宗派化を強め、日本の仏教のあり方を変えてゆく、という旨の発言をしている。[25] 地域寺院の周辺への新たな「結衆」の展開とは、こうした動向の第二の波なのではないだろうか。それがこの十四世紀後半から十五世紀の動向ということであると考えたい。その母胎となるものは、地域社会に新たに形成されつつあった郷村や町場の共同体であり、その主体は有徳人であったのである。[26]

おわりに

以上を踏まえて、「はじめに」で示した問題を考えてみよう。『吾妻鏡』には鎌倉時代初期の武蔵および相模の主要な寺社のリストが示されている。建久三年(一一九二)の五月八日条にみえる鎌倉勝長寿院における後白河法皇四十九日忌の仏事に供僧を出した寺院、および同年八月九日条の政子の安産祈願を命じられた寺社の書き上げである。いずれも鎌倉幕府にとり重要な寺社であり、同時に国において主だった寺社であったことは間違いない。さらに小森正明が示した室町期における東国の主要寺社のなかにも、もちろん個々の消長はあるが、これに重なる寺社が存在する。

一方、『私案抄』に現れた南武蔵の寺社群は、これらに重なる寺社は存在しない。つまり国衙・一宮系、幕府祈禱所、古代以来の寺社にせよ、より地域に密着した下位の寺社だったことになる。加えてここには荘園公領鎮守系の寺社が確認でき、東国社会にもこうした荘郷レベルの地域的な鎮守寺社が存在していたことがわかる。しかしこれらの寺社は従来からの基盤を引き継ぎ存在していたわけではなく、鎌倉期以来の秩序が一旦は途絶したのち、有力者を中心とした地域社会を基盤として転換してきたものであり、それは伝統的な寺社以外の「地域」にも「結衆」が広がり、板碑を含めた卒塔婆造立や、道・橋の維持管理にも関与していたことにも示されている。このような寺社のあり方を、小森の描き出した当該期の寺社編成に接続すべきである。

この点を確認した上で、最後に指摘したいのは、ほかならぬ長弁の役割である。彼がこれらの寺社に関与し多くの文章を作成したことは、単にこれらの寺社のあり方を浮かび上がらせる素材を残したことのみには止まらない意味を持つ。それはこれらの寺社を結びつけ、ある種の平衡化を促すものであったのではなかろうか。長弁という類まれな知識人が、従来は階層性を持ち、かつ分立していた顕密や修験を含めた鎌倉仏教や民衆仏教を結びつける役割を果たしていた。こうした僧侶が地域社会に出現してきたことを過小評価すべきではないと思う。こうした時代の延長に、地域に強く根ざす戦国期の仏教や、近世以降の「日本仏教」が存在するからである[27]。蛇足ながらこの点を確認して、この拙い読書ノートを閉じることにしよう。

註

（1）小森正明『室町期東国社会と寺社造営』（思文閣出版、二〇〇八年）。とくに「第二章　寺社造営の経済的基盤と鎌倉府」を参照。

（2）拙稿「書評　小森正明著『室町期東国社会と寺社造営』」（『史境』六〇、二〇一〇年）。

（3）深大寺と長弁については、山口興順「深大寺長弁と『私案抄』」（『多摩のあゆみ』一〇四、二〇〇一年）を参照。

（4）解題・解説は小川信・岩崎学・神原悟、校閲には木内堯央があたっている。同書の解説に由来する記述には基本的に出典を示さない。長弁の文章の引用も同書の書き下し文を用いることにする。

（5）井上寛司『日本中世国家と諸国一宮制』（岩田書院、二〇〇九年）。

（6）『吾妻鏡』治承四年十一月十五日条、文治元年四月十三日条、同年九月五日条、承元二年七月十五日条。

(7) 同様な寺院として、多摩郡の国府近傍にある真慈悲寺がある。峰岸純夫「武蔵国吉富郷真慈悲寺」(同『中世東国の荘園公領と宗教』吉川弘文館、二〇〇六年。初出一九九〇年)参照。
(8) 湯山学「武蔵国の国衙領について」(同『武蔵武士の研究』岩田書院、二〇一〇年。初出一九七五年)。
(9) 湯山学「武蔵国都筑郡小机保」(前掲『武蔵武士の研究』。初出一九七九年)、同「近江佐々木氏と東国」(『中世東国の地域権力と社会』岩田書院、一九九六年)。
(10) 吉良氏については、荻野三七彦『吉良氏の研究』(名著出版、一九七五年)を参照。
(11) 「忠家借用状」(『高幡高麗文書』『日野市史史料集 古代・中世編』)。
(12) 榎原雅治「中世後期の地域社会と村落祭祀」(同『日本中世地域社会の構造』校倉書房、二〇〇〇年。初出一九九二年)。
(13) 加増啓二「経巻に護られる小天地」(同『東京北東地域の中世的空間』岩田書院、二〇一五年。初出一九九七・二〇〇七年)。
(14) 千葉県香取郡神崎町並木神宮寺所蔵大般若経唐櫃銘。この史料および白井庄塩古郷については、『千葉県史料中世篇諸家文書』(千葉県)三三四頁および『東総の大般若経』(千葉県立大利根博物館、一九九九年)を参照。
(15) 『川崎市史通史編1 自然環境・原始・古代中世』(川崎市、一九九三年)四三〇頁。
(16) 荻野註(10)『吉良氏の研究』、『蒔田の吉良氏』(横浜市歴史博物館、二〇一四年)。
(17) 深澤靖幸「『私案抄』にみる卒塔婆の造立」(『府中市郷土の森博物館 紀要』二六、二〇一三年)。
(18) 小川信「市域の板碑」(『調布市史』上巻、一九九〇年)。
(19) 窪田涼子「描かれた卒塔婆」(『歴史と民俗』一一、一九九五年)。深澤によれば、窪田は『餓鬼草紙』に描かれた寺院門前の木製笠塔婆の情景と詞書の分析から、造立に関与していない不特定多数の人々が作善を積むことができる卒塔姿をこのように定義したという。

(20) 典型は中世東海道の「車返」（現沼津市）で、中世史料に散見される（『日本歴史地名大系 静岡県の地名』平凡社）。ほかに、岐阜県・福岡県・熊本県（車帰）がある（『同 総索引』）。

(21) 『調布市史研究資料Ⅲ 深大寺の住僧長弁の文集 私案抄』（調布市、一九八五年）一一〇頁。厳密には多摩川の河岸段丘崖端のいわゆるハケ道か、さらに北の旧品川街道か否か、検討の余地がある。

(22) 藤原良章『中世のみちと都市』（山川出版社、二〇〇五年）。

(23) 『鎌倉遺文』四四〇七号。

(24) 西岡芳文「六浦瀬戸橋をめぐる二、三の問題」（『六浦文化研究』三、一九九一年）。

(25) 上島享「鎌倉時代の仏教」（『岩波講座日本歴史 中世1』岩波書店、二〇一三年）。

(26) この点は、拙稿「東国仏教諸派の展開と十四世紀の位相」（中島圭一編『十四世紀の歴史学』高志書院、二〇一六年）でも指摘した。

(27) 拙著『戦国仏教』（中公新書、二〇〇九年）、同「戦国仏教―「鎌倉仏教」とは鎌倉時代の仏教か―」（歴史科学協議会編『歴史の常識をよむ』東京大学出版会、二〇一五年）を参照。

京都足利氏と水無瀬神宮
——転換点としての永享の乱——

谷口雄太

はじめに

田中義成（『足利時代史』明治書院、一九二三年）・渡辺世祐（『関東中心足利時代之研究』雄山閣、一九二六年など）両氏を嚆矢とし、佐藤博信氏（『古河公方足利氏の研究』校倉書房、一九八九年など）に代表される中世東国史・関東足利氏研究は、既に分厚い研究成果が出て久しい。それらの先行研究を踏まえて、近年、杉山一弥氏は、『室町幕府の東国政策』（思文閣出版、二〇一四年）において、「室町期東国社会に関する研究は」「中世東国史という枠組みのなかで諸研究がすすめられ」る一方で、「室町幕府研究は、鎌倉府体制・東国社会研究をいわば枠外にお」いてきたと総括し、それを乗り超えるためには、「室町幕府研究のなかに鎌倉府体制・東国社会研究を全面的に組み込む試み」が必要であるとして、「室町幕府の東国政策という視点」を提起した。この杉山氏の指摘（西国から東国を見る）は、既往の研究の死角を突いた重要なものと考える(1)。

そこで本稿では、氏に倣いつつも、今度はその逆、すなわち、東国から西国へ、という方向性も考えてみたい。東が西に与えた影響も探ってみたいのである。具体的には、足利持氏の動きが契機となって引き起こされた永享の乱が、畿内のとある神社にとって重大な転機となっていたということを明らかにしたいと思う。そのとある神社とは水無瀬神宮のことで、今回用いる史料は「水無瀬神宮文書」（『島本町史』史料編。翻刻文は京都府立総合資料館架蔵写真帳で確認し、以下の史料掲示において適宜改めている）の中の足利義教願文である。同願文は、これまで本格的には検討されてきたことはなかったようであるが、関係史料も含め、詳細に分析することによって、京都足利氏と水無瀬神宮との関係はもちろん、永享の乱が西国に与えた影響や、京都足利氏の対関東足利氏観など、東西の枠にとどまらない新たな論点を提供しうるものと考える。以下、早速本論に移ろう。

一　足利義教願文の検討—足利持氏への勝利を祈って—

本節では、足利義教願文について検討する。はじめに、本稿全体の基本史料となる義教願文を掲げる。

〔史料1〕足利義教願文（「水無瀬神宮文書」『島本町史』史料編、三四四～三四五頁。丸数字や傍線は引用者、以下同）

（押紙）
「普広院殿」

敬白　立願事、

水成（無）瀬殿御宝前、

右義教（足利）、②既続二列祖之嘉名一、久居二征夷之顕位一、鎮二輔　王化一、欲レ育二民生一、①爰関東凶徒、忽忘二宗族之恩一、而挿二狼戻心一、動背二藩屏之約一、而成二梟悪企一、依レ之、今課二軍士一所レ加二対治一也、③特憚二観応之芳蹤一、更凝二祈願之懇念一、早運二愚臣擁護之叡志一、立施二凶賊頓滅之威厳一、然則東夷倒レ兵、而皆抱二来蘇之思一、中華櫜レ弓、而自歌二太平之徳一、速致二冥恩之報謝一、奉レ賁二宸儀之威光一矣、仍立願如レ件、敬白、

永享十年九月十三日〔四〕　征夷大将軍従一位源朝臣義教　敬白

本史料は、永享十年（一四三八）に義教によって水無瀬神宮に納められた願文で、その内容は、足利持氏の滅亡を祈願したものである。当時、既に京都将軍義教と関東公方持氏との東西対決（永享の乱）の火蓋は切られており[2]、義教自身も親征するといった可能性のある中で[3]この願文は出されたわけである。なお、永享の乱とそこに至る過程で発給された願文といえば、同六年に持氏によって鶴岡八幡宮に納められた血書願文[4]がつとに有名であるが、それに比してこの義教願文の方は、いまださほど知られてはいないように思われる[5]。そこで、まずは本願文の内容を子細に検討・紹介する作業からはじめたい。

願文には、「征夷大将軍」義教が「王」や「民」のために尽力してきたが、「関東凶徒」「東夷」が反逆したため成敗を加える、そこで、水無瀬の神威を仰ぎたいということが晦渋な文章で書かれている。だが、とりわけ注目すべきは①〜③の三点であると思われる。以下、順番に分析していこう。

①「爰関東凶徒、忽忘二宗族之恩一、而挿二狼戻心一」は、持氏の罪状を述べた部分である。すなわち、持氏は義教の同族（以下、本稿において同族とは足利名字の御連枝のことを指す）であるにも拘わらず裏切ったというのである。だが、これは批判としてはいささか弱い。なぜなら、義教は同族か否かに拘わらず敵の打倒を遂行しており、今回（永享の乱）はその敵がたまたま同族であったということに過ぎないし、それ以上に、この論理をそのまま使えば、これは容易に反駁できてしまうものだからである。事実、当該期、足利氏に対する御連枝らの戦争は、同族であるからこそ決起に踏み切ったというものが、確認しうるほぼ全てである。例えば、当の義教に対して叛逆した大覚寺義昭は、

一天四海之逆乱、更不レ得二其期一、是偏義教《足利》公恣行二悪逆一、無当之政道故也、然間、於二一門之中一不レ退二此乱悪一者、天命之至、落着可レ及二当家滅亡一歟之上、別而者又、為二勝定院《足利義持》之猶子一間、云二由緒一、旁以存立処、全非二私曲之

儀㆒、併為㆘助㆓万民㆒続㆗家門㆖也、

との論理で軍勢催促を行ったことが知られる。[6] つまり、義教の「悪逆」を「一門」(足利氏)の誰かが退けなければ、「当家」は「滅亡」するとし、だから「勝定院之猶子」(足利義持猶子)との「由緒」を持つ自分(義昭)が行動するのだ、と述べるのである。

こうした論理は、対足利義満戦時の足利満兼(「当御所《足利義満》の御政道、余に人毎かたふき申間、終に天下に有益の人出来て天下をうハ、は、御当家ほろひん事をなけきおほしめて、他人にとられんよりハ、とて御発起有て、只為㆓天下㆒万民のための御むほん」)[7]、或いは、対足利持氏戦時の足利満隆・足利持仲(「禅秀《上杉》申けるハ、持氏《足利》公御政道悪敷して、諸人背き申事多し」、「かやうの不義の御政道積り、果ハやがて謀反人あり、世をくつかへさん事ちかく候か」、「他人に世をとられさせ給ハン事、御当家の御歎申てもあまりある御事にて候」、「不日に思召立、鎌倉を攻落し」「とすゝめける、満隆《足利》大に悦び、内々存子細ありといへども、身に於て更に望なし、甥の持仲《足利》猶子に定つる間、是を取立給ハれとて」「謀反を起す」[8])などからも確認できる。

要するに、義教が願文に書きつけた謀叛否定の論理(同族なのに裏切った)は、そのまま謀叛肯定の論理(同族だから裏切った)ともなりうるわけであり、コインの表裏の関係(立場によってかわるもの)に過ぎない(それにも拘わらず、義教がこれを罪の筆頭に掲げたことは、第三節の検討を経て、「おわりに」で再度触れたい)。したがって、持氏の罪科として実質的により注目されるのは、次の②である。

②「動背㆓藩屏之約㆒、而成㆓梟悪企㆒」も、持氏の罪状を述べた部分である。すなわち、持氏は義教と「藩屏之約」を交わしていたにも拘わらず裏切ったというのである。では、この「藩屏之約」とは一体何であろうか。藩屏とは、「おおい防ぐ垣根。守りの屏。また、守りとなる物のたとえ」、「特に、皇帝・皇室の守護となること。また、その人」(『日本国語大辞典』)のことであり、ここではおおよそ「関東公方家が京都将軍家をお守りするとの約束」といった意

味にとれそうである。持氏が義教にこのような約束をしたことを明示する史料は、管見の限り、確認できないが、『鎌倉大草紙』にはいささか気になる記述がある。

〔史料2〕『鎌倉大草紙』六二一～六二三頁

明る応永三十一（一四二四）年三月三日、京都より服〔勝カ〕西堂為二御使一下向あり、是ハ京都の御下知もなくして大名数多御誅伐の事、条々御とがめの儀なり、持氏（足利）大に驚き給ひ、奉レ対二京都一一切不レ存二私曲一、自今以後も無二の忠勤を可レ抽由、告文を以被二申上一、服西堂五月十日上洛、又九月重て下向有て、都鄙御和睦あり、目出度事限なし、

これは、持氏がいわゆる「京都扶持衆」の討伐を進めていく中で、東西（幕府—鎌倉府）関係が緊張し、その融和（和睦）へと向けた努力を物語る場面である。ここで持氏が提出したという「告文」（起請文）には、「奉レ対二京都一一切不レ存二私曲一、自今以後も無二の忠勤を可レ抽」との内容が書かれていたとされている（因みに、持氏による告文提出自体は他の同時代史料からも確認でき、確実である[9]）。忠勤とは、いうまでもなく「忠義の心を尽くして主君、主人に勤めはげむこと」（『日本国語大辞典』）、換言すれば、下位者による上位者への奉仕にほかならず、「藩屏之約」とはこのようなことを指していたものと考えられる。

ただ、こうした話は、実は義教・持氏以前の時代の史料からも確認される。

〔史料3〕京都大学附属図書館所蔵谷村文庫本『難太平記』

就レ其、両御所（足利尊氏・足利直義）ひそかに御談合有けるにや、京の坊門殿（足利義詮）は如何に申させ給とも、御あらためさせ給かたし、然者、終に天下をたもたせかたかるへし、たとひ少々御政道たかふ事ありても、関東大名等一同せは、日本国の守護たるへし、然者、又、此御兄弟の中に鎌倉殿を置申されて、京都の御守目になし申されて、可レ有二目出一と御内談有て、坂東八ケ国をは光王御料基氏（足利）に譲申されて、御子々孫々坊門殿の御代々の守たれ、とくれ、、申をかせ給

ひし也、」

これは、今川了俊の書いた『難太平記』の記事である。そこには、「鎌倉殿」誕生の秘話が描かれているのであるが、注目すべきは、関東足利氏の役割が「京都の御守目」「御子々孫々坊門殿の御代々の守たれ」とされているということである。これは、史料2でいうところの「奉レ対二京都一」「無二の忠勤」、そして、史料1で見た「藩屏之約」（公方家が将軍家をお守りするとの約束）という話とかなり近似しているように感じられる。とすると、「藩屏之約」とは、義教・持氏個人に限った話というよりは、むしろ、京都足利氏と関東足利氏との間の不易の約束とでもいうべきものであったと捉えられるであろう。

いずれにせよ、義教は持氏のことを「藩屏之約」に背いたとして糾弾しているわけである。義教の意識としては、持氏のことを自らの下にいる存在、自らを支えるべき存在として位置付けていたということは明らかである。少なくとも、対等とは見ていない。これに対して、持氏の自己認識はどうであろうか。「京都・鎌倉ノ御両殿ハ、天子ノ御代官[10]」といった言葉に象徴される如く、東西両足利氏は並び立つとの意識が窺えることは既に指摘されている通りである[11]。つまり、持氏は義教のことを上位などとは認めていない。

ここに、義教による対持氏観と、持氏の自己規定との間の黙止しえぬズレが垣間見えるのである。換言すれば、当該期、京都足利氏側の関東足利氏認識と、関東足利氏側の自己認識との間には、埋め難き溝が生じていたのであり、このような認識の相違も東西対決の悲劇を招いた要因の一つであったように思われるのである。こうした東西の認識の違いは、「ひとつの日本」と「いくつもの日本」、或いは、「「権門体制論」と「東国国家論」」的な議論を髣髴とさせるようですこぶる興味深いものがあるが[12]、これについては「おわりに」で再度触れることとし、ここではひとまず史料1の検討に戻り、残る③の分析に進もう。

③「特憚二観応之芳蹤一、更凝二祈願之懇念一」は、水無瀬神宮へ願文を納めた先例を述べた部分である。すなわち、永享十年における願文発給の前提として、「観応之芳蹤」（観応年間における佳例）が語られているのである。では、この「観応之芳蹤」とは一体何か。史料を見よう。

〔史料4〕足利尊氏願文（「水無瀬神宮文書」三三四頁）

敬白　立願事、

水成〔無〕瀬殿御宝前、

右、去㋐建武第三（一三三六）之初春上旬、則於二大渡橋陣一、退二新田義貞一訖、偏依二尊皇之叡念一之故也、㋑観応二年之正月十日、亦至二同橋陣一、為レ相二向凶徒一所レ加二誅戮一也、冥助定不レ空歟、倩孝〔考〕二先縦〔蹤〕一、酬二後鳥羽天皇之御加護一、忽対二治凶党等一、可レ得レ勝之条、叡慮掲焉哉、然則、寄二進一村一之上、早終二造営之功一、宜レ奉レ耀二万代之威光一、仍立願如レ件、

観応二年正月十日　　正二位源朝臣（花押）（足利尊氏）

本史料は、観応二年（一三五一）に足利尊氏によって水無瀬神宮に納められた願文で、その内容は、「凶徒」の滅亡を祈願したものである（内容は次節で検討する）。「観応之芳蹤」がこの尊氏の願文発給を指すことは、「観応」という年号の一致、義教願文との様式・内容の類似、そして、後掲する史料6などから明らかである。つまり、義教は尊氏の先例に基づいて、水無瀬神宮に願文を納めていたわけである。

以上、義教願文（史料1）を掲出し、その内容を逐次検討してきた。続けて、今度は節を改め、尊氏願文（史料4）についても分析してみよう。

二　足利尊氏願文の検討―大渡橋での勝利を祈って―

本節では、前節で確認した足利尊氏願文（史料4）について検討する。

願文には、尊氏が「大渡橋陣」において「凶徒」「凶党」と合戦を行う、そこで、水無瀬の神威（ここでは具体的に「後鳥羽天皇之御加護」と記されているが、水無瀬神宮が後鳥羽上皇を祀っていることは次節でも確認する）を仰ぎたいということが書かれている。だが、とりわけ注目すべきは㋐㋑の二点であると思われる。以下、順次分析していこう。なお、地名や場所については、適宜後掲の地図を参照されたい。

㋐「去建武第三之初春上旬、則於二大渡橋陣一、退二新田義貞一訖」は、建武三年（一三三六）初春上旬に尊氏が新田義貞を「大渡橋陣」で撃退したという話である。この大渡橋合戦とは、建武三年正月十日頃に行われたもので、複数の同時代史料からも確認することができる。例えば、『大日本史料』六編二冊を開くと、「同（正月）十日、淀大渡橋合戦之時、資頼（野上）射二火箭一、其後乗二焼落柱一押二渡敵陣一、致二軍忠一」（野上資氏軍忠状写[13]）、「同（正月）八日、追二落八幡凶徒一、同九日・十日、於二大渡橋一抽二軍忠一畢」（戸次頼尊軍忠状写[14]）、「於二大渡橋上一自身被レ疵」（足利尊氏感状案[15]）、「大渡橋上御合戦」（山内通継軍忠状写[16]・山内通継子息土用鶴丸通知代官時吉本領安堵申状案[17]）などが見出せる。また、神宮徴古館本『太平記』、京大本『梅松論』、陽明文庫蔵慶長古活字版『保暦間記』などにも、この日、義貞が同地で敗れたことが詳細に記されており、併せて、これらの諸史料から、この前後、足利軍は八幡に、そして、新田軍は山崎に、それぞれ陣取り、淀川（淀大渡・大渡橋）を隔てて対峙していたことも推断される。

㋑「観応二年之正月十日、亦至二同橋陣一、為レ相二向凶徒一所レ加二誅戮一也」は、観応二年（一三五一）正月十日に尊氏

が「凶徒」を大渡橋陣で撃破せんことを願っているという内容である。この「凶徒」が尊氏の弟・足利直義であることは当時の状況（観応の擾乱）から見て明らかで、[18] 事実、『園太暦』同年同月同日条・十一日条・十二日条、『観応二年日次記』同月十一日条などからもそれは確認される。また、これらの諸史料から、当時、尊氏は山崎に、そして、直義は八幡にそれぞれ陣取り、淀川（淀大渡・大渡橋）を隔てて対峙していたことも判明する（なお、建武年間とは尊氏の陣地が入れ替わっていることに注意したい）。すなわち、この日、尊氏は水無瀬神宮の近くに在陣していたのであり、かくして、今度もそこ（大渡橋）で勝ちを得べく、神宮への戦勝祈願を行ったものと捉えられるのである。

ここで気になるのが、建武三年に尊氏が本当に水無瀬に祈願したか否かである。換言すれば、尊氏は、義貞に勝利できたのは後鳥羽上皇の御加護のおかげだとしているが、これは「偽り」ではないだろうか、ということである。というのも、史料4を注意深く読めば、尊氏がこのとき神宮に願文を納めたとは一言も書いておらず、そもそもそのような願文自体存在していない上に、同年に尊氏が祈願したことが明らかなのは、水無瀬神宮ではなく、石清水八幡宮だからである。

〔史料5〕足利尊氏寄進状（「大和文華館蔵（中村直勝氏旧蔵）」[19] 小松茂美『足利尊氏文書の研究』二 図版編、旺文社、一九九七年、四二頁）

奉レ寄　石清水社、

播磨国福田保地頭職事、

右、今度挙二義兵一之本意者、義貞（新田）已下之逆臣、就レ事讒邪、黎庶方外之生民、幾如レ欲レ亡、因レ茲諸国令二鼓動一、四海不二砥属一之間、速撥二華夏之乱一、将レ致二朴素之治一也、爰尊氏（足利）、苟稟二当社之廟塵一、憖備二武開〔弁〕之棟梁一、依レ有二神之加被一、大功不日而成矣、遂志軼二太半一、依レ有二人之帰伏一、諸将不レ期而会焉、者既及二数万一、然間、且撫二士繂〔卒〕

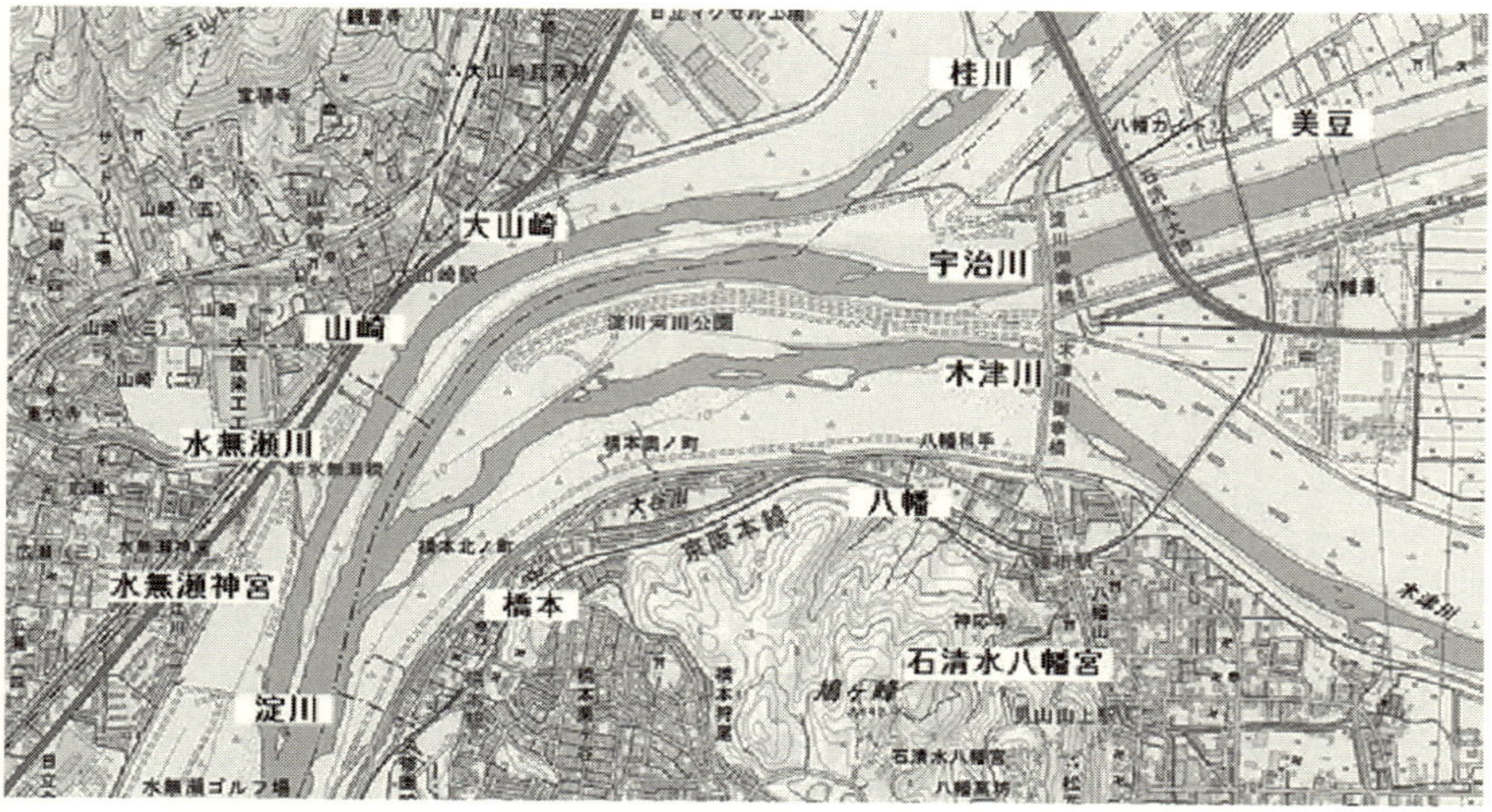

水無瀬神宮とその周辺（地理院地図電子国土WEBをもとに作成した）

於軍門一兮、為レ決二勝於千里之外一、且謝二神徳於戦場一兮、為レ保二運於億載之末一、於二美豆大渡陣一、以二播州福田保一、寄二附毎日大般若転読之料足一、奉レ貢二奕代常不退法楽之威光一、仍寄進之状如レ件、

建武三年正月八日　源朝臣（足利尊氏）（花押）

これこそ、建武三年、対新田戦を前に尊氏が発給した文書であり、宛所は石清水である。振り返ってみれば、このとき、尊氏は八幡に在陣していたのであり、敵のいる対岸ではなく、自らに至近の八幡宮に祈願するのが普通である。要するに、尊氏は、八幡に在陣した建武年間には石清水に、山崎に在陣した観応年間には水無瀬に、それぞれ戦勝を祈願していたわけである。したがって、建武三年に尊氏が敵方ひしめく対岸の水無瀬にも祈願していた蓋然性は限りなく低いといわざるをえない。よって、史料4に建武年間における神宮崇拝の話が見えるのは、尊氏による「捏造」の疑いが濃厚であろう。つまり、尊氏にとって水無瀬とは、そのときたまたま近くにあったといった関係以上のものではなかったと思しく、事実、願文発給という点から見ても、それ以降、義教に至るまで、足利氏と神宮との関係は全く切れてしまうのである（この点は次節でも確認する）。

要するに、義教以前、京都足利氏と水無瀬神宮とは、願文発給という点に関していえば、決して特別な間柄にあったというわけではなかったのであり（この点、先行研究では往々にして、足利氏と水無瀬とは常に深い関係にあったと捉えられがちであったが、再考を要するであろう）、それを一変させたのが、（次節の結論を先取りすれば）永享の乱だったということになる。

以上、尊氏願文（史料4）を掲出し、その内容を逐次検討してきた。願文発給という点からすると、京都足利氏と水無瀬神宮とは尊氏の時代にこそ関係はあったものの、以後両者が緊密な間柄にあったとは決していえず、関係の再構築は義教の時代を俟たねばならない。だが、義教による水無瀬への願文発給はどうやら、必ずしも同時代人から積極的には受け入れられていなかったようである。それにも拘わらず、なぜ義教は神宮への願文発給を断行したのであろうか。次節では、このあたりの問題も含めて、これまで述べてこなかった水無瀬神宮それ自体についても言及しつつ、両者の関係とその変化を見てみよう。

三　転換点としての永享の乱―よみかえられる尊氏願文、よみがえる将軍-神宮関係―

本節では、京都足利氏と水無瀬神宮との関係及びその変化について検討する。

まず、足利尊氏願文（史料4）・足利義教願文（史料1）が発給された水無瀬神宮について、これまで特には述べてこなかったので、その地理的・歴史的環境を整理・確認しておきたい（以下、主に『日本歴史地名大系』、『角川日本地名大辞典』などによる。併せて、前掲地図も参照されたい）。

神宮は、摂津国最北部、今の大阪府三島郡島本町広瀬に位置する。周囲の地形を見渡すと、北は摂津・山城国境の山崎・山城国大山崎、東は桂川・宇治川・木津川の三川が合流して淀川となり（西からは水無瀬川も接続する）、川の向こうは山城国橋本・八幡などという、交通の要衝・国境河川地帯にあたる重要なエリアが広がっており、その一角に水無瀬神宮は存在する。神宮は、後鳥羽上皇によって創建された離宮水無瀬殿の故地に立ち、上皇の菩提を弔うべく、上皇の近臣であった水無瀬氏が跡地に屋敷を構え、氏が邸内に「御影堂」を建立したのに始まるという。以後、ときの公武の有力者たちから庇護を受け、近代になって「水無瀬神宮」と改称し現在に至る（なお、煩雑さを避けるため、本稿では「水無瀬神宮」と表記する）。

そのような地理的・歴史的に由緒のある水無瀬神宮であるから、尊氏や義教が願文を納めたのも道理であると我々には感じられるが、しかし、当時の人間は必ずしもそうは思っていなかったらしい。むしろ、足利氏が神宮に願文を納めることを訝しんですらいたようなのである。それを示すのが、次の史料である。

〔史料6〕『建内記』嘉吉元年九月一日条

一日、（中略）室町殿（足利義勝）御童名ちやゝゝと申ス、ⓐ今度先日事也諸社伊勢・石清水・賀茂・春日・広田・住吉・日吉・北野ⓑ幷水無瀬（後鳥羽院）御廟御願書ニ千也茶丸ト奉レ載レ之、為清卿（五条）草ヲ二進之一、（中略）是、赤松（父）満祐法師幷教康（子）退治事御願也、ⓑ先度関東退治之時、此九ケ所被レ進二御願書一其例也、八ケ社者無二子細一、水音（無）瀬御廟事如何、ⓒ関東之時、自二水無瀬一進二等持院殿（足利尊氏）御願書一申二先例之由一、仍被レ進了、ⓓ等持院殿御時者、於レ淀与二新田中将（義貞）一合戦之時、就二近所一御祈念、打勝給之間、其後又合戦之時、被レ進二御願書一、又打勝給了、其時者近所之謂歟、今者無二其寄一歟、而（普広院殿）関東之時、被レ進レ之、以二其佳例一、当時又如レ此之由、為清卿所二蜜語一也、此御願書事隠密云々、

本史料は、嘉吉元年（一四四一）に万里小路時房が記したもので、義教暗殺後、将軍職を継承した足利義勝（義教子）が謀叛人赤松氏を成敗すべく行動を起こしていた（願文を発給した）ときの状況が描かれている部分であるが、ここに

足利氏と水無瀬との関係、そして、それに対する周囲の反応がかなり詳しく（史料には「蜜語」「隠密」とあるほど赤裸々に）書かれているのである。なお、本記事は「為清卿所二蜜語一也」と、儒家五条為清が記主時房に語ったものであるが、為清は「為清卿草二進之一」（中略部分には「件御願書、為清卿即草レ之清二書之一」ともある）と、義勝願文発給に深く関係していた（願文の草案を作成・進上し、清書もしている）人物であるだけに、その情報内容は基本的に信頼できると見てよい。そのことを踏まえた上で、以下、ⓐ～ⓓの順に一つずつ分析していこう。

ⓐ「今度（先日事也）諸社（伊勢・石清水・賀茂・春日・広田・住吉・日吉・北野）并水無瀬《後鳥羽院》御廟御願書」は、義勝が赤松征伐の際、願文を納めた九つの神社を記した部分である。ここで注目されるのが、伊勢神宮以下の八社と水無瀬神宮とが別個に書かれているということである。すなわち、伊勢以下のいわゆる「二十二社」（国家の重大事・天変地異に際し、朝廷から奉幣された二十二の神社）に対し、水無瀬だけが特例であることが、ここからははっきりと窺うことができるのである。それを裏付けるのが、次のⓑである。

ⓑ「先度関東退治之時、此九ケ所被レ進二御願書一其例也、八ケ社者無二子細一、水音《無》瀬御廟事如何」は、義教が足利持氏征伐の際、願文を納めた九つの神社に関して述べた部分である。興味深いのは、先の伊勢神宮以下の八社は「無二子細一」（問題ない）とされる一方で、水無瀬神宮だけが「如何」と疑問視され、その理由如何が問われていることである。つまり、ここから、当時の人々にとって有事に際しての「二十二社」への願文発給・祈禱依頼は普通のことであったが、水無瀬へのそれは必ずしもすんなりと受け入れられるものではなかったということが明瞭に分かるのである。逆にいえば、それだけ義教には水無瀬神宮に対する何か特別の思い入れがあったのではないか、ということが推測されるわけであるが、その《足利尊氏》あたりの事情を窺わせるのが、次のⓒである。

ⓒ「関東之時、自二水無瀬一進二等持院殿御願書一申二先例之由一、仍被レ進了」は、義教願文（史料1）の発給の経緯が語

られた部分である。ここでは、水無瀬神宮（水無瀬氏。具体的には水無瀬季兼）の方から義教のもとに尊氏願文（史料4）を持参し、そして、その願文が何かの先例だと認められた結果、義教願文が出されるに至ったということが記されている。つまり、発給の経緯としては、何よりもまず水無瀬側からの働きかけがあった[20]ということがここに明確化するのである。換言すれば、足利氏側にとって有事に際しての願文発給対象としての水無瀬神宮の存在は既に忘れられていたといっても過言ではないのであり、事実、「水無瀬神宮文書」の中には、尊氏以降、義教に至るまで、足利氏発給の願文は見られない。

このように、義教願文発給の経緯は水無瀬側（下側）の尽力にあった。とはいえ、水無瀬の努力だけで物事が進むほど政治は生易しいものではなかろう。最終的に願文発給を決断したのは義教側（上側）だったからである。したがって、義教にとっての水無瀬神宮の位置というものも、また当然に考えてみなくてはならない。そこで鍵となるのが、水無瀬による義教説得の論理（換言すれば、義教納得の論理）、すなわち、先にⓒで見たところの「先例」という言葉である。では、この「先例」とは果たしていかなる意味で使われているのだろうか（尊氏願文の一体何が「先例」なのか）。そこで、最後にⓓを見よう。

ⓓ「等持院殿御時者、於レ淀与二新田中将（義貞）一合戦之時、就二近所一御祈念、打勝給之間、其後又合戦之時、被レ進二御願書一、又打勝給了、其時者近所之謂歟」は、尊氏願文（史料4）の発給の経緯が語られた部分である。その内容の検討については、既に前節の尊氏願文分析の箇所で行っているので、ここで繰り返すことはしないが、確認すべきは、観応二年（一三五一）、大渡橋での対足利直義戦を前に出された尊氏願文が、建武三年（一三三六）の同所（ここでは「淀」とも表記されている）での対新田義貞戦勝利という土地に根差した記憶に基づいて発給されていたということである（ここでは「其時者近所之謂歟」と的確に表現されている）。換言すれば、大渡橋で勝った、これこそ尊氏の求めた「先例」な

のであった（今度もそこで勝つために）。

これに対して、観応年間の尊氏願文を直接の佳例として、永享十年（一四三八）、対持氏戦を前に出された義教願文が、大渡橋での勝利という文脈とは完全に切り離されているということは明らかである（敵は関東にいるし、史料6にも「今者無二其寄一歟、而関東《普広院殿》之時、被レ進レ之」と表記されている）。つまり、水無瀬が主張し、義教も首肯した（義教の求めた）「先例」とは、場所に関すること（どこで勝ったか＝大渡橋で勝った）では全くない。となれば、「先例」といえるものはもはや一つしかない。それは、尊氏が直義を打倒しようとし、結果それに成功したという対同族戦勝利の記憶である。(21) 換言すれば、人に関すること（誰に勝ったか＝直義に勝った）、これこそ水無瀬側が提起し、義教側も受容した（義教の求めた）「先例」なのであった（持氏に勝つために）。そして、そのことは既に義教願文（史料1）傍線①にも明記されていた。すなわち、「爰関東凶徒、忽忘二宗族之恩一、而挿二狼戻心一」と。顧みれば、義教の対持氏戦とは、本格的な対同族戦争という点で、尊氏の対直義戦以後絶えて久しい出来事であった。

こうした事態に、水無瀬側は神宮へ願文を納めた（水無瀬の神威を仰いだ）ことによって、「尊氏が大渡橋で勝った」という話（尊氏願文の本来の眼目はそこにあった）を、如上の行為によって「尊氏が直義に勝った」という話へと論理転換させて義教に臨み（神宮への願文発給を要求し）、義教側も同族征伐の先例として水無瀬の主張を積極的に受け入れ、ここに、約九十年振りに京都将軍家の水無瀬神宮への願文発給は復活を遂げたのであった。水無瀬の発想の転換の勝利と見做せよう。(22)

そして、今度はこの義教のケースが佳例となって、京都足利氏と水無瀬神宮との関係は（願文発給という点で）息を吹き返していく。

例えば、史料6に「而関東《普広院殿》之時、被レ進レ之、以二其佳例一、当時又如レ此」などとある如く、義教暗殺後、将軍義勝は文書様式・内容ともに尊氏願文（史料4）・義教願文（史料1）を踏襲した願文を水無瀬神宮に納めている[23]。そして、そこにおいて赤松氏の罪状を、

爰前大膳大夫源満祐（赤松）法師・其子教康等、忽忘㆓累代厚顧之恩㆒、而挿㆓狼戻心㆒、不㆑顧㆓無道乱逆之罪㆒、而犯㆓梟悪行㆒、

と述べているのである。これなどは史料1で見た義教による持氏糾弾の口振り（「爰関東凶徒、忽忘㆓宗族之恩㆒、而挿㆓狼戻心㆒、動背㆓藩屏之約㆒、而成㆓梟悪企㆒」）とほとんど軌を一にしているが、しかし、赤松氏のことは代々の家臣として扱う一方で、持氏のことは自らを守る同族として位置付けている点（史料1）、京都足利氏の対関東足利氏認識の特徴を改めて確認することができる。

では、なぜ家臣を成敗するはずの赤松征伐で願文は出されたのだろうか（なお、願文が出されたのは八月十七日のことである）。実は、赤松氏は義教暗殺後、七月の段階で既[24]に足利義尊という人物（足利直冬末裔）を自らの新たな将軍・公方として擁立しており[25]、その義尊の動きについては幕府側も警戒を怠らない[26]など、足利―赤松体制は存外無視しえない力を有していたものと思しい。つまり、赤松征伐には、義尊打倒という同族征伐（対同族戦争）との側面も含まれていたわけであって、結果、義勝は水無瀬神宮に願文を納めたものと解されるのである（なお、義勝は当時八歳であったから、実際には細川氏ら幕閣の判断であったろうことはいうまでもない）。

また、その後も、足利義政[27]・足利義晴[28]がそれぞれ水無瀬に対し願文を納めたことが知られる。長禄四年（一四六〇）の義政願文は「廟堂鳴動」（水無瀬神宮の鳴動）に対応したもので、対同族戦争から願文の使途が拡大していることが注目されるが[29]、大永八年（一五二八）の義晴願文は、近江公方義晴が堺公方足利義維（細川晴元・三好元長らに擁立されて四国阿波から畿内に進軍。それに対し、義晴・細川高国らは近江へと動座[30]）を「南海道凶徒」としてその「頓伏」を祈って水無瀬の神威を仰いだものであり、対同族戦争に際しての願文発給としては先例に適っており（この点、義晴・義維両

者が大渡橋を隔てて対陣していたという事実は窺えず、やはり願文発給と大渡橋という土地の記憶とは切断されていたことも確認できる）、文書様式・内容ともに尊氏願文（史料4）・義教願文（史料1）・義勝願文を踏襲している。すなわち、義晴もまた、義教の時代に創られた伝統に則っていたわけである。

このように、自らの後裔、戦国期の将軍たちをも拘束した京都足利氏―水無瀬神宮の関係を新たに創り上げたのは、室町期の義教と水無瀬であり、とりわけ、時代に合わせて尊氏願文の解釈変更（大渡橋合戦での勝利という文脈から、対同族戦争での勝利という文脈へ）を図った水無瀬の功績は大きいといわねばならない。そして、その「時代」とは永享の乱のことであったのであり、ここに、乱が畿内の宗教世界・地域社会にまで与えた有形無形の影響力を見ないわけにはいかないのである。

以上、京都足利氏と水無瀬神宮との関係を語った『建内記』嘉吉元年九月一日条（史料6）を掲出し、その内容を逐次検討することで、両者の関係とその変化を分析してきた。

おわりに

以上、三節にわたって京都足利氏と水無瀬神宮との関係を検討してきた。以下、両者の関係を中心に、「はじめに」で述べた東国から西国への影響、或いは、京都足利氏から見た関東足利氏の姿など、東西の枠にとどまらない新たな論点と思われることや、論じ残した点も拾いながら、各節の内容を改めて整理・確認しておこう。

第一節では、本稿の基本となる足利義教願文を分析した。結果、同願文は永享の乱によって水無瀬神宮に出されたもの（義教にとって願文の主眼とは「足利持氏に勝つ」というもの）であったこと、義教による持氏断罪の論理は、⑴同族なのに裏切った、(2)「藩屏之約」(関東公方家が京都将軍家をお守りするとの約束)に背いた、の二点であったこと、義教願文は第二節で見た足利尊氏願文を先例としていたことなどを指摘した。また、(2)に関して、義教が持氏を下に見ていた(少なくとも、同格とは見ていない)ことに触れ、京都将軍側の関東公方認識と、関東公方側の自己認識とが齟齬していたであろうことを述べた。関東足利氏については古くから、東国国家(政権)の国王(首長)か、それとも、幕府地方支配機関(中間行政庁)の長官か、といった議論が繰り返しなされてきているが、持氏に対する義教の意識は後者であったものと思われる。(31) なお、(1)に関して、同族であるにも拘わらず裏切った、といった論理が持氏の罪状の筆頭にきているのは、第三節の検討結果からすると、水無瀬による主張の反映であり、それは神宮が尊氏願文を永享の乱に即して読み替えた産物であったものと考えられる。

第二節では、義教願文発給の前提となった尊氏願文を分析した。結果、建武三年(一三三六)、尊氏は大渡橋で敵方(新田義貞)に勝ったこと(但し、このときは水無瀬神宮ではなく、自陣たる八幡近くの石清水八幡宮に戦勝祈願をしていた)、観応二年(一三五一)、尊氏は再び大渡橋で敵方(足利直義)と戦う羽目になったこと、そこで、今度もその場所で勝ちを得べく、過去の大渡橋での勝利という土地の記憶に基づき、自陣たる山崎近くの水無瀬神宮に戦勝祈願の願文を納めたことなどを指摘した。つまり、尊氏にとって願文の主眼とは「(再度)大渡橋で勝つ」というものであり、水無瀬にとってもその願文の意義とは(神宮の神威を仰いだことで)「(結果として)尊氏が大渡橋で勝った」というものであったと捉えられる。逆にいえば、願文発給に関し、足利氏と水無瀬とは、「大渡橋(での勝利)」という一点でしかつながっていない脆弱なものであったと見做すことができる。

第三節では、京都足利氏と水無瀬神宮との関係を語った『建内記』嘉吉元年(一四四一)九月一日条を分析し、両者の関係及びその変化を検討した。結果、足利氏は水無瀬への願文発給を尊氏以降行っていなかったこと(なお、その背景としては、足利氏が大渡橋で敵方と戦うというシチュエーションがなくなったことが想定される）、そのくらい、願文発給という点で、将軍と神宮とは疎遠となっていたこと、だが、永享の乱（義教による対持氏戦）が勃発すると、水無瀬側は所持していた尊氏願文を乱に合わせて解釈変更し、神宮へ願文を納めた（水無瀬の神威を仰いだ）ことで「尊氏が大渡橋で勝った」という話を、如上の行為の結果「尊氏が直義に勝った」という話に論理転換した上で、義教に神宮への願文発給を働きかけたこと、義教側も尊氏による対直義戦以後絶えて久しかった本格的な同族征伐（対同族戦争）の開始という新事態を受けて、水無瀬の提案を承認したこと、かくして、尊氏以来約九十年振りに神宮への願文発給がなされたこと、すると、今度はその義教願文が新たな先例となって、戦国期、将軍（義教の末裔たち）による神宮への願文発給が見られたことなどを指摘した。その上で、水無瀬神宮にとって、京都足利氏との関係上、永享の乱が一つの大きなターニングポイント（転換点）となっており（水無瀬による願文の論理転換と、それに基づく将軍―神宮の歴史の転換）、乱が（東国のみならず）西国の宗教世界・地域社会にも少なからぬ影響を与えていたことを見通した。

本稿は、「水無瀬神宮文書」の中の足利義教願文という一点の史料を、関連史料と併せ、可能な限り読み解いていくという作業を通して、中世（室町期）、東国（永享の乱）が西国（京都足利氏と水無瀬神宮との関係や神宮の歴史）に与えた影響（転換点としてのそれ）や、西（将軍足利義教）から見た東（公方足利持氏）の姿（「藩屏」としてのそれ）などについて検討してきた。とはいえ、永享の乱時における治罰綸旨や錦御旗との関係など、残された課題も多い。列島東西（南北も）のさらなる研究はいうまでもないが、一つの史料から始めてそこからどれだけ有意な情報を引き出していけるのか、これについても今後、模索を続けていきたいと思う。

註

（1）なお、杉山氏の指摘以前、戦国期（応仁・文明の乱前後以降）の東西関係及びその連関については家永遵嗣『室町幕府将軍権力の研究』（東京大学日本史学研究室、一九九五年）が貴重である。

（2）渡辺世祐『関東中心足利時代之研究』（雄山閣、一九二六年）四八一～四九二頁。

（3）『看聞御記』永享十年九月二十二日条。但し、同日条によって、将軍親征自体は思い留まったということが分かる。

（4）足利持氏血書願文（「鶴岡八幡宮文書」『神奈川県史』資料編三上、九七八頁）。

（5）そもそも、水無瀬神宮関係の研究自体が遅れているという（戸田靖久「水無瀬御影堂の宗教的運営体制」『人文論究』五九―四、二〇一〇年、三九～四〇頁）。本願文につき、東国史では、戦前、渡辺世祐『関東中心足利時代之研究』（雄山閣、一九二六年）四九一～四九二頁が、それを挙げる程度にとどまっている。東国史以外では、やはり戦前、中村直勝「天皇と国史の進展」（同『歴代天皇紀』淡交社、一九七八年。初出一九三四年）一七四～二〇五頁が、それを含む水無瀬神宮とその文書について解説を加えているが、検討は不十分で、追究の余地を大幅に残している。

（6）大覚寺義昭軍勢催促状写（「新編島津氏世録支流系図 樺山氏一流第二」『鬼束家文書』図版第一九）。

（7）京都大学附属図書館所蔵谷村文庫本『難太平記』（京都大学電子図書館貴重資料画像を利用した）。

（8）『鎌倉大草紙』（『新編埼玉県史』資料編八 中世四 記録二、五三頁）。以下、頁数のみ表記する。

（9）渡辺世祐『関東中心足利時代之研究』（雄山閣、一九二六年）三三二～三三七頁。

（10）『鎌倉年中行事』（『日本庶民生活史料集成』二三、七六九頁）。

（11）佐藤博信「鎌倉府についての覚書」（同『中世東国の支配構造』思文閣出版、一九八九年。初出一九八八年）三～二六頁。

（12）網野善彦『東と西の語る日本の歴史』（講談社、一九九八年。初出一九八二年）、赤坂憲雄『東西／南北考』（岩波書店、二〇〇〇年）など。

(13)「諸家文書纂所収野上文書」『南北朝遺文』九州編一、二三五頁。

(14)「鎮西古文書編年録所収戸次古文書」『南北朝遺文』九州編一、一七五頁。

(15)「筑後大友文書」『南北朝遺文』九州編一、二五四頁。

(16)「長門山内首藤家文書」『南北朝遺文』中国四国編一、一一六〜一一七頁。

(17)「長門山内首藤家文書」『南北朝遺文』中国四国編一、二二四〜二二五頁。

(18)『島本町史』本文編（島本町、一九七五年）二四二頁。

(19) 元々は石清水八幡宮旧蔵であった（小松茂美『足利尊氏文書の研究』三 解説編、旺文社、一九九七年、一〇七頁）。

(20) 但し、その前提として義教との間にいかなるパイプがあったのかということについては現状見出せていない。今後の課題としたい。

(21) なお、永享の乱（東西対決）に際し水無瀬神宮（後鳥羽上皇）に祈願したことから、承久の乱（東西対決）を先例としたのではないかとの指摘があるかもしれない。しかし、同乱は東が西に勝利したもので、しかも、後鳥羽上皇は敗北したその人である。その上、義教は尊氏を先例としたことが明らかである。よって、この可能性はないであろう。

(22) 義教願文発給に伴って、神宮が名声や富を獲得したであろうことはいうまでもない。なお、本格的な対同族戦争といえば、尊氏・足利義詮と足利直冬との対決が知られ、尊氏・義詮は直冬の京都進軍を前に（直冬の動きについては瀬野精一郎『足利直冬』吉川弘文館、二〇〇五年を参照）、水無瀬神宮に対し天下静謐祈禱依頼を行っていることが「水無瀬神宮文書」の中から確認できる（足利尊氏御判御教書〈三三六頁〉・足利義詮御判御教書〈三三六頁〉）ものの、願文は見られない。つまり、この時点では、尊氏願文の解釈変更（同族征伐の先例としての）は行われていない（因みに、大渡橋での直接対決なども、管見の限り、確認できず、願文発給のための要件も満たしていない）。なお、「水無瀬神宮文書」

の中の足利氏による祈禱依頼は、その後、義教願文発給以前、①足利義満御判御教書（三四二頁）・②足利義持御判御教書（同）・③足利義教御判御教書（三四四頁）の三点が確認される。①（応永六年）は応永の乱（大内義弘の乱）に際してのものであるが、同乱では大内氏が関東公方足利満兼を擁立しており（桜井英治『室町人の精神』講談社、二〇〇一年、四五～六二頁）、大内征伐には、満兼打倒という同族征伐（対同族戦争）との側面も含まれていた（とはいえ、本格的な対公方戦にまでは至らず）。だが、願文発給は見られず、やはり、尊氏願文を論理転換するまでには至っていない。②（応永十五年）は地震に際してのもの（『大日本史料』応永十五年十一月十日条）、③（永享六年）は山門との抗争に際してのもの（桜井前掲書、一六四～一六八頁）であろうが、いずれも願文発給という話ではない。願文発給は永享の乱を俟たねばならない。

(23)「水無瀬神宮文書」三四五頁。

(24)『建内記』嘉吉元年七月十七日条、『東寺執行日記』同月十八日条。

(25)水野恭一郎「嘉吉の乱と井原御所」（同『吉備と京都の歴史と文化』思文閣出版、二〇〇〇年。初出一九九二年）四七～六七頁、大島千鶴「備中井原荘と足利直冬の末裔たち」（『井原市史紀要・井原の歴史』四、二〇〇四年）一三～二四頁。

(26)『建内記』嘉吉元年八月二十一日条。

(27)「水無瀬神宮文書」三四七頁。

(28)「水無瀬神宮文書」三五四頁。

(29)神宮鳴動に際し、将軍家が祈禱依頼を行っていることは、「水無瀬神宮文書」の中から確認できる（足利尊氏書状〈三三七頁〉・足利義詮書状〈三三七～三三八頁〉・足利義尚御判御教書〈三四七頁〉）が、願文は義政のもののみである。他方、義政が対足利成氏戦（享徳の乱）で水無瀬に願文を発給した形跡はなく、長禄二年に天下安泰祈禱依頼をしたのみである

〈足利義政御判御教書〈三四六頁〉〉が、その理由は不明である。なお、鳴動については西山克「物言う墓」（東アジア恠異学会編『怪異学の技法』臨川書店、二〇〇三年、三五二〜三六〇頁）も参照。

（30）今谷明「細川・三好体制研究序説」（同『室町幕府解体過程の研究』岩波書店、一九八五年。初出一九七三年）三九七〜四〇九頁。

（31）この点、満済の東国＝分国外との発言から、伊藤喜良氏は幕府側も鎌倉府側を「幕府の中間行政機関とはみなさず、むしろ東国政権と認識していた」と指摘し（「室町期の国家と東国」同『中世国家と東国・奥羽』校倉書房、一九九九年。初出一九七九年、一四八頁）、和氣俊行氏も「室町期においては、東西を問わず関東府は幕府と並び立つ存在であるとの共通認識があ」ったと結論しているが（「中世後期における御内書の定義について」『法政大学大学院紀要』五四、二〇〇五年、二二〇頁）、義教の「藩屏」との認識からは、いずれもやはり再考の余地があるのではなかろうか。

【付記】本稿は平成二十七年度・同二十八年度科学研究費補助金（特別研究員奨励費）による研究成果の一部である。

武士乗輿論ノート
――十四・十五世紀の関東における事例を中心に――

久保　賢司

はじめに

本稿は、十四・十五世紀の関東における、武士による輿の使用状況について検討するものである。ところでタイトルに、武士、乗輿、十四・十五世紀、関東といった用語が並んでいることに、違和感を持たれたのではないだろうか。特に乗輿即ち輿の使用（乗用）といえば、一般的には、平安時代、京都、公家社会におけるもの、平時の乗物とイメージされるのではないだろうか。加えて輿といえば、今日でも「玉の輿」等と使用されるように、女性に関わるものとイメージされがちだろう。一方、十四・十五世紀の関東といえば、南北朝の内乱、幕府との争い、享徳の乱、所謂戦国時代の幕開け、戦乱の世といったイメージが強いだろう。また当時の武士についても、修正はされつつあるが、時代を遡る存在である「鎌倉武士」のイメージから、平時は質素・倹約を旨とし、先祖伝来の一所懸命の地を守る在地に根差した存在で、〝いざ鎌倉〟の状況となれば、騎馬武者とも称されるように、甲冑を身に纏い馬に乗って出陣し戦場で華々しく戦う、猛き〝もののふ〟といった捉え方がなされがちだろう。

こうしたことから、武士が輿を使用することへの研究者の関心は低く、ややもすると否定的な評価がされがちで、研究自体も、京都における事例の検討が中心であった。代表的な研究として、足利将軍家や上級武家衆における乗物（牛車・輿）の使用・規制状況等を明らかにした二木謙一氏や、主として京都の武家社会における乗物と路頭礼の関係や公武の身分秩序の関係を考察した桃崎有一郎氏の研究を挙げることができ、櫻井芳昭氏による概説書も刊行されている(1)。

こういった研究状況から、当該期の関東における武士による輿の使用状況等を検討することは、意義あることと考える。ただ対象となる乗物に関しては、記録や故実書に記される場合が多く、そうしたもの自体が僅かな関東においては、政権上層部におけるものが主とならざるを得ない。そのため、鎌倉公方（基氏～成氏）及び古河公方（成氏）とその周辺の事例の検討が中心となることを予め述べておきたい。

一　京都などにおける輿の使用状況

まず、室町幕府体制下の京都における乗物の使用状況を、前掲の諸先学の研究を参照しながら見ていきたい。

京都の公家社会では、天皇出行の際には輦輿が用いられ、臣下（基本的には五位以上の公卿・殿上人ら）の料は車（牛車）とされ、洛中は牛車、洛外への出行や遠出には輿を用いていた。鎌倉時代において、上洛した御家人らは公家社会の影響を受け、洛中で牛車に乗るようになったが、幕府は次のような法令等により乗車行為を禁じている。

〔史料1〕「関東御教書」（『鎌倉遺文』八、五五三四号）

在京御家人乗車横行洛中、所従済々、其躰不穏便之間、可然出仕之時、無骨之由有其聞、事実者尤不穏便、早可停止之旨、可令下知給也、兼亦関東御家人中過差事、可被停止也、可被存其旨之状、依仰執達如件、

延応二年三月十八日　　　　　　　　武蔵守

相模守殿

〔史料2〕「弘長元年二月三十日カ関東新制條々」（『中世法制史料集』一、二一一頁）

一、在京武士乗車横行洛中事

可停止之由、御下知先畢、而近年多違犯之由有其聞、仰六波羅、可令禁制也、

一、鎌倉中乗輿事

一切可停止之、但殿上人以上并僧侶者、非制限、又雖御家人等、年六十以上可許之矣、

一、可停止凡下輩騎馬事

雑色、舎人、牛飼、力者、問注所、政所下部、侍所小舎人以下、道々工商人等、鎌倉中騎馬、一切可停止之矣、

また、史料2にあるように、鎌倉時代中期以降の鎌倉においては、輿は、殿上人以上、僧侶、そして六十歳以上の御家人に限って使用が認められていた。一般の御家人は騎馬で移動していたようである。

鎌倉幕府滅亡後、京都に幕府を開いた足利氏は、朝廷の官位を得て昇進したことから、廷臣の性格も持ち、公家社会の規定や慣例に従う必要が生じるようになった。その結果、晴の行事へは牛車にて出行している。例えば、康永四年（一三四五）八月の山城国天龍寺供養の際に、尊氏・直義兄弟及び吉良満義は牛車を使用しており、斯波高経は輿を使用している。また延文二年（一三五七）九月の天龍寺参詣時に、尊氏・義詮父子は輿を使用している。(2)

このように、京都において足利氏は牛車や輿を用いていたが、地方でも武士が輿を使用していたことを示す史料が存在する。

〔史料3〕「行妙長江重景妙応寺制法」（『中世法制史料集』四、八四頁）

於妙応寺末代制法置文事
一、引客人入風籠事
一、引客人飲酒事
一、蹴鞠事
一、居鷹幷引鷹犬入寺門事
一、乗打、乗輿事
右、於向後停止之、若行妙於子孫之中幷一族若党之中、於背此旨輩、行妙跡謂段歩不可知行之、仍置文制法之状如件、

至徳元年後月(閏九月)十六日　　行妙(花押)

この史料は、至徳元年(一三八四)閏九月十六日に、美濃国の長江重景(行妙)が記した置文であるが、妙応寺において自らの子孫・一族若党が為すことを禁じる事柄を列挙している。そこには、乗馬にての寺内乗り入れとともに、輿にての乗り入れを禁じることが記されている。これにより、十四世紀後半の長江氏領においては、少なくとも領主の長江氏は乗馬に加えて乗輿にても移動していたことが判明する。輿に乗ることが、地方(在地)においても受容されていたことを示すものである。

加えて注目すべきは、所謂武士的な鷹狩りにも繋がる鷹に関する禁止規定とともに、寺内における蹴鞠の禁止が挙げられていることである。これは、長江氏周辺で蹴鞠が行われていたことを示すものであり、その素養を持っていたことは確かだろう。このように、乗馬や鷹に関することに加えて乗輿や蹴鞠についても禁止の対象となっていることから、長江氏は文と武の二つの側面を持っていたと考えて良いだろう。

さて、足利氏の牛車による出行は、応仁の乱以降、整備された街路が失われたことや、経済的な負担が大きかったこと等から、義尚によるものが最後となったようで、義材以降は出行時の乗物は輿のみとなった。一方で、上級武士層も含む輿による出行が目立つようになり、十五世紀の終わり頃までには、乗輿に関する規定や故実が成立したようである。それらを次に見ておきたい。

〔史料4〕『宗五大草紙』（『群書類従』二二、六一一頁）

人によりてこし御免候、三職其外御相伴衆、吉良殿、石橋殿など同前、御免のさたなくめし候、御相伴衆の内にも赤松殿、京極殿、大内殿御免候て被乗候、土岐殿、六角殿同前、又細川右馬頭殿、勢州代々御免候、評定衆同前、奉行も式しやうの出仕の時こしにのられ候、

『宗五大草紙』は、伊勢氏庶流の下総守貞数の子の貞仍（貞頼とも、宗五）が、享禄元年（一五二八）七十四歳の時に著したものであるが、およそ十五世紀後半以降における故実を纏めたものとされ、質・量ともに群を抜いた故実書の白眉と言われるものである。

これによると、京都では「御免」即ち室町殿の許しがなくても乗輿できたのは、三管領家（斯波・細川・畠山）と一部の御相伴衆、吉良・石橋といった御一家に限られており、御相伴衆の内でも赤松・京極・大内の各氏は御免を得る必要があった。その他の有力守護（国持）の土岐・六角両氏や、御供衆上位の細川右馬頭（典厩家）や政所執事伊勢家当主、そして評定衆も御免を得る必要があった。奉行衆については、式正の出仕という儀礼的な側面の強い出仕の時に限って、乗輿が許されていたようである。

次に、延徳二年（一四九〇）から永正十八年（一五二一）の死去まで政所執事を務めた伊勢貞陸により著された『常照愚草』の記述を掲げる。

〔史料5〕『常照愚草』（『続群書類従』二四下、一一二頁）

ぬりこし御免の事、三職ハ不及御免、其外国持并大名など乗つけられ候、家々代替の時御免を申されしなり、其時はすたれを上て乗用也、大名国持にても無之衆ハ、御免申上候ても、すたれをおろしても乗用也、奉公方ハいかに分限ありとも、乗用候事は無之、所労などの時いたこしニ、すたれをろし乗る事は法外、非制限なり、入道ニては不及御免由候へともいか〻候哉、赤うるしにもこき赤うるし、くりいろなど次第有之事也、

これによると、三管領家は許しがなくても塗輿に乗ることができたが、国持・大名は家督交替時に御免を蒙り、その後に簾を上げて輿に乗ることができた。これには、史料4の御相伴衆の下位に位置づけられていた氏族や、土岐・六角両氏、細川典厩家が相当するだろう。国持・大名以外（同じく評定衆と奉行衆が相当）も、家督交替時に御免を蒙っていたが、簾を下して輿に乗ることになっていた。奉公衆はいかに有勢者であっても乗輿はできなかった。病気時に板輿に簾を下して乗ることは許されていたようで、出家者は御免の有無にかかわらず乗輿できたようである。

以上の記述から、儀礼的な出仕時に限らず日常的に乗輿できたのは、室町殿（将軍）のほかには、御免の有無は別として、御一家・三管領家・御相伴衆・国持・大名・評定衆等の上級武士層のみであったと考えられる。その他、病者・出家者の乗輿も認められていた。こうした乗輿に関する規定・原則について、二木氏は、輿を「国持大名および特に御免を得た者のみが使用できる乗物と定め、この乗輿を許される人々を上級の身分階層として位置づけ、他の一般武家衆と区別したのである。平安以来の公家社会において、式正の牛車に対し、略儀の乗物として広く用いられてきた輿を、室町幕府ではその輿使用に制限を加え、一定の身分格式を与えられた者にのみ許されるものとしたのであった」と評価している(3)。

さて、実際にはどうだったのだろうか。桃崎氏は、『晴富宿禰記』の文明十一年（一四七九）閏九月五日条に、「乗漆

輿、凡武家輩無御免者、不乗□(塗カ)栗色輿云々」とあることから、この頃までには御免の有無の原則が周知されていたことや、実際にはそれが破られていたこと等を指摘している。また、同じく明応二年（一四九三）五月二十日条には、「越智乗輿、塗輿、赤漆、引馬毛氈鞍蓋、如大名之出行云々、如何様次第哉」とあり、畠山基家に随って上洛した大和国民の越智家栄が、塗輿（赤漆）に乗り、引馬に毛氈鞍覆（同様に御免を要する栄典）を用いたことを、大名の出行のようだと批判的に記していることから、こうした栄典が大名層と結び付いていることが既に認識されていたと指摘している。(4) 重要な指摘と考える。ただ筆者の関心は、規定・原則の実効性にはなく、社会における乗輿の広がりの点にある。その点に関して、以下、史料を提示したいと思う。

〔史料6〕「興福寺奈良中定書案」（『大乗院寺社雑事記』延徳四年六月記末所引、『中世法制史料集』六、五五三頁）

奈良中掟法

一、寺僧中若輩、奈良中乗物(板輿)、異形○(衣装)可停止事、一切可任法則、学侶古老能々可指南事、
一、衆徒分輩、或老躰(七十以満)、或現病外、乗物(板輿)可止之、
一、国民乗物、子細同前、堅以可停止、於奈良中者、諸院諸坊僧綱等上官輩、寺社往反大綱取沙汰歩行儀也、参会且狼藉也、凡不弁古〔故〕実也、仍堅以停止之事、

この史料は、十五世紀末に近い時期のものであるが、若輩の寺僧が奈良中で板輿を使用することが禁止されており、衆徒・国民も七十歳以上か病気でない限り板輿の使用が禁じられている。本来は乗物で移動する僧綱・已講等の上位身分の僧たち(5)が徒歩で移動するようになったため、下位身分の若輩らが乗輿で行き合うと、路頭礼上の非礼となってしまうために禁じられたとある。当時の大和国における衆徒・国民らの勢威（前の国民越智家栄の事例を参照）を示しているが、輿の使用を許されている上位身分の僧たちに加えて、若輩の僧や衆徒・国民にまで、その使用が広まってい

た状況を指摘できるだろう。

このほか、西国の大内氏においては、文明後期の当主(政弘)の「御出」に「御輿昇」が見え、供奉する下人が「於御輿之近辺、自然及高声」び、それを禁ずる規定も存在し、在国時の当主の出行の際に輿が使用されていたことがわかる。[(6)] また、対象者を限定できないが、康正元年(一四五五)の宇佐宮参拝後に教弘が定めた法度条々では、御許山への参拝者のために「馬輿往還」が容易くなるよう整備が命じられており、応仁期の鯖川の渡しの舟賃(壹瀬分)は「輿者三文」、文明後期の赤間関と小倉・門司・赤坂との間の渡賃は、「こし一ちやう」一五文とされていた。[(7)]

以上、京都以外の地域(関東を除く)における輿の使用を示す史料を幾つか提示した。もちろん、輿の使用を制限する幕府の方向性を否定することは適切ではないと考えるが、これらの史料及び史料3から、地域によっては馬の使用とともに輿の使用も広がりつつあったことを認識すべきだろう。武士＝乗馬・騎馬、とは必ずしも言い切れないことを指摘しておきたい。移動手段というものは一般に記され難い傾向にあり、また当該期の所謂戦国時代のイメージの強さから、戦時・緊張時の事柄や武の側面に関心が集まりがちでもあるので、既知の事柄かもしれないが敢えて指摘した次第である。

二　関東における輿の使用状況

1　鎌倉府体制期

前代の鎌倉時代においては、史料2に見えるとおり、中期以降の鎌倉では、殿上人以上、僧侶、そして六十歳以上の御家人に限って輿の使用が認められていた。そのおよそ半世紀後の正和二年(一三一三)には、鶴岡社境内及び周辺における禁止行為を定めた、七箇条からなる幕府禁制が出され、その中に輿に関する条文が存在するので、その部分を次に掲げる。

〔史料7〕「鎌倉禁制案」（『鎌倉遺文』三二、二四八六七号）

一、乗輿輩往還社内事

この当時、鶴岡社境内では少なからぬ輿が行き交っていたようであり、それをうけての禁制である。[8] どういった者たちが輿で往還していたかは明らかではないが、六十歳以上の御家人がその中に含まれていることは否定できないだろう。また、鎌倉における乗輿の広まりを思わせるものでもあり、乗輿の制限が実際守られていたかは検討の余地があるように思える。

次に、鎌倉府成立後の鎌倉公方とその周辺における乗物の使用状況を検討するが、十五世紀半ば頃に成立した鎌倉府関係の武家故実書であるが、足利持氏期の実態を記していると評価される『鎌倉年中行事』（以下『年中行事』とも）における記述から見ていきたい。なお、『鎌倉年中行事』（『殿中以下年中行事』とも称される）には各種写本が存在するが、本稿では記述内容が豊富で良質な写本とされる内閣文庫所蔵本（請求番号特一八―四）を用いる。『日本庶民生活史料集成』二三（三一書房、一九八一年）に活字化されている（以下『集成本』）。また、『殿中以下年中行事』と称されるものには、『群書類従』二二所収のもの（以下『群書本』）や、『喜連川町史』資料編五・喜連川文書上（二〇〇七年）に写真とともに活字化された喜連川家伝来のもの等が存在する。[9]

同書において注目すべきは、鎌倉公方による牛車の使用を示す記述である。桃崎氏は、当時の武家社会において牛車を使用するのは「室町殿・鎌倉殿のみか」とされている。[10] 管見の限りでは、ほかに牛車の使用を記す史料は見当らないので、関東においては、鎌倉公方のみが牛車を使用したということは首肯して良いだろう。『集成本』の「御所造幷御新造ノ御移徙之様体ノ事」には、御所新造の移徙の際に、「御直垂ニテ御車ニ召」され、「御車寄ニテ御下アツテ御妻戸ヨリ入御」と記されている（七八一頁）。その可視的な点での公方の尊貴性の格別な高さや視覚への訴求に注目する必要があるだろう。ただ、牛車の使用頻度は低かったと思われ、日常的な移動手段は輿であったと思われる。

その記述箇所を掲げると、新年の御行始としての関東管領亭への御成（七七〇頁）、鶴岡社参、雪下今宮参詣と瀬戸三島大明神社参（ともに七七六頁）(11)、極楽寺舎利会参詣（七七七頁）、節分夜の方違（七七九頁）等で輿の使用が記されている。このうち鶴岡社参では、赤橋の両側に置石があったことが記されており、公方の乗る輿より前を進む御幣役は置石近くで下馬し、牽かれてきた公方の馬も置石の際にとどめられている。輿はそのまま赤橋を越え、内の鳥居より弓二丈ばかり隔てたところで輿を立てている（停止の意）。そこで公方は下輿しそこからは歩行となる。このことから、実際に守られていたかは疑問だが、赤橋両側の置石にて何人も下馬することになっていたこと、公方のみが下輿せずに赤橋を越えていくことができたと考えられる。

むろん、これらの場合のみで輿が使用されたわけではないだろう。後述するように上級武士層らも輿を使用していることから、公方の日常的な移動手段が輿であったことは確かだろう(12)。また、乗用でのみ輿が使用されていたわけではなく、毎月晦日には公方らの撫物を輿に乗せ陰陽頭方へ運んでいた。

次に鎌倉公方以外の人々の輿使用状況を見ていくが、まずは『集成本』に見える状況を提示する。

〔史料8〕『鎌倉年中行事』（『集成本』七八二頁）

一、奉公中対管領礼義（儀、以下同）之事、

（中略）自然於路次奉行合時、遠クハ早ク可奉除、甚近ハ縦馬ニ雖為被乗可致下馬、是ハ　公方様為御代官職故也、輿ノ時我ハ乗馬ニテ行合ニハ、俗在出家女房誰ニモ致下馬申サレヘシ、諸奉公中致下馬時ハ、輿ニテモ馬

ニテモ有管領下馬也、御一家ハ無下馬、其モ輿ノ時ハ有下馬也、
一、○《対》千葉介方其外ノ外様奉公中礼義ノ事、（中略）輿ニテ行合ハレン時ハ前ニ書コトク可致下馬、

右の記述によると、関東管領・御一家・外様[13]及び出家者・女房は乗輿できたようである。そして、路頭において乗馬者が乗輿者に行き合うと下馬が求められていた。その他、正月十一日の評定始条に「評定奉行政所問注所其外ノ衆中」は、網代輿や馬で出仕したと記されており、評定奉行・政所執事・問注所執事及び御所奉行や有力奉公衆等から構成される評定衆[14]も乗輿できたようである。また、正月十二日条には勝長寿院門主が網代輿にて御所に出仕した（大御門が開かれ車寄のそばまで乗輿できるという待遇）と記されており、同門主には鎌倉公方の連枝も就任しているので、当然連枝も乗輿できたと考えて良い。『年中行事』の記述から、十五世紀前半の公方持氏期の鎌倉では、公方のほかに、連枝・御一家・関東管領・外様・評定衆・勝長寿院門主・出家者・女房衆といった人々が、輿に乗ることができたと考えられる。鎌倉府に出仕する武家には、乗輿が可能な者とそうでない者との間に、明確な身分格差・格付けが存在したのである。また路頭礼の存在からは、上級武士層による乗輿の広がり、日常での使用も指摘できるだろう。

次に、史料類に記された乗輿の状況を見ていく。まず、義堂周信の『空華日用工夫略集』（以下『日工略集』）に見える事例を幾つか提示するが[15]、応安三年（一三七〇）七月六日条には、建長寺の大覚派の門徒が住持の東林友丘を追い出した際に、東林は「力者をして輿を舁がしめ出山し、玉雲庵に退帰す」とある。力者によって輿が担がれている。また、円覚寺が炎上した時に、住持の大法大闡は山崎の宝積寺に匿れ、その後説得されて円覚寺に戻ったが、その際に輿を使用している（応安七年十一月二十三日条）。義堂自身も、氏満の微恙を聞き、住持を務める報恩寺より「板輿」に乗り御所へ見舞いに行ったり（応安六年九月四日条）、「侵早、雨を冒し板輿にて円覚を過り、東谷と黄梅に飯す」（応安七年六月十日条[16]）とあるように、報恩寺より円覚寺まで板輿で移動している。その他、応永二十三年（一四一六）四月

三日の「室町幕府管領奉書写」(17)からは、遊行上人らが諸国を往反する際に輿を使用していたことが知られる。

さて、貞治元年(一三六二)には次のような禁制が出されている。

〔史料9〕「足利基氏禁制写」(『南北朝遺文』関東編四、三〇五四号)

鶴岡八幡宮社内幷近所禁制条々

(一)
□、供僧等乱行事

一、当社谷々在家人居住事

一、持太刀輩出入社内事

一、乗輿輩往還社内事

一、放入牛馬於瑞籬内事

一、瑞籬外三方堀汚穢事

一、持魚鳥輩往反社頭事

一、供僧幷社司・社官住所軍勢等寄宿事

一、雪下釘貫内乗馬事

右条々、固可令停止之、若雖為一事有違犯輩者、為処罪科、可被注申交名之状如件、

貞治元年十二月廿七日　　左兵衛督(花押影)

別当僧正御房

この史料は、足利基氏が鶴岡社の別当弘賢に出した九箇条からなる禁制であるが、冒頭の七箇条は、前の正和二年の禁制と同内容のものである。この当時も境内を輿が行き来していたことがわかる。『日工略集』の永和三年(一三七

七）正月八日条には、報恩寺にいた義堂に、ある人が「轝」（輿）に乗るよう勧めたが、義堂は「今の俗礼奢侈なり、吾れ豈に踏襲せんや」と述べ、「一童を従へ円覚に歩み赴」いたことが記されている。前に掲げたように、この三〜四年前には義堂自身も板輿を使用していたが、この頃には乗輿する者が増え流行ともいえる状況にあったことをうかがわせる記述である。この時点で既に鎌倉では多くの輿が乗用されていたと考えて良いのではないか。

また、至徳三年（一三八六）十一月十三日には、史料9の禁制が守られていないことをうけて再度禁制が出され、永享四年（一四三二）十一月十五日には、これら二つの禁制をうけて同条文の禁制が三たび出されている。(18)『年中行事』に見える下乗規定は実際のところは不徹底であったようである。鶴岡社境内を輿で行き来していた人々を明らかにすることはできないが、義堂が「俗礼奢侈」と嘆いていることから、武士層の乗り入れ・乗用を否定することはできないだろう。鎌倉において、出家者のみならず武士層も含む乗輿習慣の広がり、即ち日常的に輿が使用されていた様子や、輿そして騎馬が行き交う鎌倉の光景を想定できるだろう。

以上の諸事例の検討から、永享の乱以前の鎌倉においては、鎌倉公方のみが、限られた場合であったと思われるが牛車を使用し、公方・連枝・御一家・関東管領・外様・評定衆といった貴種・上級武士層は、輿を使用することができたと考えられる。(19)また勝長寿院門主等の有力寺社の住持クラスといった上位身分の出家者（例えば、『年中行事』において公方が参詣したり、逆に御所に参上するような寺社の住持等）及び女房衆も使用できたと考えて良いのではないか。当時の鎌倉においては、輿の使用は決して珍しいことではなかったようである。(20)

永享の乱により一旦滅亡した鎌倉府は、足利成氏が鎌倉公方となり復活したが、『群書本』には、その鎌倉入りの際に「御沓之役ヲバ本間太郎勤之」（三四一頁）、鶴岡社参の際に「御沓之役、本間弥三郎」（三四三頁）と記されており、少なくとも公方に関しては、持氏以前と同様に輿の使用がなされていたと考えられる。

2　古河公方足利成氏期

享徳三年（一四五四）十二月の成氏方による関東管領上杉憲忠暗殺により勃発した享徳の乱によって、結果的に成氏は古河に御座を移し本拠地とすることとなったが[21]、その時期の輿の使用状況を以下見ていきたい。

長禄四年（一四六〇）十一月頃に、鶴岡社の社務神守院弘尊が五十子陣と河越に向かった際には、供の中に「力者三人」がいたことが記されている[22]。『三十二番職人歌合』[23]には、二十六番の輿舁の判詞に「三人輿にてさへ遠路はかなひがたきに」とあり、三人輿即ち、二人担ぎの輿に一人交代要員がついた形での乗用があったことが知られる。遠路への出行には四人いないと無理だったようだが、力者三人（三人輿）による輿の乗用の可能性を指摘しておきたい。

次に岩松氏の陣僧（顧問僧）の松陰により、永正六年（一五〇九）に成立したとみられる『松陰私語』に見える事例を紹介する[24]。

明応三年（一四九四）ともされる岩松尚純の古河初出仕において、尚純は「四足御門際迄乗物」（七三頁）、即ち四足門まで輿を使い、そこで下輿し足半を履き徒歩で奏者所に向かっている。そして成氏との対面（亥刻）後に宿所へ戻ると、公方の雑用に従事する下層身分の者たちが出仕の祝儀を得ようとやってきたが、それらは「公方《ノ》御中間・御雑色・御力者・御輿羿〔昇〕・御《ミ》厩方以下之者共」（七五頁）であった。記述のとおりかつ敬称付きでもあるので、古河公方（一族）に仕える輿舁・力者たちであり、このような人たちが輿を使用していたのは間違いないだろう。その後、尚純は宿所を出て帰路に就いたが、「野田方之宿所舟渡之上也、彼陣所《ヘ》乗物似卒渡可有御出与申、則御出、其儘舟《ニ》取《テ》乗御帰城与申」（七五頁）とあるように「舟渡」（渡河点）まで輿に乗って移動したようである。

このように、古河公方（一族）や御一家クラスの岩松氏等は、鎌倉府の頃と変わらず移動の際に輿を使用することもあったようである。このほか、『松陰私語』に見える事例で興味深いのは以下のものである。

〔史料10〕『松陰私語』五〇頁

張陣八十余日也、国繁歓楽、雖然乗物似張○陣、其後為養○生帰陣、子息雅楽助張陣、

〔史料11〕『松陰私語』五三頁

翌朝俄《ニ》国繁・宗稟入道《ノ》之足弱以下幼稚幼若之子葉孫枝、悉《ク》以乗馬輩輿《ヲ》、五十子陣下当方金井伊賀守陣所《ニ》被送着、

〔史料12〕『松陰私語』八五頁

太田道真入道篠輿乗行、愚僧懸寄、

史料10は、文明三年(一四七一)五月二十三日に行われた館林城合戦に関するものである。史料にあるように張陣は八十日余りに及んだ。岩松氏の家宰横瀬国繁は病気であったが輿に乗り参陣した。しかしその後、養生のために帰陣し、代わりに息子の成繁が参陣している。出陣の形態も騎馬のみというわけではなく、自らの健康状態によっては輿に乗っての出陣もなされていたようである。

史料11は、文明四〜五年頃に、対成氏方の最前線といえる金山城を守る横瀬氏が、成氏方と内通しているという噂が五十子陣に広まり、その嫌疑を晴らすために、岩松家純・明純父子も在陣する同陣に人質を送ることとなった際のものである。早速、国繁・繁国(宗稟入道)兄弟は老人・子供らを人質に送ったが、乗馬や乗輿によって金井伊賀守の陣所に到着している。在地において速やかに輿が準備(調達)されたことを示している。

史料12は、長尾景春の乱を契機として、文明九年正月十八日に五十子陣から岩松氏を含む諸将が退陣した際のものである。松陰が岩松氏の使者として諸将への使いを行っているが、退陣時に太田資清は篠輿に乗って移動していたことがわかる[25]。史料10と同様に、出陣時における輿の使用例である。

これらの史料から、出陣時や陣所へ向かう際に輿が使用されていたことは明らかである。使用している者たちが、

病人や老人・子供そして出家者であることは、特別な場合、例外的な事例である可能性を考慮する必要があるともいえるが、逆にある程度以上の身分・地位にある人々(例えば家宰クラス以上)が、常に騎馬での出陣であったとは言い切れないであろう。状況によっては乗輿での出陣も許容されていたと考えるべきであり、その選択ができたことを看過すべきではないと考える。乗輿であった横瀬国繁・太田資清がともに家宰クラスであることは、当主クラスも輿を使用する場合もあったと考えられる。出陣時の輿の使用の可能性を考慮する必要があり、またそれによる出陣を武士らしからぬとすることは、武士の多様性を否定することにもなろう。自明の如く、出陣・いくさ＝乗馬・騎馬、とすることには慎重でなければならないだろう(26)。

おわりに――牛車や輿に乗ることを望む者たち――

これまで、京都や鎌倉そして古河といった都市やその他地域における、武士を含む輿の使用状況を見てきたが、輿が広く使用されるようになっていたこと、特に鎌倉においては、上位身分の出家者や女房衆のほか、貴種・上級武士層も輿を使用し、市中を多くの輿が行き来していたと考えられることを指摘した。京都のみならず、鎌倉をはじめとして地域によっては、〝乗輿文化〟といえるものが成立していたと思える状況にあったようである。また、享徳の乱においては、状況によっては輿にて出陣する場合もあったことを明らかにすることができた。このようなことから、武士といえば乗馬・騎馬で移動し出陣するといった武の側面のみに基づく既成のイメージ・固定観念では、武士の多様な側面を理解し難いことも指摘した。

ここでは加えて、その多様な側面を明らかにするために、万里集九の『梅花無尽蔵』の記述を中心に紹介したいと思う[27]。

文明十三年（一四八一）秋、美濃国鵜沼にいた万里は革手城において三体詩を講じている（一巻二二六頁）。同十七年に関東に下向した際には、太田道灌が江戸城静勝軒を京・鎌倉の五山僧らの詩文で飾っていたことを記しており（四巻一一〇頁）、道灌謀殺後の長享二年（一四八八）九月二十五日に、平沢寺近くに陣して扇谷上杉勢と対峙していた嫡子の資康が、同寺鎮守の白山社にて詩歌の会を行ったことを記している（一巻六七三頁）。この関東下向時と思われるが、横瀬宗稟が自らの斎号に因む詩文を求めており（三巻三七二頁）、漢詩が武士の教養の一つだったことがうかがえる。この宗稟が国繁弟の繁国だとすると、国繁も後に連歌集の『新撰菟玖波集』に入集しており、兄弟で好文の者といえるだろう。越後守護の上杉房定は和歌の嗜みがあると記している（三巻三三一頁）。『松陰私語』には、道灌が金山城に滞在した際に「両三日飛鳥井手跡謌之題之外兵議之雑○談一度《モ》無之」（五六頁）とある。

このように、上級武士層にとっては、和歌や連歌そして漢詩といったものの素養・教養が必須のものであったことは確かだろう。また、関東管領上杉顕定は柳の絵を描き、万里はそれに賛詩を寄せており（三巻三八八頁）、自ら絵筆を執ることも嗜みの一つであったのではないか。当時の武家社会においては、このような事柄を軽視して武辺一辺倒であった場合、そうした主人は〝器量なし〟とされる可能性さえあったのではないか。その他、『日工略集』の応安元年（一三六八）閏六月二日条には、平一揆を討伐して鎌倉に戻った上杉朝房が、国のために謀反人を多く殺害したことを思い悩み、義堂に相談していることが記されている。武士とは殺生を厭わない存在と見做す向きもあり、そうでなくても、尚武つまり武の側面のイメージから語られることが多いが、悩み思索する武士も存在したのである。素養・教養の点も含めて、武士の持つこうした文の側面を軽視すべきではないだろう。また、醜聞等の類いとは異なる多様な側面を示すことができたと思う。

次に、本稿の主たる検討課題である武士による輿の使用について立ち返るが、『日工略集』の永徳三年(一三八三)三月晦日条に、「射狗は武備と作る、或は落馬する者有り」と足利義満が義堂に説いたが、義堂は「衆人の落馬、患は其の身に止まる、殿下若し落馬せば則ち憂天下に及ぶ、慎まざるべけんや」と述べ、義満もそれを了解している。義満は武芸の鍛錬として犬追物をなす意義を説いているが、義堂は衆人とは異なり義満が落馬した場合、その不慮の事態が社会に及ぼす影響の大きさを説いている。上に立つ者の心構えを説いているわけで、その内容が普遍的なものといえることから、これが義堂と義満との間だけの思想ではないだろう。各家の当主とその師たる僧との間でも同様であったと考えられる。むしろ、より上位身分になればなるほど、意識される性格のものではないだろうか。武士＝乗馬・騎馬、と見做すことを修正させるものといえるのではないか。また、上級武士の間で輿が使用される傾向にある理由の一つといえるかもしれない。

さて、『吾妻鏡』正嘉元年(一二五七)十月一日条では、将軍宗尊親王の大慈寺供養出御に関して、公卿の乗車扈従が否定されている。その理由は「関東之儀、御車之外依不被聴之」であった。関東、少なくとも鎌倉においては将軍家以外は乗車が聴されていなかったと考えられる。前掲の史料1は、延応二年(一二四〇)に、在京御家人の乗車を禁じたものであり、史料2は、この在京御家人の乗車禁止令が徹底しなかったために、弘長元年(一二六一)に再度発せられた禁制である。この『吾妻鏡』の記述は、両史料の間の時期のものであり、将軍お膝元での乗車を避けて京都で乗車していたとも思えるものである。繰り返し禁止が命じられていることは、史料2にあるように「近年多違犯」されていた事実を示している。禁止されても牛車に乗ろうとする御家人の乗車志向の強さを指摘しないわけにはいくまい。雅とは対極で、質素・倹約、在地に根差した典型的かつ理想的な武士のイメージさえある鎌倉時代の武士たちは、牛車に乗ることを望んだ者たちでもあったのである。

また、史料9の禁制や『日工略集』の記述から、十四世紀の後半頃には既に鎌倉において多くの輿が乗用されていたと考えたが、史料7の条文と史料9のそれとが酷似していることから、この状況を十四世紀前半の鎌倉にまで遡及させることが可能かもしれない。そうすると、鎌倉時代（鎌倉後期以降）の武士たちは、牛車や輿に乗ることを望んだ存在だったといえるかもしれない。「鎌倉武士」の乗馬のみならぬ、乗車や乗輿への志向性（文の側面）に関心を払う必要があるのではないか。

提示した史料等から、当該期の武士もこうした志向性（文の側面）を継承していたと考えられるが、そのことを武士らしからぬと否定的に捉えずに評価することが、当時の社会や武士の実態解明に繋がるだろう。その意味で、今日の鎌倉についても、武の側面を強調した武家の都、武家文化の継承といったアピールは、文の側面、雅な側面が等閑視されかねず、もったいないように思える。

以上、十四・十五世紀の京都・鎌倉やその他の地域における、武士による輿の使用状況等を検討してみた。その結果、武の側面のみでは当時の武士の実態を明らかにすることが難しいのではないかと指摘した。また都市鎌倉の輿が行き交う光景も想定してみた。それぞれの実態を、やや強調して述べるならば、次のようになるのではないか。幕府が開かれ「鎌倉武士」が参集した鎌倉は、公方が古河に移るまで、「騎馬とともに牛車や輿も行き交う雅な武家の都」であり、武士とりわけ上級武士とは、「輿に乗る地域の教養人」でもあった、と。

今後とも、社会や武士層の多様性に関心を持ち、当該期の実態解明に取り組みたいと思う。また、十六世紀以降の社会における乗馬・乗輿の状況や武士のあり方等の検討も課題に挙げ、擱筆したいと思う。

註

(1) 二木謙一氏による「足利将軍の出行と乗物」(初出一九九一年)と「室町幕府の支配体制と武家の格式」(初出一九九八年)(ともに同『武家儀礼格式の研究』吉川弘文館、二〇〇三年)、及び『中世武家の作法』(吉川弘文館、一九九九年)、桃崎有一郎「中世武家社会の路頭礼・乗物と公武の身分秩序」(同『中世京都の空間構造と礼節体系』思文閣出版、二〇一〇年)、櫻井芳昭『輿』(法政大学出版局、二〇一一年)及び『牛車』(法政大学出版局、二〇一二年)。記述に際し、基本的に註記はしないが、各氏の研究を参照させていただいた。

(2) 『南北朝遺文』関東編三、一五八一号、『園太暦』延文二年九月二十六日・三十日条。谷口雄太「中世における吉良氏と高氏—室町期南九州の史料に見る伝承と史実—」(『新編西尾市史研究』二、二〇一六年)も参照。

(3) 二木註(1)書、一八三頁。

(4) 桃崎註(1)論文、一一八頁・一二三頁。

(5) 『中世法制史料集』六所収「興福寺寺辺新制案」(四一三頁)・「興福寺新制」(四三四頁)参照。

(6) 『中世法制史料集』三所収「大内氏掟書」一〇二条・一〇七条。

(7) 『中世法制史料集』四所収「宇佐宮條書案」(一三三頁)、『中世法制史料集』三所収「大内氏掟書」一一一条・一一四条。

(8) 古川元也「モノが裏づける鎌倉の文献史」(中世都市研究会編『鎌倉研究の未来』山川出版社、二〇一四年)も参照。

(9) 『海老名市史』二資料編中世(一九九八年)において、内閣文庫所蔵本(請求番号一五三—四八)を主たる底本として、諸写本を校訂し活字化されている。

(10) 桃崎註(1)論文、一三七頁。この点については、前述のとおり、京都においては吉良氏の使用事例が存在する。

(11) この瀬戸三島大明神等への出行については、「公方様御出、御輿赤染御単物也」と記されており、そのように理解されているが、筆者はその表記の仕方に若干違和感を覚え、『群書本』を確認してみると、「公方様御出、御輿赤漆御単物也」とあった(三二一頁)。前掲の史料5や『晴富宿禰記』の記述もふまえると、原本段階では「公方様御出、御輿赤漆、御単物也」といった表記だったかもしれない。想像の域を出ないが可能性として述べておきたい。

(12) このほか、その記述はないが輿が使用された可能性があるものとして、公方の出陣時の使用を挙げておきたい。『集成本』では「公方様御発向ノ事」として記されている(七八一頁)。それによると、鎌倉を出陣する際には大鎧の重武装で騎馬にて出陣したようだが、イタチ河において昼食をとると「御小具足」姿となり、武州府中の高安寺に着陣すると再び「御具足」姿となることになっていた。小具足姿として二木註(1)書(四九頁)は、「蒙古襲来絵詞」後巻の描写を掲載し、「鎧直垂・脛当・籠手をつけ、右脇に脇盾をつけたいでたちを小具足姿という」と解説している。イタチ河の昼食後一旦軽武装となったと考えて良いだろう。そして高安寺に到着後再び大鎧姿となったのだろう。このことから、鎌倉と高安寺の地における民衆及び参集した武士らの視線や、デモンストレーション効果を十分意識していたと考えられる。視覚の点や「見る・見られる」といった側面にも注目すべきだろう。また、大鎧を着することによる体力の消耗も考慮されていたと思われる。体力の温存のために軽武装となるが、その状態で馬上に身を晒すことで、予期せぬ攻撃を受ける危険性も増す。

　以上のことから、そして発向の行列に「御沓役人」「御力者」の記述があることから、イタチ河の昼食後、公方は小具足姿となり乗輿にて行軍したと考えることも可能ではないか(デモンストレーション優先の行軍から、体力温存・生命保障優先の行軍へ)。

(13) 正月十四日条等の記述から、千葉・小山・結城・小田・宇都宮・佐竹・那須の各氏が該当するか。清水亮「鎌倉府と「関東之八家」(「関東八屋形」)」(黒田基樹編著『足利満兼とその時代』戎光祥出版、二〇一五年)参照。

(14) 植田真平「鎌倉府奉行人の基礎的研究」(佐藤博信編『関東足利氏と東国社会』岩田書院、二〇一二年)参照。

(15) 蔭木英雄『訓注空華日用工夫略集—中世禅僧の生活と文学—』(思文閣出版、一九八二年)を使用。その主たる底本は、内閣文庫所蔵本（請求番号一六二―一四一）である。

(16) この条については、玉村竹二「空華日工集考（上）―別抄本及び略集異本に就いて―」（『歴史地理』七四―五、一九三九年）も参照。

(17) 『神奈川』五四八八号。

(18) 順に『南北朝遺文』関東編六、四三三二号、『神奈川』五八八〇号。

(19) 応永十六年閏三月二日付の「称名寺修造料足日記」（『神奈川県史』資料編三古代・中世（三上）五四一三号、以下『神奈川』）には、「霜台力者立苻反銭時　五百文」という記述があるが、これは霜台＝弾正某に属する力者への支払いの記述と考えられる。この応永十六年前後に弾正の官途を称していた可能性のある者の一人に上杉氏定がいる。力仕事に携わり、乗輿にも関係する力者の存在は、その評定衆就任の徴証となるかもしれない。黒田基樹「扇谷上杉氏の政治的位置」及び同編「扇谷上杉氏関連史料集」（三号）（ともに同編著『扇谷上杉氏』戎光祥出版、二〇一二年）、木下聡「鎌倉府の諸機関について」（黒田基樹編著『足利満兼とその時代』戎光祥出版、二〇一五年）も参照。

(20) 牛車や、特に輿が行き交う、整備され成熟した東都鎌倉の〝乗物文化〟の中で育った足利成氏が、自ら他所へ移座しようと考えるとは想定し難いのではないか。

(21) 拙稿「享徳の乱における足利成氏の誤算―貴種の格付け、正官と権官、主君と家臣の関係についても―」（佐藤博信編『中世東国の政治構造』岩田書院、二〇〇七年）、及び註(20)参照。

(22) 『香蔵院珍祐記録』長禄四年十一月条（『神道大系』神社編二〇鶴岡）。

(23) 『群書類従』二八。以下の記述については、鈴木棠三編『日本職人辞典』（東京堂出版、一九八五年）の「輿舁」（一一八頁）等も参照。

(24) 『松陰私語』（八木書店、二〇一一年）を使用。なお、紹介する事例の年代比定は同書所収の、細谷昌弘「『松陰私語』

の編年整理」も参照。

(25) この退陣時に、岩松家純は高齢のために「行歩不自由」（八三頁）であったらしく、輿を使用した可能性がある。

(26) 史料等に「御出馬」「御出陣」等と記されていても、常に騎乗の甲冑姿（騎馬武者姿）で出陣・行軍したとは限らないといえよう。状況等によっては、乗輿での行軍（行程）となる場合もあったわけで、戦闘時以外、乗輿ということも、可能性無しとはいえないのではないか。また、このようなあり方を柔弱なものと否定的に捉え、その延長線上において該当武士や政権の評価を行うことが、偏った見方となりかねないことを示していると考える。

(27) 出典は、全て市木武雄『梅花無尽蔵注釈』一～四（続群書類従完成会、一九九三年・一九九四年）。また、黒田基樹『【図説】太田道灌—江戸東京を切り開いた悲劇の名将』（戎光祥出版、二〇〇九年）も参照。

関東公方発給文書の書札礼についての再検討
――書留文言の書体の検討を中心に――

田中宏志

はじめに

関東公方発給文書の書札礼に関しては、佐藤博信・市村高男・阿部能久氏らがすでに検討を行っているので[1]、以下、その成果を紹介する。

①足利義氏の署判には七種類の形式が存在し、うち〔実名＋花押〕と〔花押のみ〕の署判形式の文書がほとんどを占め、両者の違いは書札礼に基づく格付けの相違であり、前者の形式の方が相手を丁重に扱っていることや、後北条氏の家督宛の文書も前者の形式であること、そして後北条氏を「実」とすれば、義氏は「名」を主要な側面として運命付けられていたとして、「格式を重んじて一層書札礼を遵守したりするという時代錯誤的な逆行した性格をもって、「公方」たることを体現しようとした歴史の悲劇の出発点があったのである」ことを指摘[2]。

②足利政氏の署判には四つ（実質上は三つ、筆者註）の形式が存在することや、「政氏文書案」（いわゆる「足利政氏書札礼」のこと、筆者註）の歴史的意義として、「これは、成氏の『成氏年中行事』の政氏版とも考えられ、そこにおける書札礼の部分のみが独立して再構築されたものであろう。もはやそれにしても、『成氏年中行事』は、その歴史

的生命を完全に消滅させていたのである。そこには、文書例としてさまざまなものを掲げ書札礼を記しているが、その中には、たとえば「叙爵一位之輩ニハ不可被侵名字也」、「外様ヘハ何モ如此御書札也、是も家督計也」、「一揆などヘハ何も謹言也」、「平人ハ氏名乗ヲ書ヘシ」などという表現がみられる。まさしく当時の政氏の意識を象徴するものであり、それは、本質的に成氏段階のそれと異なるものではなかったことを想定せしめる。政氏は、なにゆえに「享徳の大乱」が展開されたのかまったく理解できていなかったにちがいない。だが文書案の作成の中に、政氏が古河公方としての地位を書札礼を通しても保障してゆこうとする姿をみることができるのではなかろうか」と指摘。(3)

③足利成氏の署判には五つの形式が存在することや、『成氏年中行事』にもりこまれた書札礼や有職故実の部分は、実体と遊離しても関東の秩序を表現するものとして存続しうるものであり、古河公方がその実質的役割を果たしおえた段階では、むしろそうした側面における「公方」を強調していったであろうし、その際の重要な典拠となりえたと思われることを指摘。(4)

④足利成氏の文書を整理すると、書札礼のあり方によって四つのランクに分けられること(図1)や、古河公方家の書札礼は成氏の時代(十五世紀後半)に骨組みができあがり、そのなかで若干の格上げなどが行われ、(1)〜(4)に対応する人的構成自体は基本的には最後の古河公方義氏の時代まで維持されていくことを指摘。(5)

⑤天正期古河公方家の書札礼が発給文書の様式(書留文言・署名・宛名の記し方等)によって六種類存在したこと(図2)や、大きな特徴として、北条氏が台頭して東国の礼の秩序の中で枢要な地位を占めたことと、東国領主諸階層に対して書札礼の格上げが進行したことを指摘。(6)

⑥鑁阿寺・那須氏・高氏宛の足利成氏発給文書を検討し、享徳の乱の早い段階に成氏発給文書の様式が〔花押のみ〕

の署判から〔名＋花押〕の署判へというように、より厚礼な様式に移行したことを指摘。(7)

⑦足利義氏発給文書を検討し、その中核となす書状形式において書留文言「謹言」・署判〔花押のみ〕の様式から、書留文言「謹言」・署判〔名＋花押〕の様式もしくは書留文言「恐々謹言」・署判〔名＋花押〕の様式への変更がしばしばみられ、全体として厚礼化の傾向にあったことを指摘。(8)

図1　足利成氏の書札礼（市村註（5）論文より）

(1)足利成氏書状（川島恂二氏所蔵文書）

（端裏）「（切封墨引）」

敵は足利荘に乱入、是非なき次第に候、速かに御勢遣わしあり、合戦を急がるべく

候、恐々謹言、

七月十七日　　成（足利）氏（花押）

岩松左京亮殿

(2)足利成氏書状（阿保文書）

（端裏）「（切封墨引）」

真壁掃部助（尚幹）の事、今に於ていよいよ忠儀に存ず由、申され候、神妙の至りに候、

猶々是非なく候、謹言、

三月廿二日　　成（足利）氏（花押）

宇都宮右馬頭殿

(3)足利成氏書状（茂木文書）

図2　天正期古河公方家の書札礼（市村註（6）論文より）

(A)　北条氏（関東管領）宛

……………、恐々謹言、

月日　　義氏（花押）

左京大夫殿

新九郎殿

(B)　足利氏一族・山内上杉氏宛

…………、恐々謹言、

月日　　義氏（花押）

一色宮内大輔殿

(C)　管領（北条氏）親類中宛

……………、謹言、

月日　　義氏（花押）

北条陸奥守殿

（端裏）「（切封墨引）」
改年の祝詞として、太刀・白鳥到来す、目出候、仍って太刀一これを遣わし候、謹
言、
正月十四日　（足利成氏）（花押）
茂木（治時）上総介殿

(4) 足利成氏書状（阿保文書）

（端裏）「（切封墨引）」
義俊（佐竹）・義治（佐竹）の事、年来の如く無二に相守り、忠節を致さば然るべく候、敢えて私曲
に存ずべからず候也、
十二月廿六日　（足利成氏）（花押）
小野崎越前守とのへ

北条助五郎殿

(D) **関東諸家宛**

…………、謹言、
月日　義氏（花押）
千葉介殿
結城左衛門督殿
簗田中務大輔殿

(E) **関東諸家一族・奉公衆宛**

…………、謹言、
月日　（花押）
千葉中務大輔殿
芦野日向守殿
梶原美作守殿

(F) **関東諸家・奉公衆の内の者宛**

…………候也、
月日　（花押）
名字＋官途・受領＋殿
名字＋官途・受領とのへ

右記の指摘を総合すると、これまでの関東公方の書札礼に関する成果は、主に活字で判明する箇所の検討を中心として行われてきたことがわかる。

その一方、故実・儀礼研究の分野では、「宗五大草紙」をはじめとする書札礼法書等には書留文言と「殿」文字の書体に関する規定があり、書体の相違によって文書発給者から文書受給者に対する礼の厚薄が存在していたことが、平野明夫・二木謙一氏らによって指摘されている(9)。しかし、中世東国史の研究者が故実・儀礼研究や国語学・古文書学におけるこれらの指摘を参照した形跡は管見の限り確認されない(10)。その原因は主に権力論の視点を中心として史料の検討が行われたために、故実・儀礼研究や国語学に対する関心が希薄であったことによるものと考えられる。そのため、こうした故実・儀礼研究や国語学・古文書学等の指摘を踏まえて関東足利氏の書札礼を再検討する必要があるが、写真版で公表されている中世東国地域の書札礼書は十年くらい前まで極めて限定されており、書留文言の書体の検討を行うための史料的条件が整えられていたとは言い難かった。しかしここ十年ほどの間に、関係史料の写真版の公表によって史料の共有化がなされたことにより、関東足利氏の発給文書における書留文言の書体の検討を行う条件が整えられた(11)。

そこで本稿は、十五世紀後半から十六世紀後半の関東公方発給文書の書札礼を、書留文言の書体を中心に再検討することによって、東国武家社会の身分秩序の一端を明らかにしようとするものである。

表1　十五世紀後半～十七世紀初めにおける関東足利氏の書札礼の序列

対象者の前に付けた○は待遇が厚礼化した氏族。後に付けた（コ）は古文書原本を、（マ）は「足利政氏書札礼」を、（ヨ）は「義氏様御代之中御書案之書留」を典拠としたことを示す。

No	書留文言と書体	署判	殿文字と書体	対象者	備考
1	恐々謹言（真）	実名＋花押	殿（ふたつがけ）	○一色宮内太輔（ヨ）・○吉良（ヨ）・○渋川（ヨ）・新田（ヨ）	吉良・渋川・新田は名字不記入ヵ
2	恐々謹言（真）	実名＋花押	殿（ひとつがけ）	吉良（マ）・渋川（マ）	名字不記入
3	恐々謹言（草）	実名＋花押	殿（ふたつがけ）	○北条左京大夫・○ヵ北条新九郎（ヨ）（ともに永禄期以降ヵ）	名字不記入
4	恐々謹言（草）	実名＋花押	殿（ひとつがけ）	○山内上杉四郎（マ、永正期以降ヵ）	名字不記入
5	恐々謹言（丸）	実名＋花押	殿（ふたつがけ）	吉見（ヨ）・桃井（ヨ）・里見（ヨ、天正期まで）・一色（ヨ）・○岩松（ヨ）	
6	恐々謹言（丸）	実名＋花押	殿（ひとつがけ）	○山内上杉四郎（マ、長享期～永正期ヵ）	名字不記入
7	恐々謹言（丸）	実名＋花押	殿（ぐるどの）	岩松左京亮（コ）・○由良（コ・ヨ）	
8	謹言（真）	実名＋花押	殿（ぐるどの）	山内上杉四郎（マ、長享期までヵ）・扇谷上杉（ヨ）・○那須（コ、応仁以降～慶長期まで）・○小山（コ、康正期以降）（ヨ）・○千葉（コ・ヨ）・千葉介・千葉中務太輔（ヨ）・○ヵ佐竹次郎（ヨ）・○ヵ宇都宮弥三郎（ヨ、慶長期まで）・○ヵ結城左衛門督（ヨ、慶長期まで）	山内上杉四郎と扇谷上杉の署判と殿文字は推定
9	謹言（草）	実名＋花押	殿（ぐるどの）	○山川（コ、天文期以降）○簗田（コ、永禄期以降）（ヨ）・○ヵ野田（コ、永禄期以降）・北条陸奥守（ヨ）・北条助五郎（ヨ）・○ヵ木戸伊豆守（ヨ）・○ヵ佐野小太	

				郎（ヨ）	
10	謹言（丸）	実名＋花押	殿（ぐるどの）	○真壁（コ、永禄期以降）・○ヵ壬生彦次郎（ヨ）・○ヵ相馬左近太夫（ヨ）・○ヵ行方左衛門大夫（ヨ）・○ヵ壬生上総介（ヨ）	
11	謹言（真）	花押のみ	殿（ひとつがけ）	○千葉介（マ）	
12	謹言（草）	花押のみ	殿（ぐるどの）	小山（コ、康正期まで）・那須（コ、康正期まで）○白川（コ、康正期以降）・千葉（ヨ）・三浦（ヨ）・北条（ヨ）・○比楽（コ、永禄期以降）・○ヵ千葉中務太輔（ヨ）・○ヵ千葉又太郎（ヨ）	千葉・三浦・北条の署判と殿文字は推定
13	謹言（丸）	花押のみ	殿（ぐるどの）	白川（コ、享徳期まで）・山川（コ、永正期まで）・簗田（コ、永正期まで）・比楽（コ、永正期まで）・長尾修理亮（マ）・原（マ）・芳賀（マ）・水谷（マ）・赤井（マ）・一揆（マ）・真壁（コ、天文期まで）・安保（コ）・赤堀（コ）・茂木（コ）・宍戸（コ）・小峰（コ）・豊前（コ）・妹尾甲斐守（ヨ）・狩野遠江守（ヨ）・太田越前守（ヨ）・行方左衛門太夫を除く行方郡中の各氏（ヨ、芹沢のみコ）	
14	候也	花押のみ	殿（ばんでん）	嶋田（コ）・高城源次郎（ヨ）	
15	候也	花押のみ	殿（とのへ）	井田（コ）・小塙（コ）・高瀬（コ）	

表2　那須氏宛関東足利氏書状

年代比定と形態は、佐藤博信編『戦国遺文　古河公方編』（東京堂出版、二〇〇六年）の記載に従った（№40・43を除く）。

法量の記載は千田孝明編集『栃木県立博物館人文部門収蔵資料目録第2集（歴史1）那須文書』（栃木県立博物館、一九八八年）に従った。

「刊本」欄の、「戦古」は、佐藤博信編『戦国遺文　古河公方編』（東京堂出版、二〇〇六年）を、「古河」は、古河市史編さん委員会編集『古河市史』資料　中世編（古河市、一九八一年）を、「泉石」は『古河市史』資料　中世編　補遺（一）（『古河市歴史博物館紀要　泉石』5、二〇〇〇年）を、それぞれ指す。

「那須文書」欄の数字は文書番号。

№	年月日	西暦	形態	竪横法量	書留文言と書体	署判	殿文字と書体	内容	那須文書	刊本	備考
(1)	（永享11年）9月8日	一四三九	小切紙	16・0×22・3	謹言（真）	持氏の花押のみ	殿（ぐるどの）	軍勢催促	1		那須五郎宛
(2)	（永享11年）9月12日	一四三九	小切紙	15・5×22・0	謹言（丸）	持氏の花押のみ	殿（ぐるどの）	軍事関係	2		那須五郎宛
1	（享徳4年）閏4月2日	一四五五	切紙	19・0×45・0	謹言（草）	成氏の花押のみ	殿（ぐるどの）	感状	16	戦古五〇・古河一三五	以下№42まで那須越後守宛
2	（享徳4年）閏4月13日	一四五五	切紙	18・4×46・2	謹言（草）	成氏の花押のみ	殿（ぐるどの）	感状	23	戦古五五・古河一三九	
3	（享徳4年ヵ）5月21日	一四五五ヵ	切紙	20・2×45・3	謹言（草）	成氏の花押のみ	殿（ぐるどの）	知行充行	8	戦古六三・古河一五〇	
4	（享徳4年ヵ）5月21日	一四五五ヵ	切紙	20・3×43・8	謹言（草）	成氏の花押のみ	殿（ぐるどの）	諸役免除	32	戦古六四・古河一五一	
5	（享徳4年）7月13日	一四五五	小切紙	12・3×24・3	謹言（草）	成氏の花押のみ	殿（ぐるどの）	感状	13	戦古八〇・古河一六七	

6	（康正元年）7月29日	一四五五	小切紙	14・3×28・8	謹言（草）	成氏の花押のみ	殿（ぐるどの）	軍勢催促	34	戦古八四・古河一七一	
7	（康正元年）8月19日	一四五五	切紙	18・0×35・0	謹言（草）	成氏の花押のみ	殿（ぐるどの）	軍事関係	12	戦古八五・古河一二四	〔史料7〕
8	（康正元年）12月18日	一四五五	切紙	17・1×34・8	謹言（草）	成氏の花押のみ	殿（ぐるどの）	感状	40	戦古九四・古河一九一	
9	（康正2年）1月16日	一四五六	切紙	18・1×46・0	謹言（草）	成氏の花押のみ	殿（ぐるどの）	軍事関係	5	戦古九九・古河一九五	
10	（康正2年ヵ）2月5日	一四五六ヵ	切紙	18・5×39・8	謹言（草）	成氏の花押のみ	殿（ぐるどの）	軍事関係	25	戦古一〇六・古河三二二	
11	（康正2年）3月6日	一四五六	切紙	18・5×42・2	謹言（草）	成氏の花押のみ	殿（ぐるどの）	感状	24	戦古一一〇・古河二〇六	
12	（康正2年）3月15日	一四五六	切紙	18・9×39・6	謹言（草）	成氏の花押のみ	殿（ぐるどの）	軍事関係	38	戦古一一三・古河二〇九	
13	（康正2年）4月5日	一四五六	切紙	18・3×39・3	謹言（草）	成氏の花押のみ	殿（ぐるどの）	感状	33	戦古一一八・古河二一五	
14	（康正2年）4月19日	一四五六	切紙	18・6×41・7	謹言（草）	成氏の花押のみ	殿（ぐるどの）	軍事関係	18	戦古一一九・古河二一八	
15	（康正2年）5月18日	一四五六	切紙	19・0×40・6	謹言（草）	成氏の花押のみ	殿（ぐるどの）	感状	27	戦古一二一・古河二二〇	
16	（康正2年）6月7日	一四五六	切紙	18・5×40・0	謹言（草）	成氏の花押のみ	殿（ぐるどの）	感状	17	戦古一二二・古河二二二	

17	（康正2年）6月11日	一四五六	切紙	17・9×35・0	謹言（草）	成氏の花押のみ	殿（ぐるどの）	充行約束	6	戦古一二三・古河二二三	
18	（康正2年）8月8日	一四五六	切紙	21・5×43・0	謹言（草）	成氏の花押のみ	殿（ぐるどの）	軍事関係	21	戦古一二四・古河一七三	
19	（康正2年ヵ）8月19日	一四五六ヵ	切紙	18・4×32・4	謹言（草）	成氏の花押のみ	殿（ぐるどの）	知行充行	3	戦古一二六・古河三八二	
20	（康正2年）9月3日	一四五六	切紙	17・2×35・5	謹言（草）	成氏の花押のみ	殿（ぐるどの）	軍事関係	19	戦古一二七・古河一七四	
21	（康正2年）11月8日	一四五六	切紙	17・5×35・8	謹言（草）	成氏の花押のみ	殿（ぐるどの）	感状	26	戦古一三一・古河一八六	
22	（康正2年）12月5日	一四五六	切紙	18・5×40・5	謹言（草）	成氏の花押のみ	殿（ぐるどの）	軍事関係	39	戦古一三三・古河一八七	
23	（応仁2年）閏10月1日	一四六八	切紙	21・9×51・0	謹言（真）	成氏署名＋花押	殿（ぐるどの）	都鄙和睦	29	戦古一五七・古河二五九	〔史料8〕
24	（応仁2年）閏10月14日	一四六八	切紙	19・7×41・7	謹言（真）	成氏署名＋花押	殿（ぐるどの）	軍事関係	41	戦古一五八・泉石一三	
25	（応仁2年）11月1日	一四六八	切紙	20・2×42・3	謹言（真）	成氏署名＋花押	殿（ぐるどの）	軍事関係	28	戦古一六〇・古河二六一	
26	（応仁2年）11月28日	一四六八	切紙	21・3×42・8	謹言（真）	成氏署名＋花押	殿（ぐるどの）	感状	15	戦古一六一・古河二六二	
27	（応仁2年）12月14日	一四六八	切紙	20・0×44・8	謹言（真）	成氏署名＋花押	殿（ぐるどの）	軍勢催促	31	戦古一六二・古河四二二	

28	（年未詳）3月14日		切紙	18・6×41・0	謹言（真）	成氏署名＋花押	殿（ぐるどの）	軍事関係	42	戦古二一五・古河三三二	
29	（年未詳）6月14日		切紙	19・5×39・7	謹言（草）	成氏の花押のみ	殿（ぐるどの）	軍勢催促	14	戦古二五〇・古河三六〇	
30	（年未詳）6月21日		切紙	18・0×41・3	謹言（真）	成氏署名＋花押	殿（ぐるどの）	知行充行	9	戦古二五四・古河三六三	
31	（年未詳）8月1日		切紙	19・1×43・1	謹言（草）	成氏の花押のみ	殿（ぐるどの）	軍事関係	35	戦古二六九・古河三七六	
32	（年未詳）8月27日		切紙	19・3×43・1	謹言（草）	成氏の花押のみ	殿（ぐるどの）	軍事関係	36	戦古二七八・古河三八四	
33	（年未詳）8月27日		切紙	19・4×43・3	謹言（草）	成氏の花押のみ	殿（ぐるどの）	所領関係	10	戦古二七九・古河三八五	
34	（年未詳）9月5日		切紙	20・0×42・7	謹言（真）	成氏署名＋花押	殿（ぐるどの）	知行充行	11	戦古二八三・古河三九〇	
35	（年未詳）10月29日		切紙	21・8×52・1	謹言（草）	成氏の花押のみ	殿（ぐるどの）	軍事関係	30	戦古二九九・古河四〇六	
36	（年未詳）11月27日		小切紙	13・9×31・7	謹言（真）	成氏署名＋花押	殿（ぐるどの）	知行充行	4	戦古三〇六・古河四一二	
37	（年未詳）11月28日		切紙	19・6×45・8	謹言（草）	成氏の花押のみ	殿（ぐるどの）	感状	22	戦古三〇九・古河四一五	
38	（年未詳）12月7日		切紙	17・6×43・0	謹言（草）	成氏の花押のみ	殿（ぐるどの）	感状	20	戦古三一二・古河三一九	

39	（年未詳）12月9日		切紙	21・0×43・3	謹言（真）	成氏署名＋花押	殿（ぐるどの）	軍勢催促	7	戦古三一三・古河四二〇	
40	（年未詳）12月14日		小切紙	13・9×27・4	謹言（真）	成氏署名＋花押	殿（ぐるどの）	軍事関係	37	戦古三一五・古河一八九	『戦古』は形態を「切紙」とするが、法量から「小切紙」とした。
41	（永正8年ヵ）5月9日	一五一一ヵ	切紙	22・6×48・0	謹言（真）	政氏署名＋花押	殿（ひとつがけ）	軍事関係	43	戦古三六四・古河四九〇	
42	（年未詳）4月20日		切紙	22・2×51・5	謹言（真）	政氏署名＋花押	殿（ひとつがけ）	名国司	66	戦古四二八・古河五七五	
43	（年未詳）10月12日		切紙	21・2×51・6	謹言（草）	政氏の花押のみ	殿（ぐるどの）	軍事関係	44	戦古四六七・古河六一一	那須民部少輔宛。『戦古』は形態の記載がないが、法量から「切紙」とした。
44	（年未詳）8月28日		切紙	18・0×39・2	謹言（真）	高基署名＋花押	殿（ぐるどの）	礼状	45	戦古六〇四・古河七〇三	以下№61まで那須修理大夫宛
45	（永禄元年）6月27日	一五五八	切紙	22・2×49・4	謹言（真）	義氏署名＋花押	殿（ぐるどの）	答礼状	68	戦古八三八・古河九七八	

46	(永禄3年ヵ)8月1日	一五六〇ヵ	切紙	21・4×49・0	謹言(真)	義氏署名+花押	殿(ぐるどの)	答礼状	62	戦古八四八・古河一三七三	
47	(永禄3年)9月13日	一五六〇	切紙	22・1×49・3	謹言(真)	義氏署名+花押	殿(ぐるどの)	軍事関係	48	戦古八四九・古河九九六	
48	(永禄3年)10月3日	一五六〇	切紙	21・3×44・2	謹言(真)	義氏署名+花押	殿(ぐるどの)	軍事関係	49	戦古八五二・古河九九九	
49	(永禄4年)2月晦日	一五六一	竪切紙	33・3×25・4	謹言(真)	義氏署名+花押	殿(ぐるどの)	軍事関係	71	戦古八六〇・古河一〇〇七	
50	(永禄7年ヵ)2月18日	一五六四ヵ	切紙	21・1×50・0	謹言(真)	義氏署名+花押	殿(ぐるどの)	軍事関係	47	戦古八七二・古河一〇五一	〔史料10〕
51	(年未詳)1月13日		切紙	21・5×49・5	謹言(真)	義氏署名+花押	殿(ぐるどの)	官途状	61	戦古一〇三七・古河九三四	
51	(年未詳)1月13日		切紙	22・5×47・2	謹言(真)	義氏署名+花押	殿(ぐるどの)	赦免状	46	戦古一〇四〇・古河九三五	
52	(年未詳)1月13日		切紙	21・5×49・1	謹言(真)	義氏署名+花押	殿(ぐるどの)	赦免の答礼状	63	戦古一〇四一・古河九三六	
53	(年未詳)1月14日		切紙	21・6×52・5	謹言(真)	義氏署名+花押	殿(ぐるどの)	改年の答礼状	59	戦古一〇四三・古河一二八一	
54	(年未詳)1月15日		切紙	21・5×47・8	謹言(真)	義氏署名+花押	殿(ぐるどの)	改年答礼状	54	戦古一〇四四・古河一二八二	
55	(年未詳)1月16日		切紙	21・2×48・0	謹言(真)	義氏署名+花押	殿(ぐるどの)	軍事関係	56	戦古一〇四七・古河一二八五	

56	(年未詳)2月5日		切紙	20・7×49・1	謹言(真)	義氏署名+花押	殿(ぐるどの)	答礼状	55	戦古一〇六八・古河一三〇一	
57	(年未詳)6月25日		切紙	22・5×48・4	謹言(真)	義氏署名+花押	殿(ぐるどの)	答礼状	67	戦古一一二九・古河九四二	
58	(年未詳)8月1日		切紙	21・2×50・2	謹言(真)	義氏署名+花押	殿(ぐるどの)	八朔の答礼状	57	戦古一一四七・古河一三七二	
59	(年未詳)8月1日		切紙	21・3×48・8	謹言(真)	義氏署名+花押	殿(ぐるどの)	八朔の答礼状	58	戦古一一四八・古河一三七四	
60	(年未詳)8月1日		切紙	22・1×51・7	謹言(真)	義氏署名+花押	殿(ぐるどの)	八朔の答礼状	60	戦古一一四九・古河一三七五	
61	(年未詳)12月28日		切紙	20・7×43・8	謹言(真)	義氏署名+花押	殿(ぐるどの)	軍事関係	50	戦古一二一三・古河一四三七	
62	(慶長5年)7月24日	一六〇〇	切紙	23・1×50・0	謹言(真)	頼氏署名+花押	殿(ぐるどの)	礼状	51		那須太郎宛〔史料9〕
63	(年未詳)11月24日		切紙	22・5×60・0	謹言(真)	頼氏署名+花押	殿(ぐるどの)	礼状	64		那須与一宛
64	(年未詳)11月26日		切紙	22・4×58・5	謹言(真)	頼氏署名+花押	殿(ぐるどの)	礼状	65		那須与一宛

一　関東公方の書札礼における足利一門・山内上杉氏・北条氏の位置付けの再検討
―「喜連川文書」所収の書札礼書を素材として―

ここでは、写真版が公表されて史料の共有化がなされている「喜連川文書」所収の書札礼書を主な素材として、検討を行うこととする。なお引用史料中の(真)は楷書に近い書体、(丸)はいわゆる「丸謹言」、(草)は草書体を示す。

1　足利一門

市村高男氏は、関東公方から足利一門への書札礼上の待遇について以下のように理解する(図1・2参照)。

①(1)は古河公方が関東の領主たちに出す文書形式の中では最も厚礼で、「御一家」と呼ばれた足利氏の一族に適用された。具体的には(1)の宛名に見える岩松氏や幸手城主の一色氏、それに吉良・渋川・吉見・桃井・里見氏などがこれに該当する。ただし、吉良・渋川氏の場合は別格で、宛名の所に「吉良殿」「渋川殿」とのみ記し、官途・受領まで書かなかったようである(喜連川家文書案)[12]。

②これ(北条氏・筆者註)に準じるのが、(B)に示した吉良・渋川・新田・一色氏ら足利氏一族の場合で(中略)足利氏一族ながら別名字の親類であった彼らは、義氏生母の実家である北条氏より親密さの面で一歩背後に位置付けられていたのである[13]。

〔史料1〕[14]

種々到来、喜悦之至候、恐々謹言

（真）、

九月　日　日下

吉良殿　名字ヲ不被侵候、

渋川殿　コレハ心得マテニ名字ハカリ書候、

御一家へハ何も恐々謹言（丸）、但家督計ハ如此被成候、自余へハ謹言（丸）コレ也、

〔史料2〕(15)

為八朔之祝儀、太刀到来、目出度候、仍太刀遣之候、恐々謹言（真）、

八朔　日下

吉良　渋川　新田此三人　一色宮内太輔殿

恐々謹言（真）、同前

吉見　桃井　里見　一色　岩松　恐々謹言（丸）

しかし、史料1の註記に、「名字ヲ不被侵候、コレハ心得マテニ名字ハカリ書候」とあるから、これはあくまで「心得」として名字だけが記されているのであり、関東公方が吉良・渋川氏の当主（家督）へ書状を出す場合は、宛名に名字を記さないことがわかる。

そして史料2の書留文言の書体に注目すると、一色宮内太輔・吉良・渋川・新田氏と、吉見・桃井・里見・一色・岩松氏とは、署判（実名＋花押）と殿文字の書体（ふたつがけ）は同じであるが、前者は楷書に近い書体の「恐々謹言」、後者は「丸謹言」の「恐々謹言」で記されているので、(16)市村氏の理解とは異なり、前者の方が格上の待遇を受けていたことがわかる。

２　山内上杉氏

〔史料３〕[17]

種々到来、目出候、恐々謹言（丸）、

月　日

四郎殿　昔ハシン《（真）》ノ謹言ハカリ也、乱裏ニ如此也、出仕之時御剣ハ御一家シテ被下之也、今度御陣ニテ一両度被申間直ニ被下之、於已後者如先々以御一家可被下也、又近年可諄切而申上故恐々謹言（草）と被成之也、

佐藤博信氏・市村高男氏は、関東公方から山内上杉氏当主への書札礼上の待遇の変遷について、以下のように理解する（図１・２参照）。

①「謹言」から「恐々謹言」への格上げ[18]。

②「御一家」以外で⑴と同じ待遇を受けたのは、上杉氏の主流で関東管領をつとめていた山内上杉氏のみであった[19]。

③北条氏と関東管領に並立した山内上杉氏も、(B)の書札礼であった[20]。

しかし、史料３中の書留文言の書体に注目すると、「シン《（真）》ノ謹言」から「丸謹言」の「恐々謹言（丸）」、さらに草書体の「恐々謹言」へと変遷していて、山内上杉氏当主への書札礼上の待遇は、佐藤氏の理解のように一段階ではなく、二段階の格上げという変化を経ていたことがわかる。

そして、山内上杉氏当主と吉良・渋川氏当主へは、署判（実名＋花押）と殿文字（ひとつがけ）が同じであるが、「恐々謹言」の書体に注目すると、山内上杉氏当主へは草書体の「恐々謹言」で記しているのに対し、１で検討したように吉良・渋川氏当主へは楷書に近い「恐々謹言」で記しているので、市村氏の理解とは異なり、関東公方は、山

内上杉氏当主よりも吉良・渋川氏当主の方を書札礼上格上の待遇として扱っていることがわかる。[21]

3　北条氏

市村高男氏・阿部能久氏は、関東公方から北条当主への書札礼上の待遇の変遷について、以下のように理解する（図2参照）。

①まず(A)を見ると足利義氏が東国の諸家に文書を発する場合、古河公方家の親類で関東管領でもある北条氏（相模小田原城主）に対し最も厚い待遇を与えていた。そして十六世紀半ば近く、奉公衆並みの地位にあった北条氏が飛躍的な勢力拡大と足利氏一族化によって、古河公方につぐ地位を獲得することになったのである。[22]

②官途名のみの宛所は、これまで関東公方から武家宛に発給された、書留文言「恐々謹言」・署判（名＋花押）の様式の文書にはみられなかったものである。ちなみに氏康の後、後北条氏の当主となった氏政・氏直に対しても、書留文言「恐々謹言」・署判（名＋花押）の様式が用いられているが、宛所については、氏政へのものが、「左京大夫殿」、氏直へのものでは「新九郎殿」となっている。ここで想起されるのが公方から関東管領山内上杉氏に出された文書の様式である。関東管領宛文書の宛所は「四郎殿」という仮名のみであり、このような仮名のみの宛所は関東管領だけに用いられたものであった。このことから、義氏期において官途名と仮名の違いこそあるものの（氏直の場合、仮名であるが）、後北条氏はかつての山内上杉氏に匹敵する待遇を文書の上で受けていたと考えられる。ここでは仮名・官途名いずれの場合においても、相手の名字を記すことを憚ることによって、相手に対して最大限の敬意を払っているのであろう。このように公方発給文書の様式からも、後北条氏がその擁立に尽力した公方義氏の下、自らを関東管領に位置付けようとする意志を強烈に有していたことが窺える。[23]

そこで、以下の史料を検討する。

〔史料4〕[24]

千葉介　三浦　北条　謹言（草）、

〔史料5〕[25]

態以高太（大）和守申遣候、然者、氏直此度当口初而初陣、目出度肝要候、東筋本意不可有程候、併炎暑之時分陣労令識察候、陣中珍儀、節ゝ言上、可喜入候、巨砕口上被仰含候、恐々謹言（草）、

五月廿日　日下

左京大夫殿

〔史料6〕[26]

態以使節申遣候、然者、今般当口初而出馬、誠目出肝要候、東筋本意不可有程候、仍太刀景光作、遣之候、巨砕高大和守口上被仰含候、恐々謹言（草）、

五月廿日　日下

新九郎殿

史料4は「義氏様御代之中御書案之書留」に筆写された「足利政氏書札礼」の欠失部分である。ただこの箇所については若干の説明が必要である。周知のとおり三浦氏は永正十三年（一五一六）に滅亡しており、伊勢氏の北条氏への改姓は大永三年（一五二三）なので、本来この両者が同時期に草書体の「謹言」を用いられる待遇を受けることはない。また当該期の千葉氏当主は関東公方から楷書体の「謹言」として待遇されており[27]、史料4と実際の待遇との間にやや乖離がある。そうした意味では当該期の実態を正確に表現したものとはいえないが、関東公方が改姓後の北条氏を千

葉介・三浦氏当主と同じ待遇として扱ったものとして理解することは可能かと思われる。よって大永期頃の北条氏の身分的位置付けは、奉公衆並ではなく、千葉・三浦氏と同格で「屋形」層と評価される。

史料5・6の写真版をみると、天正期の北条氏当主・嫡子は草書体の「恐々謹言」・実名＋花押・「殿（ふたつがけ）」であり、1で検討した一色宮内太輔・吉良・渋川・新田氏と比較すると、署判（実名＋花押）と殿文字の書体（ふたつがけ）が同じであるが、前者は草書体の「恐々謹言」、後者は楷書に近い書体の「恐々謹言」で記しているので、市村・阿部両氏の理解とは異なって、後者の方が格上の待遇であることがわかる。したがって天正期の北条氏当主・嫡子は、一色宮内太輔・吉良・渋川・新田氏に次ぐ地位であり、その下に吉見・桃井・里見・一色・岩松氏が続くという関係となる(28)（表1参照）。

二　関東公方の書札礼における「屋形」層の位置付けと待遇の厚礼化（いわゆる格上げ）の再検討―「那須文書」を素材として―

ここでは、比較的史料が豊富に遺され、なおかつ写真版が公表されて史料の共有化がなされている栃木県立博物館所蔵の「那須文書」を素材として、市村氏の理解および関東公方から「屋形」層への書札礼上での待遇の変遷を検討する。

市村高男氏は、関東公方から「屋形」層への書札礼上の待遇について以下のように理解する（図1・2参照）。

①(2)は、(1)の当主以外の者と扇谷上杉氏のほか、佐竹・小田・宇都宮・結城・千葉・三浦氏（の当主）などに対する書札礼であった。ただ、那須・小山氏の場合、成氏の時代に(3)から(2)へ書札礼が格上げされているところをみると、

ほんらい佐竹氏以下の伝統的豪族層の書札礼は⑶の形であって、「御一家」の庶流と扇谷上杉氏のみが⑵の書札礼を適用されていた可能性がある。[29]

②(A)(B)に次ぐのが(C)(D)であり、このうち(C)は北条氏照（陸奥守）や北条氏一族に関する書札礼、(D)は千葉・結城・佐竹・小山氏らの大名層や奉公衆の有力者簗田氏に対する書札礼であった。(C)(D)は、(A)(B)より明確に一格下の扱いとされていたことが確認される。十五世紀後期から小山・那須・結城氏ら大名に対する(E)から(D)への書札礼の格上げが開始。[30]

〔史料7[31]〕

茂木筑後入道并森田・向田・下河井等事、如元随逐不可有相違候、謹言（草）、

八月十九日　（成氏花押）

那須越後守殿

〔史料8[32]〕

就都鄙御合躰、可励忠節由、自京都被成御教書候、此度属御本意様、弥兵義等能〻可相談候、謹言（真）、

閏十月朔日　成氏（花押）

那須越後守殿

〔史料9[33]〕

態及使節候、永〻在洛近日帰国之由、長途之辛労察入候、仍今度奥州鉾楯当表隣国之儀候間、機遣可為同意候、如何様出陣付而者、於陳下可遂参会候、委砕南弥次右衛門尉口説可有之候、謹言（真）、

七月廿四日　頼氏（花押）

那須太郎殿

〔史料10(34)〕

重而懇言上、喜入候、然者、如前々可励忠義之段、感悦之至候、仍池和田其外仁三ヶ城落着、如被思召候、管要可心易候、巨細瑞雲院可被申遣候、謹言(真)、

二月十八日　　義氏(花押)

那須修理大夫殿

史料7~10の写真版および表2をみると、阿部氏が指摘する署判(花押のみから実名+花押へ)の変化だけでなく、「謹言」の書体が草字から真字へ変化していることが確認される。したがって那須氏当主は、応仁期以降に草書体の「謹言」・花押のみ・「殿(ぐるどの)」から、楷書体に近い「謹言」・実名+花押・「殿(ぐるどの)」へと、書札礼上での待遇が厚礼化していることが確認される。

三　関東公方の書札礼における「国人」層の位置付けと待遇の厚礼化(いわゆる格上げ)についての再検討―「真壁文書」を素材として―

ここでは、比較的史料が豊富に遺され、なおかつ写真版が公表されて史料の共有化がなされているお茶の水図書館所蔵の「真壁文書」を素材として、市村氏の理解および関東公方から「国人」層への書札礼上での待遇の変遷を検討する。

表3　真壁氏宛関東足利氏書状

年代比定と形態は、佐藤博信編『戦国遺文　古河公方編』（東京堂出版、二〇〇六年）の記載に従った。

法量の記載は芥川龍男編著『お茶の水図書館所蔵成簣堂文庫　武家文書の研究と目録（上）』（石川文化事業財団 お茶の水図書館、一九八八年）に従った。

「刊本」欄の、「戦古」は、佐藤博信編『戦国遺文　古河公方編』（東京堂出版、二〇〇六年）を、「古河」は、古河市史編さん委員会編集『古河市史』資料　中世編（古河市、一九八一年）を、それぞれ指す。

「お茶の水」欄の数字は、右記芥川編書目録の番号。

No	年月日	西暦	形態	竪横法量	書留文言と書体	署判	殿文字と書体	内容	お茶の水	刊本	備考
1	（年未詳）1月19日		切紙	19・8×42・2	謹言（丸）	成氏の花押のみ	殿（ぐるどの）	年頭の答礼状	30	戦古一九八・古河三一七	真壁安藝守宛
2	（年未詳）3月23日		切紙	18・7×40・5	謹言（丸）	成氏の花押のみ	殿（ひとつがけ）	知行充行	31	戦古二一八・古河二三七	真壁安藝守宛
3	（年未詳）4月28日		切紙	19・2×41・2	謹言（丸）	成氏の花押のみ	殿（ぐるどの）	軍勢催促	25	戦古二三六・古河三四八	真壁掃部助宛
4	（年未詳）6月6日		切紙	19・9×41・5	謹言（丸）	成氏の花押のみ	殿（ぐるどの）	軍勢催促	27	戦古二四六・古河三五八	真壁掃部助宛
5	（年未詳）7月18日		小切紙	13・8×29・4	謹言（丸）	成氏の花押のみ	殿（ぐるどの）	軍事関係	26	戦古二六三・古河三七一	真壁掃部助宛
6	（年未詳）10月2日		切紙	19・2×43・5	謹言（丸）	成氏の花押のみ	殿（ぐるどの）	軍勢催促	28	戦古二九二・古河三九九	真壁掃部助宛
7	（年未詳）1月12日		切紙	22・5×51・2	謹言（丸）	政氏の花押のみ	殿（ぐるどの）	年頭の答礼	48	戦古四〇四・古河五五一	真壁右衛門佐宛

8	(年未詳)1月13日		切紙	19・0×50・0	謹言(丸)	朱印のみ	殿(ぐるどの)	年頭の答礼	45	戦古四〇六・古河五五三	真壁右衛門佐宛
9	(年未詳)3月9日		切紙	18・5×45・3	謹言(丸)	政氏の花押のみ	殿(ぐるどの)	馬進上の答礼	53	戦古四一九・古河六一九	真壁安藝守宛
10	(年未詳)4月28日		切紙	22・0×52・5	謹言(丸)	政氏の花押のみ	殿(ぐるどの)	東林寺住持最乗寺住院の答礼	47	戦古四三〇・古河五七七	真壁右衛門佐宛
11	(年未詳)5月10日		切紙	21・8×53・8	謹言(丸)	政氏の花押のみ	殿(ぐるどの)	軍事関係	40	戦古四三一・古河五七八	真壁右衛門佐宛
12	(年未詳)8月29日		切紙	18・0×40・0	謹言(丸)	黒印のみ	殿(ぐるどの)	初物の答礼	55	戦古四五七・古河六〇二	真壁右衛門佐宛
13	(年未詳)9月1日		切紙	22・0×52・2	謹言(丸)	政氏の花押のみ	殿(ぐるどの)	雁到来の答礼	52	戦古四五九・古河六〇四	真壁右衛門佐宛
14	(年未詳)9月11日		切紙	18・7×43・0	謹言(丸)	黒印のみ	殿(ぐるどの)	初雁到来の答礼	44	戦古四六〇・古河六〇五	真壁右衛門佐宛
15	(年未詳)10月23日		切紙	21・7×47・5	謹言(丸)	政氏の花押のみ	殿(ぐるどの)	おほたか進上の答礼	51	戦古四七三・古河六一四	真壁右衛門佐宛
16	(年未詳)11月1日		切紙	21・9×49・3	謹言(丸)	政氏の花押のみ	殿(ぐるどの)	白鳥到来の答礼	54	戦古四七八・古河六一九	真壁安藝守宛
17	(永正11年)9月9日	一五一四	切紙	23・4×51・2	謹言(丸)	高基の花押のみ	殿(ぐるどの)	軍勢催促	41	戦古五二六・古河五三〇	真壁安藝守宛

18	（年未詳）1月13日		切紙	22・0×52・0	謹言（丸）	高基の花押のみ	殿（ぐるどの）	年始の答礼	49	戦古五五三・古河六五一	真壁安藝守宛
19	（年未詳）1月13日		切紙	21・2×48・5	謹言（丸）	高基の花押のみ	殿（ぐるどの）	年始の答礼	57	戦古五五四・古河六五二	真壁右衛門佐宛
20	（年未詳）1月13日		切紙	22・0×49・4	謹言（丸）	高基の花押のみ	殿（ぐるどの）	年頭の答礼	58	戦古五五五・古河六五三	真壁右衛門佐宛
21	（年未詳）2月13日		切紙	23・0×54・0	謹言（丸）	高基の花押のみ	殿（ぐるどの）	馬進上の答礼	46	戦古五六二・古河六五九	真壁右衛門佐宛
22	（年未詳）6月21日		竪切紙	33・5×15・2	謹言（丸）	高基の花押のみ	殿（ぐるどの）	軍事関係	43	戦古五八四・古河六八三	真壁右衛門佐宛
23	（年未詳）8月24日		切紙	21・3×53・8	謹言（丸）	高基の花押のみ	殿（ぐるどの）	初雁の答礼	50	戦古六〇二・古河七〇一	真壁右衛門佐宛
24	（年未詳）9月27日		切紙	21・2×52・0	謹言（丸）	高基の花押のみ	殿（ぐるどの）	軍事関係	42	戦古六〇九・古河七〇九	真壁右衛門佐宛
25	（大永3年）閏3月9日	一五二三	切紙	22・5×51・0	謹言（丸）	基頼の花押のみ	殿（ぐるどの）	軍事関係	60	戦古一二五〇・古河六三九	真壁右衛門佐宛
26	（年未詳）7月3日		切紙	20・8×49・0	謹言（丸）	基頼の花押のみ	殿（ぐるどの）	軍事関係	62	戦古一二五五	真壁右衛門佐宛
27	（年未詳）7月29日		切紙	18・6×40・6	謹言（丸）	基頼の花押のみ	殿（ぐるどの）	軍事関係	63	戦古一二五六	真壁右衛門佐宛
28	（年未詳）1月11日		切紙	20・5×50・0	謹言（丸）	晴氏の花押のみ	殿（ぐるどの）	改年の答礼	69	戦古六八〇・古河七九六	真壁安藝守宛

29	(年未詳)1月12日		切紙	22・2×46・2	謹言(丸)	晴氏の花押のみ	殿(ぐるどの)	年頭の答礼	71	戦古六八一・古河七九七	真壁安藝守宛〔史料11〕
30	(年未詳)3月5日		切紙	34・5×23・0	謹言(丸)	晴氏の花押のみ	殿(ぐるどの)	軍事関係	68	戦古七〇二・古河八一九	三喜斎宛
31	(年未詳)8月16日		切紙	19・5×43・3	謹言(丸)	晴氏の花押のみ	殿(ぐるどの)	初雁の答礼	70	戦古七四七・古河八六九	真壁安藝守宛
32	(年未詳)8月晦日		切紙	20・9×49・0	謹言(丸)	晴氏の花押のみ	殿(ぐるどの)	初雁の答礼	72	戦古七五二・古河八七四	真壁安藝守宛
33	(年未詳)11月6日		切紙	20・8×50・0	謹言(丸)	晴氏の花押のみ	殿(ぐるどの)	軍事関係	73	戦古七七一・古河八九二	真壁安藝守宛
34	(年未詳)4月22日		竪切紙	32・5×15・3	謹言(丸)	藤政署名+花押	殿(ぐるどの)	軍事関係	69	戦古一二九〇・古河一一三六	真壁安藝守宛〔史料13〕
35	(永禄2年)6月1日	一五五九	切紙	22・4×50・0	謹言(丸)	義氏署名+花押	殿(ぐるどの)	軍事関係	74	戦古八四一・古河九八四	真壁右衛門佐宛
36	(元亀3年)2月晦日	一五七二	切紙	21・4×52・7	謹言(丸)	義氏署名+花押	殿(ぐるどの)	晴氏年忌香典進上要請	75	戦古九三九・古河一一五三	真壁右衛門大夫宛〔史料12〕

市村高男氏は、関東公方から「国人」層への書札礼上の待遇について、以下のように理解する(図1・2参照)。

①(3)は古河公方の文書形式の中で最も広くみられるもので、国人・一揆の身分に属する領主たちはすべてこの形の書札礼を適用されている。たとえば、前述の真壁・茂木氏のほか、上野の赤堀氏、武蔵の安保氏、常陸の芹沢氏、陸

奥の白河結城・小峰・石川氏、それに高基の時代に下がるが伊達氏も(3)の書札礼となっている。白河結城・伊達氏は南奥州の大名扱いの領主であり、那須・小山氏などと並びうる存在であった。にもかかわらず、彼らが依然(3)の書札礼を適用されていたのは、那須・小山氏のように書札礼の格上げがなされなかったためではなかろうか。そのほか、(3)の書札礼を適用されていたのは奉公衆であり、高・二階堂・南氏をはじめ当初は簗田氏も、この書札礼で文書を与えられていた。しかし、簗田氏の場合、古河公方の奉公衆の中における実力が認められ、おそくとも永正半ば（一五一〇年前後）には(2)の書札礼に格上げとなっている。のち義氏の時に栗橋城主野田氏も(2)の書札礼で文書を与えられているから、いつの時点かで簗田氏と同じく書札礼の格上げをされたとみてよいであろう。[35]

②(E)は(D)の一族や国人、一般奉公衆に対する書札礼であり、書留文言は謹言、宛所も名字＋官途（仮名）＋殿と(D)に同じであるが、署名は花押のみを記すそれより格下の待遇である。十六世紀前半より、真壁氏や有力国人や奉公衆簗田氏も、(E)から(D)へ書札礼の格上げが行われた。[36]

〔史料11[37]〕

為年頭之祝儀、太刀并白鳥・柑子進上、目出度候、仍御剣被遣候、謹言（丸）、

正月十二日　（晴氏花押）

真壁安藝守殿

〔史料12[38]〕

永仙院殿様十三回忌、来五月廿七日御追善可被執行候、如前々香典可致進上候、巨細芳春院可被申遣候、謹言（丸）、

二月晦日　義氏（花押）

真壁右衛門大夫殿

〔史料13(39)〕

急度被成御書候、然者、義弘父子御威光被稼候、於其口各致談合、御座移之儀至于走廻者、可為忠信候、巨細簗田中務太輔申遣候、謹言(丸)、

卯月廿二日　　藤政(花押)

真壁安藝守殿

〔史料14(40)〕

去春者、以使節申遣候之処、懇切言上、悦入候、御帰座之儀、畢竟被任候之条、引詰被相稼候者、弥以可為感悦候、猶簗田八郎可申届候、謹言(真)、

八月七日　　藤政(花押)

佐竹次郎殿

史料11〜13の写真版および表3をみると、真壁氏当主は永禄期以降に、「丸謹言」の「謹言」・花押のみ・「殿(ぐるどの)」から、「丸謹言」の「謹言」・実名＋花押・「殿(ぐるどの)」へと、書札礼上における待遇が厚礼化していることが確認される。

なお活字では判別できないが、史料13・14の写真版を比較すると、那須・佐竹氏当主と真壁氏当主は「謹言」の書体で区別されており、楷書体に近い「謹言」で記される那須・佐竹氏当主の方が、「丸謹言」で記される真壁氏当主より上位の待遇である。ちなみに那須・佐竹氏ら「屋形」層と、真壁氏ら「国人」層は、古河公方よりの下賜品でも区別されている(41)。

おわりに

以上、三節にわたって十五世紀後半から十六世紀後半の関東公方発給文書の書札礼を、書留文言の書体を中心に再検討した。先行研究との相違は各節の末尾で示しているので、ここで改めて繰り返すことはしないが、表1をみると、時期が下るにつれて屋形・国人・奉公衆各階層における序列の細分化が進行していったことがわかる。こうした現象は、史料3の註記にあるように屋形・国人・奉公衆側からの強い要求に対して、「奉公」を促すための公方側の「戦略」の一環と捉えられる。(43)

一般的に書札礼は公方と屋形・国人・奉公衆との交渉で個別に決定され、そこには両者の厳しいせめぎ合いがある。(44)そうした点を踏まえると、佐藤博信氏のように下からの要求を強調するのは一面的であり、関東公方は書札礼の側面では一貫して「自律性」（「自立性」ではない）を保った存在と評価すべきである。(45)

註

（1）その他言及があるものに、横田光雄「房総里見氏の領国形成と寺社」（『史学雑誌』九八―一一、一九八九年）、長塚孝「古河公方足利氏と禅宗寺院」（『葦のみち』二、一九九〇年）、和氣俊行「『足利政氏書札礼』の歴史的性格をめぐって」（荒川善夫他編『中世下野の権力と社会　中世東国論3』岩田書院、二〇〇九年）、小久保嘉紀「鎌倉府の書札礼―『鎌倉年中行事』の分析を中心に―」（『年報中世史研究』三五、二〇一〇年。植田真平編著『足利持氏』戎光祥出版、二〇一六年、に再録）、池西香里「中世武家書札礼の変遷―書札礼書の分析を中心に―」（『鷹陵史学』三七、二〇一一年）等がある。

（2） 佐藤博信Ａ「足利義氏とその文書」（『日本歴史』二九七、一九七三年。同『中世東国足利・北条氏の研究』岩田書院、二〇〇六年、に再録）。

（3） 佐藤博信Ｂ「足利政氏とその文書」（同編『古河公方二代足利政氏文書集』後北条氏研究会、一九七三年。註（2）書に再録）。

（4） 佐藤博信「足利成氏とその文書」（『日本歴史』三〇八、一九七四年。註（2）書に再録）。

（5） 市村高男「古河公方と礼の秩序」（『鷲宮町史』通史上巻、鷲宮町役場、一九八六年）。

（6） 市村高男「中世領主間の身分と遺構・遺物の格―戦国期の書札礼の世界からみた若干の提言―」（『帝京大学山梨文化財研究所研究報告』八、一九九七年）。なお市村氏には、同時期に前者の内容を千葉氏中心に要約した「中世東国における千葉氏の位置と本佐倉城」（『史跡本佐倉城 保存管理・整備基本計画策定報告書』一九九七年。石橋一展編著『下総千葉氏』戎光祥出版、二〇一五年、に再録）もあるが、特に断らない限り引用は前者から行う。

（7） 市村註（6）論文、阿部能久Ａ「足利成氏発給文書の分析」（『年報三田中世史研究』四、一九九七年）、同Ｂ『戦国期関東公方の研究』（思文閣出版、二〇〇六年）。

（8） 阿部註（7）Ｂ書。

（9） 平野明夫「戦国大名徳川氏の政治的位置―織田氏との係わりを通じて―」（『国史学』一五八、一九九五年。改稿し同『徳川権力の形成と発展』岩田書院、二〇〇六年、に再録）、二木謙一「室町幕府における武家の格式と書札礼」（『古文書研究』四九、一九九九年。同『武家儀礼格式の研究』吉川弘文館、二〇〇三年、に再録）。そのほか、Ｊ・ロドリゲス『日本大文典』にも同様の記載があり、また、平野・二木両氏に先行して、橘豊『書簡作法の研究』（風間書房、一九七七年）、中村直勝『日本古文書学』下（角川書店、一九七七年）、伊木壽一『日本古文書学〈第三版〉』（雄山閣出版、一九九〇年）らが同様の指摘をしている。

(10) ちなみに近世儀礼研究や仙台藩研究では、書留文言の書体の相違で待遇を分けていたという指摘がある。小宮木代良「曾我流書札礼書諸本と『書札法式』について」（『東京大学史料編纂所研究紀要』三、一九九三年）、同『江戸幕府の日記と儀礼史料』（吉川弘文館、二〇〇六年）、堀田幸義「仙台藩における身分格式と書札礼」（『古文書研究』五五、二〇〇二年）、同『近世武家の「個」と武家社会―身分格式と名前に見る社会像―』（刀水書房、二〇〇七年）等を参照。

(11) こうした状況をうけて、近年、佐藤博信氏は『中世東国の権力と構造』（校倉書房、二〇一三年）において、闕字・平出・擡頭や自筆文書・自敬表現等といった礼的側面についての研究を深化させているので、あわせて参照されたい。

(12) 市村註(5)論文。

(13) 市村註(6)論文。

(14) 「足利政氏書札礼」（東京大学史料編纂所所蔵影写本喜連川文書四、『戦国遺文 古河公方編』（以下、『戦古』と略す）四九三）、写真版は、さくら市史編さん委員会編集『喜連川町史』第五巻 資料編5 喜連川文書上（さくら市、二〇〇七年。以下、『喜連川』と略す）一四九頁に所収。本史料の性格については、和氣註(1)等を参照。ただ本史料は、政氏以外の人物の手によって増補された痕跡が確認できるので、「関東公方書札礼」と呼称する方が適切であるが、本稿では混乱を避けるため従来の呼称を採用した。詳細な検討については別稿を期したい。

(15) 「義氏様御代之中御書案之書留」（さくら市所蔵喜連川文書、『戦古』一一五九）、写真版は『喜連川』一六六頁に所収。本史料の性格については、田中宏志「古河公方と曹洞宗」（『曹洞宗総合研究センター学術大会紀要』一二、二〇一一年）において簡略な私見を示したが、なお不十分である。別稿を期したい。

(16) こうした書体の相違は、しばしば「文字の崩し方の相違」と理解されることがあるが、山田邦明氏が『戦国のコミュニケーション』（吉川弘文館、二〇〇二年）において指摘しているように、草書体は楷書体を崩したものではないので、あくまでも「文字の崩し方の相違」ではなく、「書体の相違」と理解するのが適切である。なお、十六世紀初頭にまとめられた『松陰私語』にも、「草之謹言」「真之謹言」という用例が確認されるので、当時の東国では一定の普遍性をもつ用法の可能性がある。

(17) 佐藤註(11)、写真版は『喜連川』一四八頁に所収。
(18) 佐藤註(3)論文。
(19) 市村註(5)論文。
(20) 市村註(6)論文。
(21) こうした指摘は、すでに荻野三七彦『吉良氏の研究』(名著出版、一九七五年)等でなされていたが、関東公方の書札礼書の検討からも荻野氏の指摘の先駆性が裏付けられる。なお吉良氏を含む足利一門の位置付けについては、近年、谷口雄太氏が「武蔵吉良氏の歴史的位置」(『千葉史学』五七、二〇一〇年)や「足利氏御一家考」(佐藤博信編『関東足利氏と東国社会　中世東国論5』岩田書院、二〇一二年)、「足利一門再考―「足利的秩序」とその崩壊―」(『史学雑誌』一二二―一二、二〇一三年)等で検討を加えているので、あわせて参照されたい。
(22) 市村註(6)論文。
(23) 阿部註(7)B論文。
(24) 「義氏様御代之中御書案之書留」、写真版は『喜連川』一八二頁に所収。
(25) 「義氏様御代之中御書案之書留」(『戦古』九九一)、写真版は『喜連川』一六四頁に所収。
(26) 「義氏様御代之中御書案之書留」(『戦古』九九二)、写真版は『喜連川』一六五頁に所収。
(27) 「渡辺忠胤氏所蔵文書」(『戦古』五二八)。
(28) こうした北条氏の書札礼上の待遇厚礼化は、天文八年の関東公方の外戚の立場獲得や、足利晴氏による天文七年の第一次国府台合戦の勲功としての関東管領補任の御内書発給によるものと理解されているが、前者については、同様に公方の外戚であった簗田氏や宇都宮氏がそうした待遇の厚礼化を受けていないことからもわかるように、外戚であることが必ずしも待遇の厚礼化に結びつくわけではない。後者については、これが三十一年後の越相同盟をめぐる駆け引きの過程で生まれた北条氏側の政治的な主張であることを踏まえると、天文七年の関東管領補任の御内書発給を史実と評価することには躊躇を覚える。以上の点を踏まえると、北条氏の書札礼上の待遇厚礼化の時期についてはなお検討の余地がある。

(29) 市村註(5)論文。
(30) 市村註(6)論文。
(31) 「栃木県立博物館所蔵那須文書」（『戦古』八五）、写真版は大田原市那須与一伝承館編集『特別企画展　那須与一と「那須家資料」の世界』（大田原市那須与一伝承館、二〇〇七年。以下、『那須家資料』と略す）三五頁に所収。
(32) 「栃木県立博物館所蔵那須文書」（『戦古』一五七）、写真版は『那須家資料』三五頁に所収。
(33) 「栃木県立博物館所蔵那須文書」、写真版は千田孝明編集『栃木県立博物館人文部門収蔵資料目録　第二集（歴史一）那須文書』（栃木県立博物館、一九八八年。以下、『那須文書』と略す）四〇頁に所収。
(34) 「栃木県立博物館所蔵那須文書」（『戦古』八七二）、写真版は『那須文書』三八頁に所収。
(35) 市村註(5)論文。
(36) 市村註(6)論文。
(37) 「お茶の水図書館所蔵真壁文書」（『戦古』六八一）、写真版は芥川龍男編著『お茶の水図書館所蔵成簣堂文庫　武家文書の研究と目録（上）』（石川文化事業財団お茶の水図書館、一九八八年。以下、『成簣堂文庫武家文書』と略す）一〇〇頁に所収。

(38)「お茶の水図書館所蔵真壁文書」(『戦古』九三九)、写真版は『成簣堂文庫武家文書』一一八頁に所収。
(39)「お茶の水図書館所蔵真壁文書」(『戦古』一二九〇)、写真版は『成簣堂文庫武家文書』九六頁に所収。
(40)「佐竹文書」(『戦古』一二八六)、写真版は千秋文庫編集『千秋文庫所蔵佐竹古文書』(千秋文庫、一九九三年)一九頁に所収。なおこの史料の花押が足利輝氏ではなく、足利藤政のものであることは、田中宏志「足利藤政再考」(佐藤博信編『関東足利氏と東国社会　中世東国論5』岩田書院、二〇一二年)において指摘した。
(41)佐藤博信「関東足利氏と房総里見氏―房総地域史研究の深化のために―」(中世房総史研究会編『中世房総の権力と社会』高科書店、一九九一年。佐藤博信『中世東国政治史論』塙書房、二〇〇六年、に再録)、久保賢司「古河公方期における贈答に関する一試論」(『茨城県史研究』六八、一九九二年)、市村註(6)論文。
(42)佐藤註(11)書。
(43)山田康弘「戦国期栄典と大名・将軍を考える視点」(『戦国史研究』五一、二〇〇六年)、同『戦国時代の足利将軍』(吉川弘文館、二〇一一年)を参照。但し、その「戦略」がどれほど成功したかは別に検討すべき問題である。
(44)市村註(6)論文、同「越相同盟と書札礼」(『中央学院大学教養論叢』四―一、一九九一年)等。なお、こうした書札礼をめぐる両者の相剋を描いた近年の代表的な成果として、丸島和洋『戦国大名の「外交」』(講談社、二〇一三年)が挙げられる。
(45)但し、その「自律性」の及ぶ範囲やその評価については、なお幅広い検討を要するため、今後の課題としたい。

【付記】本稿は、主として二〇〇八年十月に日本古文書学会第四一回学術大会等で発表した内容にその後の知見を加えて成稿したものである。筆者の怠惰により成稿が大幅に遅くなったことをお詫び申し上げます。

戦国期の上総国佐貫に関する基礎的考察
——加藤氏・佐貫城の検討を中心に——

滝川恒昭

はじめに

中世東国史において上総国佐貫の地がどのような位置を占めていたかということについて、鎌倉・南北朝・室町期では、江戸湾を挟んで対岸に位置する金沢称名寺や鎌倉円覚寺塔頭黄梅院の寺領があったこと、さらにその背後に鎌倉幕府以来の鎌倉と佐貫の深い関係があったことなどがこれまでも注目され(1)、その地域景観や歴史的事実などが明らかにされている。ただ戦国期の佐貫については、安房妙本寺の末寺本乗寺に関する考察や(2)、佐貫城をめぐるさまざまな政治的動向など(3)が個々に検討されたことはあっても、佐貫の地やその周辺が有した特性やその歴史的背景が整理され、東国・房総史のなかに位置づけ語られた例はあまりないのではないか。

だがその一方で、里見氏の最盛期を築き対外的にも東国政治史に少なからぬ影響を与えた里見義弘が一貫して佐貫城を本拠にしていたこと、永禄年間（一五五八～七〇）の一時期にせよ古河公方足利義氏が佐貫に御座所を構えていたこと(4)、さらに佐貫城周辺をめぐって小田原北条氏と房総諸氏の間で長きにわたって争奪戦が展開されたこと、里見氏の天正内乱の際に里見義弘の子にして足利義氏の甥にあたる梅王丸が佐貫城を対立拠点としたこと、そのうえでここ佐貫が中世江戸湾交通の房総側の要地とされる天神山と富津のちょうど中間に位置し、特に富津のそれを事実上下支えしていたことなどをみれば、(5)戦国期の佐貫周辺が、東国・房総の政治・経済史において極めて重要な位置を占めていたことは、容易に察することができるであろう。

筆者は別稿で、戦国期の佐貫を拠点として活躍した加藤氏（以下、上総加藤氏とも）について、その系譜関係を簡単に整理したが、(6)一族の特性や基本的性格といったことのみならず、加藤氏が拠った佐貫自体が有していた基本的性格や歴史的背景についても、紙幅の関係もあってまったく言及できなかった。それゆえここでは、右のような課題に取り組むことで戦国期の佐貫の特性を明らかにしていきたいと思う。ただその際、別稿と重複する部分があることとなろうが、行論上ご寛恕を請う次第である。

一　佐貫に所在した「宿」「市」

1 「宿」の考察

戦国期の佐貫といえば、このあたりで北条氏・里見氏との間で長年抗争が繰り広げられたこと、さらにこの地を象徴するような佐貫城が存在していたことが、すぐさま想起されるが、そもそも戦国期の佐貫とはどのような地だったのであろうか。そこでまず注目したいのは、当該期の佐貫に宿と市が確実に存在していた事実である。

いうまでもなく宿は、街道が交差し、また河川・海上交通の発着点ともなるような交通の要衝に設営されるもので、そこにはそれに対応する物資・施設が存在した。そして当然それを担う運送業者や宿泊業者を含む商業・職人が集うことで、富や人が集積され交易が行われた場所となった。この点、佐貫については、近世初期における佐貫城下士集

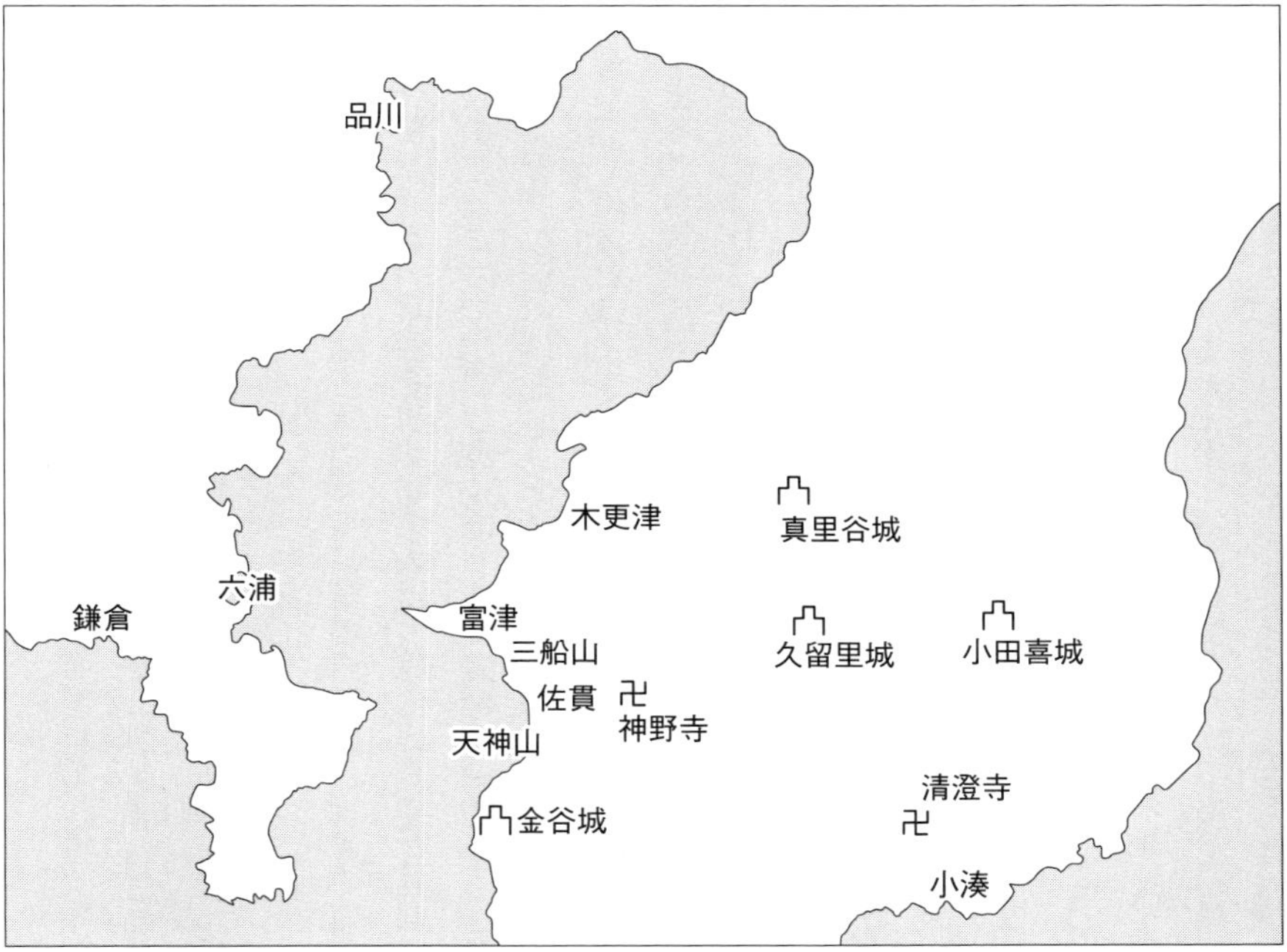

戦国期　上総関係地図

落を通る道を「下道」と呼び、下道には「新宿」「古宿」の字名が残っていることがすでに指摘されている[7]。そして天文年間に、「佐貫新宿」「新宿」という呼称が史料上確認されるところをみれば[8]、「下道」に残る字名の由来は戦国期に遡るものであり、なれば「新宿」に対応する「古宿」は、少なくとも戦国時代前期からの存在が想定される。また、これとは別に、城の北側に字「上宿」や「下宿」に想定される地があり、これらは起源を前出「新宿」「古宿」以前とすると考えられている。

そしてこれらの宿はあいまって、江戸時代初期の寛永期には完成されていたとされる佐貫宿[9]に発展・連動する（つまりその前史）と考えられ、そしてその佐貫宿が人馬の継立＝陸上交通を介在する宿だったことからみれば、戦国期の佐貫宿（以下本稿でいう佐貫宿とは戦国期の宿を指す）も、陸上交通を介在する要地に成立・発展した宿だったと考えてよいだろう。

ではその陸上交通だが、具体的にはまず亀沢付近で合流（分派）し房総半島西側を南北に縦断する主要道＝いわゆる房総往還[10]（木更津・佐貫間は二通りのルートが存在したらしい）がある。またそれとは別に、木更津から海沿いに荒井（新井）・川名・篠部といった湊集落を経由して佐貫に至る（またはその逆）道も、確実に戦国期以前より存在した。[11]そしてさらにそれらと佐貫城を挟んで交差するように、房総半島のほぼ中央部を東西に横断する信仰の道があった。[12]つまり佐貫は、房総半島西側のほぼ中央部に位置し、南北を結ぶ二系統の主要道と東西を結ぶ道の三路線が交差する地だったのである。

その房総半島の東西を貫く信仰の道とは、佐貫の後背部にそびえる鹿野山と、そこに所在する神野寺、そして久留里を経由することで、その奥に屹立する霊峰清澄山の清澄寺へ、さらには日蓮宗の聖地小湊へと繋がる道である。改めていうまでもなく、鹿野山（神野寺）・清澄山（清澄寺）は古来より山岳修験、また密教の霊場・聖地として全国的に名高く、そのことは、文明期、京都聖護院道興が東国を遊歴したとき、この両所に参詣している事実からも十分にうかがえる（「廻国雑記」）。そして中世社会において、これら霊場・聖地への信仰・参詣が現在考えられている以上に極めて盛んに行われ、そしてそのような信仰熱が高野山・熊野といったいわば中央の聖地のみならず、地方の拠点にまで及んでいたことは、すでに常識の部類に入ろう。それゆえ後述のごとく、参詣者や宗教関係者が数多集うことを前提に、佐貫市場では聖教類までもが売買されていたのである。[13]

そしてさらに注目したいのは、この信仰の道が、佐貫浦（八幡浦）そして江戸湾を介して、直接対岸の六浦・鎌倉とも繋がっていたと考えられることである。となれば、これは信仰の道の延長というだけでなく、鎌倉・南北朝・室町という時期においては、この道が金沢称名寺領や鎌倉寺社領からの年貢輸送やそれに伴う物資・人の流通の道でもあったことを意味しよう。そしてこれらの活動のなかで、佐貫の地は特に東国の首都たる鎌倉と、その外港にして江戸湾交通の核たる六浦と密接に結ばれていたのである。鶴峯八幡宮の門前にて佐貫の外港たる八幡浦が、今なお「鎌倉文化が濃厚」と評価される所以である。[14]

以上これらのことから佐貫宿は、房総半島を南北に走る政治・経済上の主要道と、鎌倉へも繋がる政治・経済・宗教・文化の道が交差する、まさに陸上交通の要所に開け発展した宿だったと考えられるのである。

2「市」の考察

そして「市」である。物・人が集積され交易が行われる市については、「宿」とほぼ一体のものと考えることもできるが、佐貫の場合、戦国期の史料に「佐貫市場」「市場」などの地名が頻出し、それが後述のごとく佐貫宿とは少し別の場に発展していたようなことから、宿とはそもそも別の展開で成立した市の存在が想定される。問題は所在地だが、「佐貫市場」については、現在の染川が大きく屈曲して海に注ぐ河口部あたりが一つの候補となり、[15]また鶴峯八幡宮の門前に開けた八幡浦地区に、今は消えてしまったが、江戸時代には確実に市場地名が残されていた[16]ことなどをみれば、佐貫一帯に複数箇所所在していたこと（定期市）が想定される。

そしてそこでは、このような市で通常みられる日常の生活必需品はおろか、聖教類といったものまでが購入できたほど数多の品が売買されていたのである。その多様性こそ、ここで開かれていた市の活況と繁栄を彷彿とさせるものである。そしてこれらの市も、当然ながら既述の佐貫宿を含めた街道、浦、鶴峯八幡宮門前の賑わいと連動して繁栄していたに違いない。

となれば佐貫一帯は、宿・市の繁栄がもたらす富と物が集積されることで、地域経済の中心地となり、さらに鎌倉や金沢の寺社との繋がりに象徴される文化の中心地でもあり、しかもそこに権力が介入することで（佐貫城）、江戸湾を臨む西上総地域の政治・経済・文化の中心地に成長していったのであろう。また当然そこには多くの商職人も集い[17]、いわゆる都市的な場を形成していたに違いない。当時市場に所在していた日蓮宗本乗寺も、商職人といったこれらの階層を背景に成立していたことは間違いない。さらにたとえ権力の介入があったにせよ、基本的には自立的な性格を有する人々や力がここでは成長していたと考えられ、その代表的な存在が後述加藤氏のような存在なのではないか。ただそのことは同時に、この地を押さえることによる大きなメリットがあることを意味しよう。

例えば、正木憲時の乱が最終局面を迎えようとしていた天正九年(一五八一)八月の里見義頼書状(『戦国遺文 房総編』〔以下『戦房』〕一八〇八号)で、義頼は百首城主正木淡路守父子に対し、この度の参陣の手筈・日時を確認・指示しているが、その一方、義頼の本隊であろう当地(おそらく岡本であろう)の番衆もこのあと佐貫に参着し、そこで道具等を点検したうえで、二十日に打って出ることを伝えているのである。ここで注目したいのは、佐貫の地が義頼から軍勢と道具を整える地と指定されていることである。つまり佐貫の地は、多数の軍勢が駐屯できただけでなく、道具＝武器、さらには物資の点検や補充が可能で、それゆえこれから戦場へ向かう中継地として選ばれたと考えられるのである。具体的には、佐貫城の存在はもとより、当然ここに展開されていた宿と市の存在が前提にあることを意味しよう。このことも佐貫をめぐる権力間の攻防が続いた一つの大きな理由であろう。では次からこの地を拠点に成長した加藤氏についてみてみよう。

二　上総加藤氏

1　系譜関係とその出自

戦国後期の上総加藤氏の系譜関係については、別稿で簡単に整理した。その結果、太郎左衛門で知られる家系では、戦国後期から江戸初期にかけて豊景・信景・弘景・孫五郎の歴代が確認され、さらに当主が仮名孫五郎、官途太郎左衛門、受領伊賀守を称し、また特に前半の三代が、上総佐貫城およびその近辺を拠点に活躍していたらしいこと、政治的には、当初は上総武田氏のもと、その後は自立的な立場を維持しながら永禄初期には北条氏の、さらには里見氏の被官化を遂げ、天正十八年（一五九〇）以後は完全に里見氏の家臣化したこと、などが明らかとなった。またそれとは別に、越前守を名乗る系統もあり、この両者の具体的関係は不明であるが、過去帳などによればどうやら同族としてよいことが推測された。そしてこの加藤氏だが、里見義弘の後継者争いの際、加藤伊賀守信景の存在が突如歴史の舞台に登場してきた感さえあるほど、その出自はもちろん、どのような基本的性格を持った一族だったかさえ、まったく不明だったのである。では以下そのような点について考えてみよう。

まずその出自だが、別稿でも指摘したように、歴代の実名に「景」の一字が襲用されていることは、源頼朝の近臣としてよく知られる加藤景廉をその祖として意識していたことは間違いない。ただ佐貫の近所に現在でも「加藤」という地名があることから、そこを本貫地とした一族ではないか、というような理解もある。

ではこの点についてだが、加藤信景の名乗りの一字「信」は、加藤氏が拠った佐貫という場から考えても真里谷武田氏から偏諱を受けたものと思われる。そしてこのことから、加藤氏は、もともと上総武田氏を主家に仰ぐ一族だったと理解されるのである。そこで大いに注目されるのは、戦国大名甲斐武田氏の家臣に、やはり「景」の一字を襲用している加藤氏が存在することである。この加藤氏は、甲斐国と相模・武蔵国の国境に位置し現在もなお陸上交通の要衝たる上野原を拠点とした一族で（以下上野原加藤氏）、いまざっと見渡しただけでも、戦国期の歴代には虎景・景忠・信景といった人物が存在したらしい(18)。

そしてよく知られるように、上総武田氏は十五世紀半ば頃、本来は甲斐武田の正統ともいえる武田信長が本国甲斐から最終的に上総へ入部したことによって成立した。そして、上総入部以前の武田信長を支えた最有力の一人に上野原加藤氏（加藤入道梵玄）があったとされるのである[19]（『鎌倉大草紙』）。となれば、武田信長に随伴してこの上野原加藤氏の一部が上総国に入部したという可能性は十分あるのではないか。つまり、上総加藤氏は甲斐上野原加藤氏の系譜を引く一族で、太郎左衛門を名乗る系統の人物が武田信長とともに上総国に入部したのではないだろうか。

さらに、信長が入部したのは最初から真里谷城だったわけではなく、むしろ江戸湾岸の一帯（百首・天神山・佐貫）だったと考えた方がよさそうなところから[20]、その際、佐貫近辺には信長を支える有力者加藤氏が配置され、以後加藤氏は武田氏の支配下にありながら佐貫において自立的成長を遂げ、特に天文二十年（一五五一）代の武田氏没落後は佐貫を中核とする西上総における有力な存在となったのではないか。

もちろんこれらのことについては、史料がまったく存在しないことからの推論にすぎないが、あえてこれらのことを一つの仮説としてここに提唱したい。ではさらに加藤氏についてみてみよう。

2　基本的性格について

次なる課題は、上総加藤氏の基本的性格である。その点について考える一つのヒントとなりそうなのが、次の文書である。

〔史料1〕加藤信景書状（『戦房』一二八八号）

預御貴札候、過分至候、如来意、当世上互通路不自由候間、絶音問候事、非無沙汰候歟、然者、本乗寺義附而具
被仰越候、下地事者無際限候、重あらまし申述候、某宿守之代物預申候キ、小銭共ニ十七八貫罷成候得共、上義
お者ゆるし六貫文無御渡候間、催促申候処、以石野弥次郎と申人相渡之由承候間、左様ニも候者、其受請取歟、

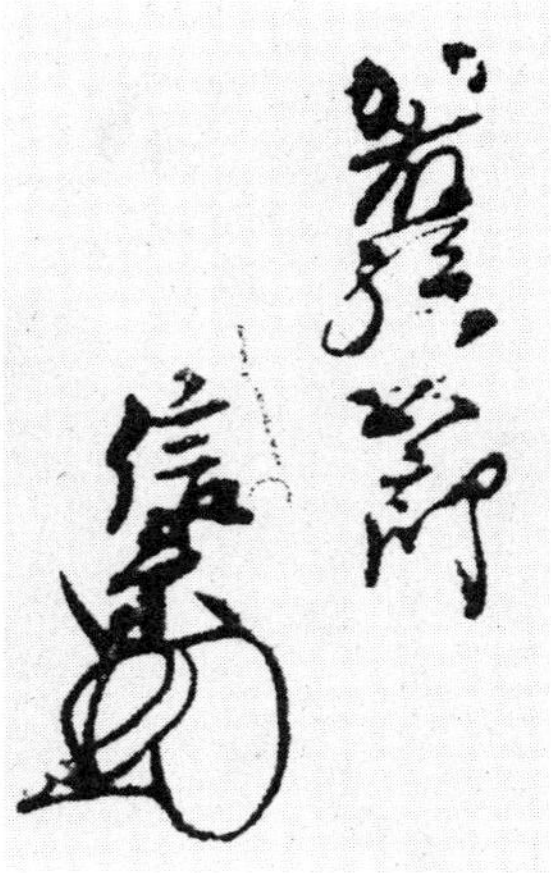
図1

図2

図3

無左者手書も候者、可承分之由申候処、既被及御暇候間、（中略）
此由奉得尊意候、恐々敬白、
加藤孫五郎
信景（花押）
五月□□《（廿一カ）》日
御□報
妙本寺

この内容は以下のようになろう。すなわち「加藤孫五郎信景が、当時佐貫市場に所在していた日蓮宗本乗寺の宿守に対して、一七、八貫あまりの金を貸し付けていた。ところがそのうちの六貫文の返還を求めたのに対して、その一部しか返金されないので催促したところ、石野弥次郎を通じて返済したというのみで、その後、当事者が暇＝出奔してしまったらしい。この一件について信景が、本乗寺の本寺たる安房妙本寺に対してかさねてことのあらましを述べたもの」と。

本題に入る前に確認しておくことがある。まずこの文書は、これまで天正十年（一五八二）代頃のものと位置づけられてきたが[21]、別稿でも明らかにしたように、加藤伊賀守として知られる信景が仮名孫五郎を称している段階のものであり、しかもここで記されている信景の花押（図1）は、天正十年代のもの（図2）とはまったく異なるものである。

したがって、本文書はそれよりずっと以前、すなわち永禄前半期ぐらいに比定されるものであることが判明した。さらにここから、従来不明だった加藤伊賀守豊景なる人物の位置づけも明らかとなった。すなわち、別稿では紙幅の関係でその根拠の一つである花押形を示せなかったが(図3)、これをみれば図1と図3の花押は極めて似ていることが確認できよう。そして豊景は伊賀守を称する人物であること、一方、信景は天正十八年段階でも伊賀入道を称しており、その後継者には弘景なる人物が確定できること、という事実をみれば、豊景は信景以降の人物ではなく、むしろそれ以前、すなわち信景の前代、おそらく父にあたる人物ではないか、と推測したのである。

では文書に戻ってみよう。まず文面にみえる石野弥次郎という商人らしき人物の存在も気になるところだが、やはりここで注目したいのは、加藤信景が個人として一七、八貫文あまりの金を本乗寺宿守に貸し付けるだけの財力を有し、またそのような(高利貸し)側面を持っていたことである。この個人的財力を有していたことは、信景が佐貫城至近に所在する天祐寺において開基檀那たる武田氏が没落したあとの中興檀那と伝えられていること(22)、史料1にみえるように、居住地の寺(本乗寺)のさらに本寺(妙本寺)とも親密な交友関係を持っていたこと(経済的支援者ゆえか)、遠く紀州高野山西門院と直接師檀関係を結び、さらには生前供養として自身(夫妻)の石塔造立を依頼し、またそれが確実になされていたこと(23)等々からも十分にうかがえる。つまり加藤信景(加藤氏)は、このように多額の資金を捻出・運用でき、またそれを地域経済に投下・還元(高利貸し、寺社に対する資金援助や再建工事＝いわば公共事業)できる経済的富裕な立場にあった氏族だったと考えられるのである。そしてそれが加藤氏をして一個の有力な存在に成らしめ、特に戦国末期には地域経済圏の発達とともに、佐貫、いや西上総を代表する存在に成長した、ということは十分に想定されるところである。では、その富の源泉となったものは何だろうか。

その点についても、直接裏付けるだけの史料がまったくない。ただここで注目したいのが、先に上総加藤氏と同族

（出身母体）と考えた甲斐上野原加藤氏である。この一族の拠った上野原の地は、「天文二十三年、甲斐武田氏と小田原北条氏が盟約のため婚姻を結んだ際、この地で花嫁＝信玄の娘の引き渡しが行われた」（「妙法寺記」）という逸話に象徴されるように、甲斐と相模・武蔵の国境に位置している。つまり上野原加藤氏はまさに境目の領主なのである。そしてこのような境目に位置する中小の領主こそ、生き残りのため情報収集・分析能力と機動力に極めて長けていたことはよく知られる。となれば、そのような特性がさらに発展して、情報や移動を前提とする流通やその延長上に位置する経済活動に長じた氏族だったことも十分に想定される。

すなわち上野原加藤氏は、まさにそのような性格を持った境目の領主だったと考えられるのである。そして実は佐貫（城）もつねに里見氏や武田氏・北条氏による争奪戦がおこなわれた境界領域そのものであった。となれば、いわば出身母体を同一にする上総加藤氏にしても、境目の領主が持つ情報収集・分析に長けた特性を有し、さらにこの場合は宿の発展の基となった陸上交通や流通活動を担い、またそれらを管轄する能力を持った氏族という言い方ができるのではないか。そこで改めて次の史料が注目される。

3　陸上交通・流通と加藤氏

〔史料2〕加藤信景判物（『戦房』一八八一号）

馬之口事

右、改候而、当年よりも馬之口厳密に可致之候、縦出家奉公百性（姓）之馬成共、法度ニ候間取申、此方へ為登可申候、
為其ニ及一札候、仍如件、

壬午拾月廿八日　（花押）

これは、里見義弘の後継をめぐる梅王丸と里見義頼の争いと、それに連動した正木憲時の乱＝里見家天正の内乱が[24]、義頼の勝利で終結した翌年の天正十年（一五八二）に、それまで梅王丸の支配下にあった西上総横田郷の地頭方百姓中宛に「馬之口」の厳密なる徴収を改めて指示している文書である。この場合、一般論からいえば新たな支配者となった側からの政策が指示された文書と位置づけられよう。またここでいう「馬之口」とは、「江戸時代、人および貨物運送に従事する馬一匹につき課せられた税の一種」（『日本史用語辞典』柏書房、一九七九年）＝すなわち通行税の一種と理解するのが自然であろう。問題は発給者である。実はそこに据えられた花押形（図2）は、加藤信景その人のものである。ということは加藤信景がこの横田郷あたりの領主かというと、少なくとも横田郷を含むこの地一帯は、天正内乱の勝利者、里見義頼の支配下に帰したとみて間違いない。ところがこの文面からは、里見義頼の直接的な姿はみえないのである。

そこで、別の機会にこの文書を含めた「葛田家文書」を検討した際には[25]、天正の内乱終結後、乱の功労者として加藤信景が遇されたという伝承や、事実その後は加藤氏が佐貫城将（代）を勤めていた事実から（『戦房』二三三四号）、加藤氏が内乱終結後、義頼から西上総の仕置き全般を委ねられた結果の文書ではないか、と考えてみた。この点、大筋は相違なかろうが、ここまで確認してきたことを踏まえて改めて見直せば、これは従来の政策（法度）を改めて厳密にするよう指示したものであることから、加藤信景が西上総地域の陸上交通や流通政策（通行税徴収・管轄）にこれまで大きく関与していたことを示唆するものではないか。つまり加藤氏はそのような能力を有していた氏族だったのではないか。そして信景の次代弘景が、里見氏の外交担当になったのも[26]、加藤氏が持つ陸上交通と流通機能、そしてそれが発展した機動力と情報収集・分析、それゆえの外交能力の高さが大きく買われたからではないか。

となれば、さらに次の伝承が注目されよう。すなわち、「小田原戦役が終わった翌年の天正十九年、里見義康は、名代として加藤太郎左衛門・孫五郎父子の両人を大坂に遣わし、増田長盛の取り次ぎにて秀吉に謁見し小田原凱陣の祝賀を言上した。そしてその際、義康からの引き出物として鉄砲の玉薬を大船三艘に積み、相州三崎津に廻漕し、それより人馬にて大坂に送り込んだことを秀吉に激賞された」とあることである。すなわちここで加藤氏は、外交使節のみならず輸入品たる鉄砲の玉薬の運送（或いは調達）をも担った氏族として描かれているのである。(27)

もちろんこれは、江戸時代の通俗書と評価される「房総軍談」「小倉日記」等にみえる記事であるため、それがそのまま事実だとは考えられない。だがその一方で、増田長盛が秀吉政権と里見氏間の取次であったことはよく知られ、また加藤太郎左衛門（弘景）と孫五郎とが父子であったこと、さらに太郎左衛門弘景が里見氏側の対秀吉政権の交渉役であったことも事実である。したがってこのことは、何らかの事実の一端を物語るか、そうでなくとも、最低限、加藤氏が持つこのような特性が伝承・記憶として残された結果創られた挿話である、ということは許されよう。

以上縷々述べてきたが、ここまで述べてきたことをまとめれば、上総加藤氏は、佐貫宿や数箇所で展開された市の繁栄を背景に、陸上交通や流通活動に関わり、またそれに裏付けられた財力を獲得し、そしてそれをさらに宿や市の経済活動に投資（貸し付け）することによって、さらなる経済力を獲得したこと、そしてそのような能力や財力が対外交渉や情報活動に発展した結果、加藤氏をして西上総を代表する存在に押し上げ、佐貫城の里見義弘の治世を支えただけでなく、彼の死後には、その子梅王丸を支える存在とまで期待されたのではないか、とみた。そして加藤氏が有したその能力・財力は、佐貫を支配した時の権力に、常に期待されるものだったのではないか、と考えてみた。

三　佐貫城をめぐる政治的動向

では、その佐貫城の支配関係はどのように推移しているのだろう。ここでは戦国期における佐貫城を含む佐貫郷の支配関係を、近年の佐藤博信・黒田基樹氏らの成果(28)にその多くを拠りながら、改めて整理してみよう。

まず戦国初期の佐貫郷は、鶴峯八幡宮の永正四年(一五〇七)十一月再興棟札銘によって、真里谷武田氏の領有下にあり、この時点では武田信秋が佐貫の領主＝佐貫城主だったと考えられている(『戦房』四三七号)。それから三十年後の天文六年(一五三七)段階では領主として真里谷全芳の名が確認され(『戦房』六八七号)、その全芳が前出の信秋とみなされることから、状況は変化していないとみられる。ところがそれから九年後の天文十五年(一五四六)には、一転、里見義堯の居城となり北条氏との抗争の舞台となっていたことが確認できる(『戦房』一三〇七号)。具体的にそれはいつどのような事情がもたらしたものだったのであろうか。

1　天文期の佐貫城をめぐる政治的動向

そこで注目したいのが、安房惣社たる鶴谷八幡宮の天文十四年(一五四五)八月修造時に掲げられた棟札銘(『戦房』七六九号)である。この行事を主催した大檀那里見義堯は、ここで源晴氏＝古河公方足利晴氏の武運長久を祈願しているのである。この八幡宮修造は里見氏歴代が必ず実施する事業であり、しかも里見氏にとってその時点における政治意志を内外に示す、極めて大きなイベントであることは、すでにさまざまに指摘されているが、改めてこの天文十四年八月という時の意味について考えてみたい。

実はこの直後、足利晴氏は上杉氏らとともに、北条氏の武蔵支配の拠点となっている河越城を攻撃し、それは翌年の有名な河越城夜戦にもつながった事態とされているのである。この点、近年の研究によって、その夜戦自体は後世の創作の可能性が高いとされるが[29]、足利晴氏が天文十四年の後半には上杉氏と結んで反北条氏の姿勢を鮮明にし、ついには北条方の拠点たる河越城に迫ったこと自体は間違いない。そしてこの頃、里見氏が房総の枠組みを越えて反北条氏勢力と連絡を取っていた（取ろうとした）ことも、この前年あたりに年次比定されている北条氏康証文（『戦房』七五五号）の存在からみても間違いない。ということは、この棟札の語る意味は、古河公方足利晴氏を反北条氏勢力の紐帯と位置づけ推戴する里見義堯のその時点における政治意志の宣言とみておかしくないのではないか。

そして先に述べたように、天文十四年後半から翌年にかけて、北条氏は里見義堯も荷担する反北条氏勢力による河越城攻撃を受け、しばらくそちらに集中せざるをえない状況に追い込まれていた。しかもその直前には駿河で今川氏との抗争も展開していたのである。つまりこの天文十四年の後半から翌年の初めにかけては、北条氏は政治的苦境に追い込まれており、ゆえに房総では北条氏の直接的脅威が小さくなっており、その分この間隙をぬって里見氏が一気に攻勢に打って出る余地が十分にあったのである。もっともこの時期の里見氏は、北条氏と一時的にせよ盟約を結んでいたらしく、後年、このときのこととして駿河で戦う北条氏に対して援軍派遣なども企図していた（『戦房』一三〇七号）とはいうものの、そのようなことが現実にあったのか疑わしい。はるか後になってなら、いかようにも言い繕うことはできよう。それゆえこの時期に、里見氏が北条氏不在の間隙を縫うかたちで佐貫城を初めて奪取した可能性は極めて高いのである[30]。となればその際、武田全芳・義信父子は里見氏によって佐貫城から追われたとみてよい。

だが翌年、北条氏が河越城合戦に勝利すると、同年九月には、もと佐貫城主武田全芳の子義信の復権を名目として、北条氏による佐貫城攻めが行われた。ただこの攻撃自体は同十月に北条氏が撤退したので、里見氏による支配はそれ以後もしばらく続いたらしいが、それがいつまでだったかはわからない。そして天文二十年代になると、真里谷武田氏の滅亡をうけて北条氏による西上総攻撃がさらに激化するので、おそらくその時期に佐貫城およびその周辺は、再び北条氏の支配するところとなったらしい。

2 永禄期以降の佐貫城をめぐる政治動向

佐貫城のその後だが、永禄二年(一五五九)成立の「北条家所領役帳」によれば、その時点で北条氏の家臣布施康能が佐貫に在城し、その拡張・増強(普請)に努めていたことがわかる。北条氏は佐貫城をして上総支配の強固な拠点となすべき作業を着々とすすめていたのである。そして、そのようなことを直接支えていたのは、江戸湾一帯に大きな影響力を持った正木兵部大輔やその配下の嶺上衆、佐貫至近の篠塚などの地を与えられていた玉縄衆の朝倉右馬助(おそらく水軍衆)や、氷《こおり》=郡郷を与えられていた上総加藤氏だったと思われる。ここで加藤氏は、北条氏の被官となって北条方の佐貫城在城という事態を支援していたことがわかる。(31)

そして佐貫城の北条方拠点城郭という事態は、永禄三年の上杉謙信の越山によって、北条氏の勢力の大半が房総から撤退したのちも変わっていないようである。というのも永禄五年もしくは六年と推測される千葉胤富書状(『戦房』一〇九〇号)によれば、佐貫城は北条方の前線基地として依然機能しているのである。そしてこのことは、在地の加藤氏が変わらず北条方にあってそれを強力に支援していたことをうかがわせる。何故ならば、永禄四年以降、前出の正木兵部大輔などの面々は北条方から里見方に転じている事実がある(『戦房』一〇四二・一〇五九・一〇六八号)。となれば、極めて短期間ならともかく、いわば余所者たる北条氏が単独でこのような状況を維持することは至難の業だったと思われる。それこそ加藤氏のような現地における強力な支援者があってはじめて前線基地の維持が可能だったのである。またこのことは同時に、加藤氏が隣接する天神山の正木兵部大輔とは別な枠組みで活動していた存在だったことを意味しよう。

次いで永禄六年あたりから同七年にかけて、前述の如く、今度は古河公方足利義氏が一連の鎌倉への移座の途中で佐貫城に一時期、御座所を構えたのであった。義氏が北条氏の強力な支援を受けていた存在であったことからすれば、この事態もここ佐貫が依然北条氏の支配下にあったとみて間違いない。そしておそらくこの場合も現地にあって義氏を支援したのは、加藤氏、それに加えて旧来から足利氏との縁が深かった岡本氏、さらには上総にあった足利家根本家臣の関係者ではなかったかと考える。(32) これらの面々は地元との繋がりが深い分、里見氏といえども迂闊に手を出すことはできなかったのではないか。だが永禄七年八月、義氏が鎌倉へ移ったことでその状況は変わり、ことの詳細は不明だが、まもなく佐貫城は里見氏によって奪取されたらしい。その事態を受けて同年再び北条氏は佐貫城を攻撃した(『戦房』一五八一号)が、奪回するまでには至らなかったようである。ということは、同年正月の国府台合戦の敗北は、里見氏にとってそれほど大きなダメージではなかったのであろうか。

そして永禄十年の三船山合戦が、実際は佐貫城をめぐる攻防戦の一齣だったとみなせることからすれば(33)、この間に佐貫城は里見氏(義弘)方の拠点として本格的に強化されたのであろう。そしてさらに三船山合戦の結果を受けて北条氏が西上総から完全に撤退し、さらにその後、外交方針を大きく転換したことによって(越相同盟)、佐貫城は完全に里見義弘の本城と化したとみられる。以後、義弘は死ぬまで佐貫に在城し、それゆえ「佐貫ノ義弘」と呼称されるように(『戦房』一七七三号)、佐貫は彼の代名詞とまで内外に認識されるようになったのである。またその際加藤氏は、今度は義弘を支える存在になったらしいことは、義弘死後、彼と古河公方足利義氏の姉との間に生まれた梅王丸がその後継者となった際、加藤氏がそれを支える存在に位置付けられたらしいことからもうかがえる。そしてこの内乱が義頼の手によって収められた際には加藤氏が大きく貢献したとされ、前述の如く、実際その後、加藤氏が佐貫城の城代に位置づけられているのである。以後小田原合戦後、佐貫城には家康配下の内藤氏が入ったが、そののちも、佐貫の西上総における拠点的都市としての位置づけは変わらなかったのである。

まとめにかえて

以上、ここまでみてきたところをまとめれば、

①佐貫に存在した「宿」「市」による経済的富が戦国期の佐貫の繁栄をもたらしたこと、

②その宿や市の繁栄を背景に陸上交通や流通に裏付けられた財力を獲得し成長したのが加藤氏だったこと、

③加藤氏は甲斐加藤氏と同族で、陸上交通や流通から発展した情報活動や外交能力をもって、佐貫を支配した様々な存在を常に支援したらしいこと、

④佐貫城はそのような佐貫を掌握する城ゆえに、つねに争奪の対象となった城だが、永禄十年(一五六七)以降は、里見氏(義弘)の本城化したこと、

といったところになろうか。そしてさらに佐貫の地は、江戸湾を介して六浦・鎌倉へのルートが早くに確立されたことで、鎌倉の文化や文物・情報がいち早く伝わるところであった。しかも足利義氏がここから直接鎌倉に移った一事をみても、房総において最も東国の聖都たる鎌倉を直接意識できるところだったのであろう。そのように考えると、永禄期後半、ここ佐貫城を自身の本城とした里見義弘が、反北条氏の中核となって関東政治史の表舞台に顔を出すようになり、なかでも鎌倉殿たる古河公方の継承問題にも深く関わるようになったこと、そしてさらに、清和源氏所縁

の左馬頭の官途を称し、足利様の花押を使用し、また古河公方足利晴氏の娘を夫人とし、さらには二人の間に生まれた梅王丸を後継に擬すことなど、明らかに自らを関東足利氏の御一家と位置づけ意識の高揚期を迎えた事実も、[34]一貫して彼が佐貫城をその本城としたことと相まって理解できるのではないか。

なお加藤氏は終始佐貫にあって、武田氏・北条氏・足利氏・里見氏というように支配者が変わっても、常にそれを支える重要な存在だった。この事実は加藤氏が単なる武士ではなく、さまざまな側面を持っていた証左であろう。ただそれは、戦国期、そして佐貫にいてこそ輝いたのであり、天正十八年（一五九〇）以降、里見氏の完全な家臣化して安房に退去した加藤氏が、以後ほとんど史料的所見が無くなるのも当然であった。

註

（1）福島金治「金沢称名寺領上総国佐貫郷について」（『三浦古文化』四二、一九八七年）、佐藤博信「上総佐貫柿谷名について」（「黄梅院文書目録にみる上総所領について―佐貫柿谷名をめぐって―」『南北朝遺文　関東編』第四巻月報四、二〇一〇年。のちに同『中世東国の権力と構造』校倉書房、二〇一三年、に収録）等。

（2）佐藤博信「東国における日蓮宗寺院の中世的展開―安房妙本寺日我と本乗寺日膳の関係を中心に―」（『千葉県の文書館』六、二〇〇一年。のちに同『中世東国日蓮宗寺院の研究』東京大学出版会、二〇〇三年、に収録）。

（3）黒田基樹「天文後期における北条氏の房総侵攻」（『市史研究横須賀』三、二〇〇四年。のちに同『戦国の房総と北条氏』岩田書院、二〇〇八年、に収録）、滝川恒昭「北条氏の房総侵攻と三船山合戦」（千葉城郭研究会編『城郭と中世の東国』高志書院、二〇〇五年）。

（4）佐藤博信「足利義氏の御座所について―上総佐貫のこと―」（『鎌倉』五七、一九八八年。のちに同『中世東国の支配

構造』思文閣出版、一九八九年、に収録)。
(5) この点、佐藤註(2)論文の指摘による。
(6) 滝川「上総佐貫の加藤氏について」(『戦国遺文 房総編』月報五、二〇一五年)。
(7) 佐貫城の構造やその周辺の地名を含めた詳細については、特に断らない限り、『東関東自動車道(木更津・富津線)埋蔵文化財調査報告書11』(財)千葉県教育振興財団、二〇〇八年、小高春雄氏執筆分)、小高春雄『君津の城』(私家版、二〇一〇年)等を参照。
(8) 佐藤註(2)論文および同書参照。
(9) 『富津市史 通史編』(富津市、一九八二年)。
(10) このことについては、『千葉県歴史の道調査報告書十六 房総往還Ⅱ』(千葉県教育委員会、一九九一年)等を参照。
(11) 室町初期には成立していたとみられる『義経記』(日本古典文学大系)によれば、源頼朝が安房から西上総を北上していく過程に、「上総国讃岐(佐貫)の枝浜を馳せ急がせ給ひて、磯が崎(磯根岬カ)、篠部、いかひしり(川尻カ)…きさうとの浜(木更津カ)」を通過したとあり、これらが海沿いに比定されている地であることをみれば、すでに室町期には佐貫から海沿いに成立していた路線の存在がうかがえる。また天正四年時点における西上総の半手になった湊を書き上げた北条氏規朱印状写(『戦国遺文 房総編』(以下『戦房』)一五六八号)にも、篠部・河名・荒井などの湊集落がみえることから、当然それらの間を結ぶ海沿いの路線が想定される。
(12) 佐藤註(2)論文および同書参照。
(13) この点、佐藤註(2)論文参照。
(14) 福島註(1)論文。
(15) 佐藤註(2)論文。

(16)『富津市史　史料集2』（富津市、一九八〇年）。
(17)一例をあげれば、文明十七年、造海郷三所大明神の造営を担った者に、佐貫郷大工定林入道がいる（『戦房』二七四五号）。
(18)上野原加藤氏については、『上野原町誌　上巻』（上野原町誌編纂委員会、一九七五年）、および『戦国人名辞典』（戦国人名辞典編集委員会編、吉川弘文館、二〇〇六年）等を参照。なおさらに付言すれば、上総の加藤信景と同名異人で永禄期に所見のある甲斐上野原の加藤信景は、次郎左衛門尉と称していたことが確認できるので、或いは上総に入部した太郎左衛門の系統の方が本来は嫡流だったことも想定されよう。
(19)この点、黒田基樹氏のご教示による。
(20)この点については、滝川「上総天神山湊と野中氏」（『千葉県の文書館』四、一九九九年）や、黒田基樹「初期の上総武田氏をめぐって」（『千葉史学』六〇、二〇一二年）を参照されたい。
(21)この点、佐藤註(2)論文。
(22)「天祐寺過去帳抜書」。本資料は小高春雄氏のご教示による。
(23)宝永四年成立の高野山奥院絵図には、加藤太郎左衛門の供養塔の存在が明瞭に確認できる。ただしこの点について、筆者(滝川)は過去三度にわたって現地において所在確認調査を実施したが、現時点ではそれが現存するかどうか確認できていない。
(24)この天正の内乱については、さしあたり『さとみ物語り』（館山市立博物館、二〇〇〇年）、『千葉県の歴史　通史編中世』（千葉県、二〇〇七年）を参照されたい。
(25)滝川「里見氏の西上総支配と民衆―葛田家文書の紹介―」（『袖ケ浦市史研究』二、一九九四年）。
(26)竹原建「房総里見氏と高野山西門院」（戦国史研究会編『戦国期東国社会論』吉川弘文館、一九九〇年）を参照。

(27) この点については、大野太平『房総里見氏の研究』(宝文堂書店、一九三三年)に指摘がある。

(28) 佐藤註(1)(2)書、および黒田註(3)書など。

(29) この点、城郭研究会「中世の河越城―その成立と発展―」(黒田基樹編『扇谷上杉氏』戎光祥出版、二〇一二年)、『企画展図録 後北条氏と河越城』(川越市立博物館、二〇〇七年)等を参照。

(30) この件についてこのような理解はこれまで存在しないが、斯く考えれば整合的に理解できよう。なお里見氏や房総戦国史に限らず、戦国期に起きた様々な問題については(特に政治史)、各地の政治動向と連動していることが非常に多く、それゆえより広い視野からの考察が極めて重要なことを改めて痛感する次第である。このような視点で、今後、従来の房総戦国史像も再検討してみたい。

(31) この点、若干混乱がみられるようである。『戦国人名辞典』では加藤太郎左衛門を「北条氏の家臣で河越衆。実名不明」とするが、上総佐貫の加藤太郎左衛門とみて間違いない。

(32) 佐貫城周辺にあって、足利義氏・里見義弘・梅王丸、さらには佐貫自体を直接的に支えたのは加藤氏だけであったのだろうか。この詳細な検討は他の機会に譲りたいが、江戸時代以降成立した軍記・系図類の所伝では、里見義弘死後、その遺言によって梅王丸を支えることになったのは加藤氏と岡本氏とされていることに注目したい。この岡本氏は、不明な点が非常に多い一族である。ただ早くから関東足利氏と関係を有し(『戦房』七〇二号)、鎌倉鶴岡八幡宮と独自の師檀関係を結んでいること(『戦房』二三四〇号)、里見義弘から起請文を受けていること(『戦房』一五一〇号)、また後には関東諸氏間と幅広い外交活動を展開することなど、房総在地の一国衆にとどまらない有力な存在だったとみていい。また関東足利氏の根本家臣たる氏族の関係者も上総国内に散在していたとみられる。となれば、加藤氏やそのような存在があいまって、時に応じて佐貫にあった存在を維持したのではないだろうか。これらの点、岡本氏の実像解明と合わせて、今後の検討課題である。

（33）　この点、滝川註（3）論文を参照されたい。
（34）　里見義弘が関東足利氏を極めて意識していたことは、和氣俊行「室町・戦国期東国社会における関東公方観―関東公方の社会的地位に関する試論―」（『栃木県立文書館研究紀要』一二、二〇〇八年）も指摘する。また義弘の制札が六浦（金沢）に出されていること（『戦房』一三八七号）は、六浦の地が実際の脅威の有無を問わず、義弘の存在を絶えず意識せざるを得ない状態にあったことを示唆する。江戸時代に房総以外の地で成立した軍記・系図・地誌の類が、里見氏の三浦半島・鎌倉への侵攻を、すべて義弘のこととするのも、義弘の六浦そして鎌倉への志向の強さとその存在の大きさが、対岸の人々に深く記憶として刻まれたゆえかもしれない。

安房里見氏と常陸鹿島神宮

石渡洋平

はじめに

戦国期の房総をめぐる近年の研究状況において、一つの画期となったのが『戦国遺文 房総編』の刊行といえよう(1)。『戦国遺文 房総編』の刊行によって、戦国期の房総関係史料は初めて編年体で集成された。このようなことも関係し、従来の研究の再検討がなされるとともに、これまであまり取り上げられていなかった問題に注目する契機にもなった。

本稿で取り上げる安房里見氏(以下、単に里見氏とする)と常陸国一宮鹿島神宮(以下、単に鹿島神宮もしくは鹿島社とする)の関係も、これまであまり注目されていない問題である。里見氏の研究自体は、戦前の大野太平氏の研究を嚆矢に(2)、川名登氏(3)・佐藤博信氏(4)・滝川恒昭氏(5)らの研究によって、豊富な成果をあげてきている(6)。ただし、川名氏は、天正十八年(一五九〇)以後の里見氏を「近世大名」とした上で、この時期の里見氏研究が必ずしも進展をみていないと指摘している(7)。川名氏の指摘は二〇一〇年段階のことであるが、その後もこの時期を対象とした里見氏研究は進んではいないといえる。

本稿で検討する里見氏と鹿島神宮のかかわりも、この天正十八年以後のことである。里見氏は慶長五年(一六〇〇)

の関ヶ原合戦に際し、東軍に加わり、戦後その功によって、常陸国鹿島郡内で三万石を加増されたといわれている(8)。鹿島神宮とのかかわりがみえるのは、この加増以降のことである。

この里見氏と鹿島神宮のかかわりを本格的に検討した専論は管見の限り見当たらない。そのため、関係文書の整理・検討といった基礎的考察からはじめる必要がある問題といえる(9)。

ただ、このようななかでも本問題に言及している論考がいくつかある。その一つが川名登氏の論考である(10)。この論考は、天正十八年以降の里見氏の動向、とりわけ家臣団編成について明らかにしようとするものであるが、このなかで、何点かの鹿島文書に触れているものの、直接両者の関係を位置づけてはいない。

千野原靖方氏も天正十八年以降の里見氏の動向を具体的に検討している(11)。このなかで里見氏の鹿島領支配を取り上げているものの、川名氏同様、里見氏と鹿島神宮の関係を位置づけるには至っていない。

川名氏・千野原氏のほかに、里見氏と鹿島神宮のかかわりについて触れているものに、佐藤博信氏の論考がある(12)。佐藤氏は、里見氏家中の堀江頼忠を検討し、鹿島神宮などへの文書の使節文言に確認されることから、堀江頼忠が里見氏の常陸国鹿島領支配において重要な役割を果たしたと指摘している。加えて、鹿島神宮文書で確認される細野康重という人物に注目し、細野を現地支配(具体的な差配)で活躍した人物であると指摘している。細野については、現千葉県鴨川市細野の出身で里見氏の蔵方を担った氏族であるとの説も主張している(13)。さらに、この細野の下で活躍したのが富正茂という人物であるとも指摘する。以上のような、位置づけのもと、佐藤氏は「里見氏の鹿島領支配は、堀江頼忠―細野康重―富正茂という指揮系統でなされた」と位置づけている(14)。

それでは、先行研究における課題はどこにあろうか。この点、里見氏と鹿島神宮のかかわりを直接検討したものがないことが最たる問題点である。佐藤氏の指摘は重要であるが、細野康重や富正茂の鹿島神宮宛発給文書がどのような文書なのか具体的な検討をし、かつ細野氏や富氏以外の文書の検討を行ない、全体像を把握することが必要といえよう。これは、何故細野氏のような人物が活躍したのか、鹿島領支配の取次ルートの内実を明らかにすることにもつながってくる。

そこで本稿では、①関係文書の抽出と傾向の把握、②文書内容の具体的検討、③細野氏の位置づけ、といった課題を設定し、里見氏と鹿島神宮がどのような関係にあったのか、その一端を探るとともに、里見氏の支配機構も考えることにする。

なお、本稿では、里見氏と鹿島神宮のかかわりが窺える史料を表として整理した。以下、検討にあたって、表の文書を引用する場合は、No.1のように略記する。

安房里見氏と鹿島神宮関係文書目録

No.	年月日	文書名	署判	宛所	出典	刊本
1	(慶長9)閏7・3	里見梅鶴丸忠義書状	安房梅鶴丸	大宮司(中臣則広)殿	鹿島神宮文書	戦房二五九二
2	慶長10・8・28	里見梅鶴丸忠義黒印状	梅鶴(黒印・印文「宝字」)	鹿島大神宮	鹿島神宮文書	戦房二六〇四
3	慶長10・8・28	里見梅鶴丸忠義黒印状	梅鶴(黒印・印文「宝字」)	大宮司(中臣則広)	鹿島神宮文書	戦房二六〇五
4	(慶長10)・10・13	細野康重書状	細修理亮康重(花押)	大宮司(中臣則広)様尊報	天理大学附属天理図書館所蔵鹿島文書	戦房二六〇六

5	慶長11・7・3	里見梅鶴丸忠義黒印状	（黒印・印文「宝字」）	鹿島大神宮大宮司（中臣則広）殿	鹿島神宮文書	戦房二六二五
6	慶長15・7・26	里見忠義黒印状	忠義（黒印・印文「宝字」）	大宮司［　　］	鹿島神宮文書	戦房二六六五
7	（年未詳）8・4	印東房一書状	印采女佑房一（花押）	大宮司人々御中	真田宝物館所蔵古文書鑑	戦房二六七四
8	（年未詳）5・26	細野康重書状	細修理亮康重（花押）	大宮司様尊報	天理大学附属天理図書館所蔵鹿島文書	戦房二七〇二
9	（年未詳）11・14	細野康重書状	細修理亮康重（花押）	大宮司様尊報	天理大学附属天理図書館所蔵鹿島文書	戦房二七〇三
10	（年未詳）5・21	緒方広忠書状	広忠（花押）		天理大学附属天理図書館所蔵鹿島文書	戦房二七〇七
11	寅（慶長19）・9・18	嶋田重次・本多定勝連署証文	嶋田次兵衛重（黒印）（花押）・本多藤左衛門定勝（黒印）（花押）	御改衆中	石田靖家文書	戦房二七一一
12	（慶長19）・11・27	富正茂書状	富彦兵衛正茂（花押）	大宮司様	天理大学附属天理図書館所蔵鹿島文書	戦房二七一三
13	（元和2ヵ）	里見堀江頼忠書状	里見能登守頼□（黒印・印文「頼忠」）	大宮司様人々御中	真田宝物館所蔵古文書鑑	戦房二七二一

「刊本」欄、戦房～→『戦国遺文 房総編』第四巻（東京堂出版、二〇一三年）所収文書番号。

年未詳文書のうち、ある程度時期が推定されるものについては、おおよその場所に配置した。

一　関係文書の抽出と傾向

まずは検討にあたって、里見氏と鹿島神宮のかかわりが分かる文書の抽出と、発給者・受給者など大まかな傾向をおさえておきたい。管見の限り、関係文書は一三点確認される。

関係文書にみえる発給者は、里見忠義（No.1～3・5・6）、細野康重（No.4・8・9）、印東房一（No.7）、緒方広忠（No.10）、富正茂（No.12）、堀江（里見）頼忠（No.13）、島田重次・本多定勝（No.11）が確認される。それぞれがどのような人物か概要を示すと次の通りである。

里見忠義は里見氏当主義康の子で、慶長八年（一六〇三）十一月義康の死去に伴い、里見家の家督を継いだ人物である。[15]幼名は梅鶴丸で、慶長十一年、徳川秀忠より一字を賜り、忠義を名乗った。鹿島神宮関係では、幼名梅鶴丸段階から文書がみえる。

細野康重は、先述したように里見氏の家中で蔵方を担った氏族といわれている。[16]里見家分限帳[17]では、安房国山下郡北竜村・北郡大津村・長狭郡金束村・山下郡大井村の内で計二五〇石の知行地を与えられ、馬乗一〇人を預かる組頭二十人衆の一人とされる。[18]

印東房一は細野同様、里見氏の家中である。[19]里見家分限帳では、安房国山下郡本香村・北郡北川名村の内で計三一六石の知行地を与えられ、寺社奉行兼武具奉行を務めたとみえる。[20]

緒方広忠は、文書（No.10）に正木弥九郎（時茂）内とあることから、正木時茂の家中であることが判明する。[21]なお、正木時茂は、里見義康の弟で小田喜正木氏の家督を継承した人物である。[22]時茂は安房里見氏の家中となり、八〇〇〇石

の知行地を与えられた存在で、御一門衆に位置した。(23)

富正茂は細野康重の下で活躍したといわれている人物で、下総国海上八幡宮に文書を出している富治茂、下総国船橋大神宮の神主富氏との関係もあったかとも推測されている。(24)

堀江頼忠は、里見氏の奉行人である。(25)里見義頼・義康・忠義に仕えた人物で、実名「頼忠」の頼は、義頼から一字を得たとされる。頼忠は、忠義の時期、一門の扱いとされ、「里見」姓を名乗ることを許された。里見家分限帳では、安房国丸郡南朝平村南村・勿戸村・長狭郡花房村・山下郡宮城村の内で計一三五二石余の知行地を与えられている。(26)

島田重次・本多定勝については、周知のとおり両人とも徳川家の奉行人である。(27)

受給者については、鹿島大宮司（中臣則広）、鹿島大神宮、御改衆中がみえる。御改衆中は里見氏が発給したものではなく、文書の性格が他と異なるので、受給者はほぼ鹿島大宮司といえる。鹿島神宮における大宮司は、神宮のうち、最高位に位置した存在であった。(28)

二　関係文書の内容

1　祈禱

関係文書の内容の一点目として、祈禱があげられる。祈禱に関わる文書は、№1・8・10である。

〔史料1〕里見梅鶴丸忠義書状（№1）

於神前御祈念被成、巻数幷料紙送給候、珍重候、何も堀江能登守（頼忠）可申候間、令略候、恐々謹言、

（慶長九年）閏七月三日　　安房

梅鶴丸

大宮司（中臣則広）殿

史料1は、里見梅鶴丸（忠義）が鹿島神宮大宮司の中臣則広に宛てたものである。内容は、中臣則広から巻数・料紙が贈られたことに対する梅鶴丸（忠義）の礼状である。ここから、里見氏と鹿島神宮が祈禱を行なう間柄であったことが分かる。なお、史料1は里見氏と鹿島神宮のかかわりが分かる初見史料であり、慶長九年（一六〇四）閏七月あたりから関係があったといえる。

№8は里見氏家中細野康重が鹿島神宮大宮司へ宛てた書状である。その書状に「安房へ之為御祈念、御宮籠之由、一段御太義存候」とあり、大宮司が里見氏のために宮籠もりをして、祈禱を行なっていることが読み取れる。ここからも里見氏と鹿島神宮が祈禱を行なう間柄であったことが分かる。

№10は、緒方広忠が鹿島神宮大宮司に対し、正木時茂のもとへ「国家安全・武運長久」を祈念したお札を送るよう依頼したものである。№10から、里見氏家中も鹿島神宮と祈禱を行なう間柄であったことが確認できる。

このように、家中を含め、里見氏は鹿島神宮と祈禱を行なう関係にあったと位置づけられる。

2　社領の寄進と差配

二点目として、社領の寄進と差配に関する文書があげられ、№2〜6・9・12が該当する。なお、慶長七年（一六〇二）の徳川氏による検地で、鹿島神宮領は二〇〇〇石とされ、これは従前からの社領五〇〇石に新寄進分一五〇〇石を加えたものであった(29)。

〔史料2〕里見梅鶴丸忠義黒印状（№2）

為御神領、於鹿島郡佐田村之内田地弐百石、令寄附候、為武運長久如此候、仍如件、

慶長拾年　　　　「忠義」（異筆）

八月廿八日　　　　梅鶴（里見）（黒印）（印文「宝字」）

鹿島大神宮

〔史料3〕里見梅鶴丸忠義黒印状（No.3）

於于神前□　　　□祈之由祝着候、此上弥精誠任入候、就之於鹿島郡佐田村之内田地五拾石、令寄附候、仍如件、

慶長拾年　　　　「忠義」（異筆）

八月廿八日　　　　梅鶴（里見）（黒印）（印文「宝字」）

大宮司

史料2と3は、同日付で出された寄進状である。史料2では鹿島郡佐田村（茨城県鹿嶋市佐田）において二〇〇石を鹿島神宮へ、史料3では同村において五〇石を大宮司個人へ、里見氏が寄進していることが分かる。ここから佐田村の一部が鹿島神宮領になったことが分かる。

この佐田村の差配に関する文書が次に掲げる史料である。

〔史料4〕細野康重書状（No.4）

以上、

尊墨忝拝見仕候、先度者書状ニ而申達候処ニ、御他行之由候而、御報無之候、内々無御心許存候間、仍柳一被懸御意候、毎度御心付之通不浅奉存御心懸、則賞味仕候、貴面之節、御礼可申上候、然ハ佐田村御神領之儀、尤心得存候、乍去彼村夏納之借金、其外借物候而、百姓間向算用之義共有之由候間、当秋成之儀ハ、納之辻ニて相渡

一、五十石　大宮司
　右、合三百石
　　　　　　　　　　　　　　　　　　　　　　　「（異筆）里見安房神殿
　　　　　　　　　　　　　　　　　　　　　　　　　寄進状」（印文「宝字」）（黒印）

慶長十一年午
　　七月三日
　　　鹿島大神宮
　　　　大宮司殿（中臣則広）
　　　　　　　　　　　　　　　　　　　　　　　「（異筆）忠義ト申候」

　この知行替の背景については、先学で明らかにされている[30]。慶長十一年、里見忠義によって領内の知行替がなされた。史料5と同日の七月三日付で里見氏の家臣や領内の寺社に知行充行状や寺社領寄進状が多く出されている。こうした領内全体の知行替の一環で佐田村から知手村（茨城県神栖市知手）へ寄進地の変更がなされたのであった。なお、本史料によって、神宮寺へも五〇石が以前から寄進されていたことが分かる。

　しかし、この知手村への知行替から四年後、再び佐田村への知行替という事態が生じる。

〔史料6〕里見忠義黒印状（№6）

御社領弐百石幷神宮寺・大宮司へ進候百石、合参□（百）斛、知手村知行替之事承候間、於于佐田村之内、右之通令寄進候、弥御祈禱之儀任入候状、仍如件、

慶長拾五戊（ママ）
七月廿六日　　　　　　　　　　　　　　　　　（里見）忠義（印文「宝字」）（黒印）

大宮司［　　］

慶長十五年に全知行者の知行地・知行高を書き上げた「慶長十五年霜月改帳」が作成され、これに伴い、鹿島領内で知行編成に変化があったことが指摘されている。すなわち、知手村から佐田村への知行替も「鹿島領知行地変動の一環」とのことである。(31)

№9は、細野氏が神領について鹿島大宮司から書状を受け取り、それに対し返答したものである、そこには、「然者右御神領之内ニ而根本寺・神向寺へ御配等之事、貴様御分別専用候」とある。ここでは神領の内、根本寺と神向寺への配当は大宮司の分別で行なうよう細野氏が指示していることが分かり、史料4同様、細野氏が社領の差配に関わっていたことが確認できる。(32)

里見氏が伯耆国へ転封後にも次のような史料が出されている。

〔史料7〕富正茂書状（№12）

猶々、三百石之社領、何事も竹田理右御相談、尤存候、已上、

里見安房守（忠義）殿より被任置候、社領三百石之所、物成者御公方へ御納、万指引之儀者、諸毎其様頼入候、恐惶謹言、

富彦兵衛

（慶長十九年）十一月廿七日　正茂（花押）

大宮司様

参

これは、富正茂が社領三〇〇石について指示している文書である。ここでは、富氏が社領の物成は「御公方」（徳川氏、より具体的には徳川秀忠）へ納めるよう指示している。

里見氏は安房国からの国替えを命じられて伯耆国へ向かっている最中であり、[33]領主の交替に際し、富氏が物成納入について具体的な指示を出したのであろう。なお、富氏の下にも竹田理右衛門という人物がいて、社領についてはこの竹田とよく相談するよう大宮司に伝えている。

ここまでを整理すると、里見氏から鹿島神宮に対しては、鹿島神宮へ二〇〇石、大宮司へ五〇石、神宮寺へ五〇石、計三〇〇石が鹿島郡佐田村から寄進されていた。ただ、寄進されたとは言っても、里見氏の知行替という政策のなかで寄進地も変更を伴うものであったことは注意される。千野原靖方氏は、「新領主の行政上の変化に伴って、社領・知行地の替地がなされた」と指摘しているが、[34]首肯できよう。

あわせて、細野康重については、従来は現地支配で活躍したとか、具体的な差配をしたとかいった曖昧なことしか分かっていなかったが、その役割として社領の差配があげられると指摘できる。細野氏は鹿島大宮司の相談役となり、夏成・秋成といった年貢・公事の納入の仕方、社領配当の指示といったことを行なっていたことが判明した。

3 鳥居の造営

三点目は鹿島神宮の鳥居の造営に関わるものであり、№7・8がその関係文書である。

〔史料8〕印東房一書状（№7）

返々、御満足察入候、於于我等も別而大慶ニ御座候、以上、

態以飛札申入候、然者宮中鳥居木之事、先日之以後、爰元より江戸へ被申上候へハ、其郡寄木之内抽候一之大木拾本御寄進被成之由、今日本佐渡守（本多正信）ゟ被仰付候間、則御改之両御奉行衆以書状を被申入候、猶貴所委細被仰届、可有御請取候、縦河内へ引出候共、御寄進之事に候間、其御理候而、御請取専用に候、急候条不能一二候、恐惶

謹言、

（印東）印采女佑
房一（花押）

（年未詳）八月四日
（鹿島）大宮司殿
人々御中

本史料は、佐藤博信氏により、年未詳ながら、伯耆国倉吉への国替え以前のものとされた(35)。本史料では、宮中鳥居木についてのやり取りがみられる。印東氏が鳥居木について、江戸＝徳川氏へ申し上げた。そうしたところ、鹿島郡において、寄木の大木一〇本を寄進するよう本多正信から印東が仰せつかった。これを受け、印東氏は鹿島大宮司へ鳥居の材木を受け取ることが肝要と伝えている。ここから、印東氏は徳川方から指示された鹿島神宮の案件について、里見氏方の窓口になる人物であったことが指摘できよう。

　№８は祈禱のところでも取り上げたが、里見氏家中細野康重が鹿島神宮大宮司へ宛てた書状である。本書状に「御鳥居足代木之儀、被仰越候、爰許ニ而両人意儀にて不被成候□、木数猶長太細之目録被成、可被指届候、安房へ指越申内儀、請可申候」とある。本書状では、鳥居建設のため、高いところへ登るため材木を組み立てて造る仮設場＝足代の材木のことが書かれている。ここでは、この材木について、細野氏が数量や長さ・太さなどを記した目録を大宮司から自分のもとへ届けるよう指示しており、細野はそれを安房＝里見忠義に伝えると述べている。数量・長さ・太さの管理という点では、細野の職掌である蔵方との関連も想定できよう。

　鳥居については、以下のように整理できる。里見氏は鹿島神宮の鳥居造営に関わっていた。その際、印東氏と細野氏、二つの取次ルートがあったことが判明した。どちらも鳥居の材木という共通性を持っているが、印東氏は徳川方とのやり取り、細野氏は里見方とのやり取りという違いが見出せよう。やり取りする相手によって、取次も異なっていたことが確認された。

4　鹿島神宮への道具預け入れ

四点目は、鹿島神宮への道具預け入れである。鹿島神宮に道具を預けたと分かる史料は、表11・13である。その背景には、里見氏の国替えがある。

〔史料9〕嶋田重次・本多定勝連署証文（No.11）

里見安房守（忠義）殿荷物、此壱艘鹿嶋迄参候間、相違有間敷候、為其如此候、以上、

寅（慶長十九年）

九月十八日

嶋田次兵衛（黒印）

重（花押）

本多藤左衛門（黒印）

定勝（花押）

御改衆中

〔史料10〕里見堀江頼忠書状（No.13）

返々、是式乏少之至候共、安房守殿（里見忠義）より帷子三之内単物壱被進之候、何も此両人へ使者可申入候、猶預置被申候内手箱、安房守内儀（東丸殿）為御祈念之、太明神（鹿島）様へ進納被申候、態々御祈念奉頼入候、委細者彼両人被申へく候、以上、

其以来不能拝面、遠国罷在候間、不任心底令無音、背本意存候、然者去々年安房守為内意預置申候道具等、此度請取ニ人を進上申候、不残此使者ニ被相渡可被下候、長々被指置、御気遣忝之由被申候、猶口上ニ申含候、何様

拝面之節御礼可申上候間、不能具候、恐惶謹言、

（堀江）
里見能登守
病気故印判之式如此、
頼□（黒印）（印文「頼忠」）

（元和二年）
六月十四日
（鹿島）
大宮司様
人々御中

史料9については、千野原靖方氏の検討がある(36)。史料9が出された時期は、ちょうど館山城を破却し、鹿島領への移動の最中で、千野原氏によれば、館山城から船で鹿島領へ荷物を輸送するためのものであり、館山城請取役人の許可書とのことである。この説は状況から推測するに妥当といえよう。この時点では、鹿島神宮に預けられたことはみえないが、次の史料10から鹿島神宮とのかかわりが確認される。

その史料10については、佐藤博信氏の検討がある(37)。史料10が出されたのは、里見氏が伯耆国倉吉に移った後と推測されている。里見氏が道具を預けたのは、鹿島領への国替えが絡んでいるとのことである。

佐藤氏の説は、史料9を踏まえれば、妥当といえる。館山から鹿島へも船で荷物を運んでおり、それが鹿島から伯耆となれば、スムースに道具を移動することは出来なかったと推測できよう。そのため、国替え以前から交流のあった鹿島神宮に道具を預けるかたちをとったものといえる。

このように、里見氏は国替えに伴い、道具を持っていけなかったことから、鹿島神宮へ一端預けるという方法をとった。これは、それ以前からの関係によるところであった。戦乱の際、神社に預け物をすることは知られているが(38)、今回のような国替え等の人の移動に際しても、神社に道具の預け入れが行なわれたことが確認された。

三　里見氏の支配機構と鹿島神宮

ここまで、関係文書を具体的に検討してきたが、その支配系統について佐藤氏の説を改めて示せば、「里見氏の鹿島領支配は、堀江頼忠―細野康重―富正茂という指揮系統でなされた」というものである。(39) それでは、佐藤説は本論で検討した結果と比べ妥当といえるのか、加えて指揮系統に関わった人物の役割の内実はどうであったのかを述べる。堀江頼忠は鹿島神宮をはじめ、鹿島領支配に関わっていたことは確実である。そこでは、「何も堀江能登守可申候」〔史料1〕のように、取次役を務めていたことが分かる。

細野康重については、堀江頼忠と異なり、細野自ら文書を発給し、具体的な指示をしていることが特徴といえよう。細野発給文書の内容では、史料的な制約はあるものの、物成納入や材木の数量（鳥居の造営）といったことが主題となっている。この点は、里見氏の蔵方といわれている点と関連するかもしれない。蔵方と位置づけている佐藤博信氏が、その根拠としてあげているのは次の史料である。

〔史料11〕細野康重年貢請取状(40)

寅年御年貢之内、籾三千俵、国中商人中へ借之方之金拾枚江戸小判慥ニ納、算用相済申候所実正也、

丑（慶長十八年ヵ）

霜月朔日　（印文未詳）（黒印）

細彦兵衛（花押）

岩崎与次右衛門殿

石井丹右衛門殿

松本部右衛門殿

本文書は、安房国の商人岩崎氏らに宛てられたもので(41)、細野が年貢に関する算用などを行なっていることが確認できる。このようなことから、細野氏は鹿島神宮社領の担当であったが、専属であったというわけではなく、その職掌から具体的な差配や鹿島大宮司の相談役も務めたと位置づけるのが、現在のところもっとも妥当なのではないだろうか。

細野康重が担っていた鳥居について印東房一も関わっているが、この点は先述したとおり、細野氏が里見氏と鹿島神宮を取り次ぐ役割を担っていたのに対し、印東氏は徳川氏から指示される鹿島神宮の案件について里見氏方の窓口になる人物であったといえる。すなわち、案件を指示する者が里見氏と徳川氏との違いによって、取次も異なったのである。

さて、問題となるのが富正茂の立場である。富正茂発給文書の時期に注目すると、里見氏が伯耆国へ向かっている最中なのである。果たして、時期的な問題から、佐藤氏のいうように細野氏のもとで活躍した人物といえるのかが問題である。この富正茂という人物については詳細が不明であるが、細野氏の下で活躍した人物というより、むしろ里見氏から徳川氏へ支配が移った後、物成納入等の社領差配に関する具体的な指示をすることになった人物といえよう。よって、現在残されている史料をみる限りでは、厳密にいうと細野―富氏ラインは時期的な問題から一考を要する。しかし、その可能性までを否定するものではない。

というのも、同時期下総国海上郡の海上八幡宮に対し、造営に関して指示をしている富治茂なる人物がいるのである(42)。本文書からは、富治茂と大久保十兵衛＝長安との関係がみてとれるのであるが、この時期、戦国期にはみえない富氏のような存在が出てくるようになり、おそらくは地域の有力者といった存在なのであろう(43)。このようなことを考慮すれば、細野の下で富氏のような地域に精通した人物が取次に奔走していたことも十分にあり得る。それは、里見氏にとって新領国たる鹿島領ならなおさらである。これら富氏をめぐる問題については、現段階では推測・仮説の域を出ない。今後の課題である。

以上、本節では鹿島神宮をめぐる里見氏の支配機構について再検討した。その結果、①堀江頼忠は取次者としての姿が確認されること、②ただし社領差配や造営用の材木の差配といった具体的な指示は細野康重が行なっていたこと、③細野がこのような役割を担った背景には佐藤博信氏が示した「蔵方」という彼の職掌が関係していること、④細野と同時期に同じ問題を扱う印東房一とは交渉相手という面で違いが見出せること、⑤富正茂は佐藤博信氏のいうような細野の下で活躍した人物ではなく、むしろ里見氏から徳川氏へ支配が移った後に社領差配にあたった人物であること、この五点を指摘した。

おわりに

本稿では、安房里見氏と常陸国一宮鹿島神宮のかかわりについて、関係文書の整理を主に行なった。「はじめに」で課題とした①関係文書の整理と傾向の把握、②文書内容の具体的検討、③細野氏の位置づけについては、それぞれの項の小括等でまとめたので、改めての整理はしない。

本問題は、これまで専論がないということもあり、全面的な検討は今後の課題である。とりわけ、里見氏のそのときどきの支配機構を整理した上で、総体的な里見氏権力像を明らかにする必要があろう。あわせて、鹿島神宮についても里見氏以外の地域権力との関係の検討を行ない、改めて里見氏との関係も考え直す必要もある。すべて今後の課題である。

註

（1）黒田基樹・佐藤博信・滝川恒昭・盛本昌広編『戦国遺文 房総編』第一巻～第四巻（東京堂出版、二〇一〇～一三年）。

（2）大野太平『房総里見氏の研究』（宝文堂書店、一九三三年）。

（3）川名登『房総里見一族〈増補改訂版〉』（新人物往来社、二〇〇八年）等。

（4）佐藤博信『中世東国政治史論』（塙書房、二〇〇六年）・佐藤博信『中世東国の権力と構造』（校倉書房、二〇一三年）等。

（5）滝川恒昭『房総里見氏』（戎光祥出版、二〇一四年）等。

（6）全体に関わるものとして、川名登編『すべてわかる戦国大名里見氏の歴史』（国書刊行会、二〇〇〇年）、千野原靖方『新編房総戦国史』（崙書房出版、二〇〇〇年）、館山市立博物館編『さとみ物語（第二版）―戦国の房総に君臨した里見氏の歴史―』（館山市立博物館、二〇一〇年）などがある。その他、里見氏の研究は膨大にのぼるため、ひとまずは滝川恒昭「総論房総里見氏論」（註（5）所収）を参照されたい。本稿に直接関わる論考はその都度触れていく。

（7）川名登「里見氏家臣団組織の成立」（同『戦国近世変革期の研究』岩田書院、二〇一〇年。初出も同年）。

（8）藤野保校訂『恩栄録・廃絶録補訂版』（近藤出版社、一九七〇年）一二頁、藤野保校訂『徳川加除封録』（近藤出版社、一九七二年）六三頁などを参照。

（9）里見氏の鹿島神宮関係の文書は、鹿島神宮のほか、天理大学附属天理図書館と真田宝物館に所蔵されている。天理大学附属天理図書館のものは『天理図書館稀書目録和漢之部第三』（天理大学出版部、一九六〇年）一一二～一一三頁で

「鹿島文書」として紹介され、真田宝物館のものは利根川淳子「古文書鑑について」(『松代』一六、二〇〇二年)で紹介されている。なお、天理大学附属天理図書館所蔵のうちの一部(本稿掲載表№4・8・9・12)は、湯本武比古氏所蔵文書であった(東京大学史料編纂所架蔵影写本請求番号3071・36-131)。湯本武比古氏所蔵文書は、大正九年一月影写とあるので、それ以降に天理大学附属天理図書館へ所蔵が移ったといえる。里見氏の鹿島神宮関係の文書は、その後『千葉県の歴史 資料編 中世4(県外文書1)』(千葉県、二〇〇三年)ならびに同『中世5(県外文書2・記録典籍)』(千葉県、二〇〇五年)で、茨城県・長野県・奈良県の各項で採録された。それを経て、『戦国遺文』で集成されたというのが現状である。本来は一体の鹿島神宮文書であったと推測されるが、いつの時点で流れたのかといったことは今後の検討課題である。

(10) 川名註(7)論文。

(11) 千野原靖方『里見家改易始末—房総戦国大名の落日—』(崙書房、二〇〇一年)。

(12) 佐藤博信「房総里見氏家臣堀江頼忠の軌跡—安房国から伯耆国へ—」(同『中世東国の権力と構造』校倉書房、二〇一三年。初出二〇〇八年)。

(13) 佐藤博信「常総地域史の展開と構造—特に室町・戦国期を中心に—」(同『中世東国の権力と構造』校倉書房、二〇一三年。初出二〇一〇年)。

(14) 佐藤註(12)論文。

(15) 里見忠義については、佐藤博信「里見忠義の家督相続・元服前後の動向について—高野山「西門院文書」を中心に—」(同『中世東国政治史論』塙書房、二〇〇六年。初出二〇〇五年)、同「里見忠義署判の発給文書の初見について」(同『中世東国の権力と構造』校倉書房、二〇一三年。初出二〇〇九年)、里見氏調査会編『伯耆国倉吉里見忠義関係資料調査報告書』(安房文化遺産フォーラム、二〇〇八年)などを参照。

(16) 佐藤註(12)論文。
(17) 里見家の分限帳は周知の通り、慶長十一年・慶長十五年など幾種かがあり、複数の写本が存在する。ここでは、それらを示す総称として、「里見家分限帳」を使用し、引用にあたっては川名登編『里見家分限帳集成【増補版】附安房国四郡御検地高目録帳 安房国寺社領帳』（岩田書院、二〇一〇年）を用いる。なお、同書からの引用については、『分限帳』該当頁と略記する。
(18) 『分限帳』二五・三〇・五九頁。
(19) 印東房一の事蹟については、註(6)『すべてわかる戦国大名里見氏の歴史』三〇頁の「印東房一」などを参照。
(20) 『分限帳』二四・三一・五九・七三頁。
(21) この点は、『勝浦市史 資料編中世』（勝浦市、二〇〇三年）一七四頁に言及がある。
(22) この正木時茂の事績については、註(6)『すべてわかる戦国大名里見氏の歴史』六一〜六二頁の「正木時茂」などを参照。
(23) 『分限帳』二一・四一・七三頁。
(24) 佐藤註(12)(13)論文。
(25) 堀江頼忠の事績については、佐藤註(12)論文参照。
(26) 『分限帳』二二頁など。
(27) ここでは、島田・本多各氏の基本的な事績が記されている柴裕之「島田重次」（戦国人名辞典編集委員会編『戦国人名辞典』吉川弘文館、二〇〇六年）、『新訂寛政重修諸家譜』第十一（続群書類従完成会、一九六五年）三一八頁等を参照。
(28) この時期を含め、鹿島神宮の大宮司等については、宮内教男「解題」（『茨城県立歴史館史料叢書11 鹿島神宮文書Ⅰ』茨城県立歴史館、二〇〇八年）、横田光雄「中近世移行期における寺社造営の政治性─常陸国一宮鹿島社を例として─」

（山本元吉・東四柳史明編『社寺造営の政治史』思文閣出版、二〇〇〇年）などを参照。
(29) 村井章介「鹿島社領」（網野善彦・石井進・稲垣泰彦・永原慶二編『講座日本荘園史 東北・関東・東海地方の荘園』吉川弘文館、一九九〇年）、和泉清司「常陸の初期検地」（同『徳川幕府成立過程の基礎的研究』文献出版、一九九五年）などを参照。
(30) 川名註(7)論文。
(31) 川名註(7)論文。
(32) 根本寺（鹿嶋市宮中）は鹿島氏の菩提寺で、神向寺（鹿嶋市神向寺）は鹿島神宮の鬼門にあたるため、それまでの仁多寺から神向寺に改称したという伝承を持つ寺である。これらについては、鹿島町文化スポーツ振興財団編・飛田英世執筆『鹿島中世回廊―古文書にたどる頼朝から家康への時代―』（鹿島町文化スポーツ振興財団、一九九二年）等を参照。
(33) 史料7が出された頃の時代背景については、川名註(3)書、千野原註(11)書などを参照。
(34) 千野原註(11)書四九頁。
(35) 佐藤註(12)論文。
(36) 千野原註(11)書九五～九九頁。
(37) 佐藤註(12)論文。なお、佐藤氏は史料10について、元和二年の可能性を提起している。
(38) 代表的な研究として、藤木久志『城と隠物の戦国誌』（朝日新聞出版、二〇〇九年）をあげておく。
(39) 佐藤註(12)論文。
(40) 「岩崎家文書」。『戦国遺文 房総編』第四巻、二七〇一号。本文書の丑年については、慶長六年の可能性があることを滝川恒昭氏よりご教示いただいたが、いずれとも決し難く今後の課題とする。細野の役割の評価については、比定年が関っても影響がないと判断した。

(41)　岩崎氏については、滝川恒昭「中・近世移行期を生きた商人の一様態―城下町館山における岩崎氏を例に―」（佐藤博信編『中世東国の社会構造』岩田書院、二〇〇七年）を参照。

(42)　（年未詳）十一月十三日付富治茂書状。『千葉県の歴史　資料編　中世3（県内文書2）』（千葉県、二〇〇一年）「松本昌之家文書」六号。

(43)　この時期、例えば小田原合戦の際に、下総の香取社と豊臣方との取次を担っていたのが下総国東庄貝塚村の地侍とされる神角介であるなど（「香取大禰宜家文書」『戦国遺文　房総編』二三九八号等）、地域の有力者が台頭してくる。神角介については、盛本昌広『松平家忠日記』（角川書店、一九九九年）を参照。

香取神宮の神宮寺及び供僧についての基礎的考察

鈴木哲雄

はじめに

本稿は、中世には下総国一宮であった香取神宮での廃仏毀釈以前の神仏習合的状況の概要を把握しようとするものである。

中近世の香取神宮及びその周辺には、香取神宮に関係する多数の寺院が存在した。たとえば、嘉慶二年（一三八八）十二月二日香取社神官死亡逃亡跡屋敷田畠目録などには、「追野寺、大応寺、安久寺、宝幢院、又見坊、経田、塔ノ下、追野権現堂、坊山、阿弥陀堂、別当、新寺、定額、ハナハ寺」や「アミタ堂、薬師堂」といった寺院名や地名が確認できる(1)。また、天正十九年（一五九一）十月の香取神領寺社配当帳などには、「別当・又見坊・根本寺・不断所・円寿院・護摩堂・新福寺・金剛宝寺」や「定額・新寺・追野分・神宮寺」などがみえる(2)。年月日未詳の朱印配当小割帳写には、「又見、定額、不断所、円寿院、新寺、新寺畑分、追野分、神宮寺」が記載されているのである(3)。

また、香取神宮の境内には、「愛染堂」や「経蔵（堂）」があったことが、元禄十三年（一七〇〇）の香取神宮造営帳写(4)や元禄十三年度造営での棟札(5)で確認することができるし、神宮寺（金剛宝寺）の本堂にあたる「観音堂（御本地堂とも）」

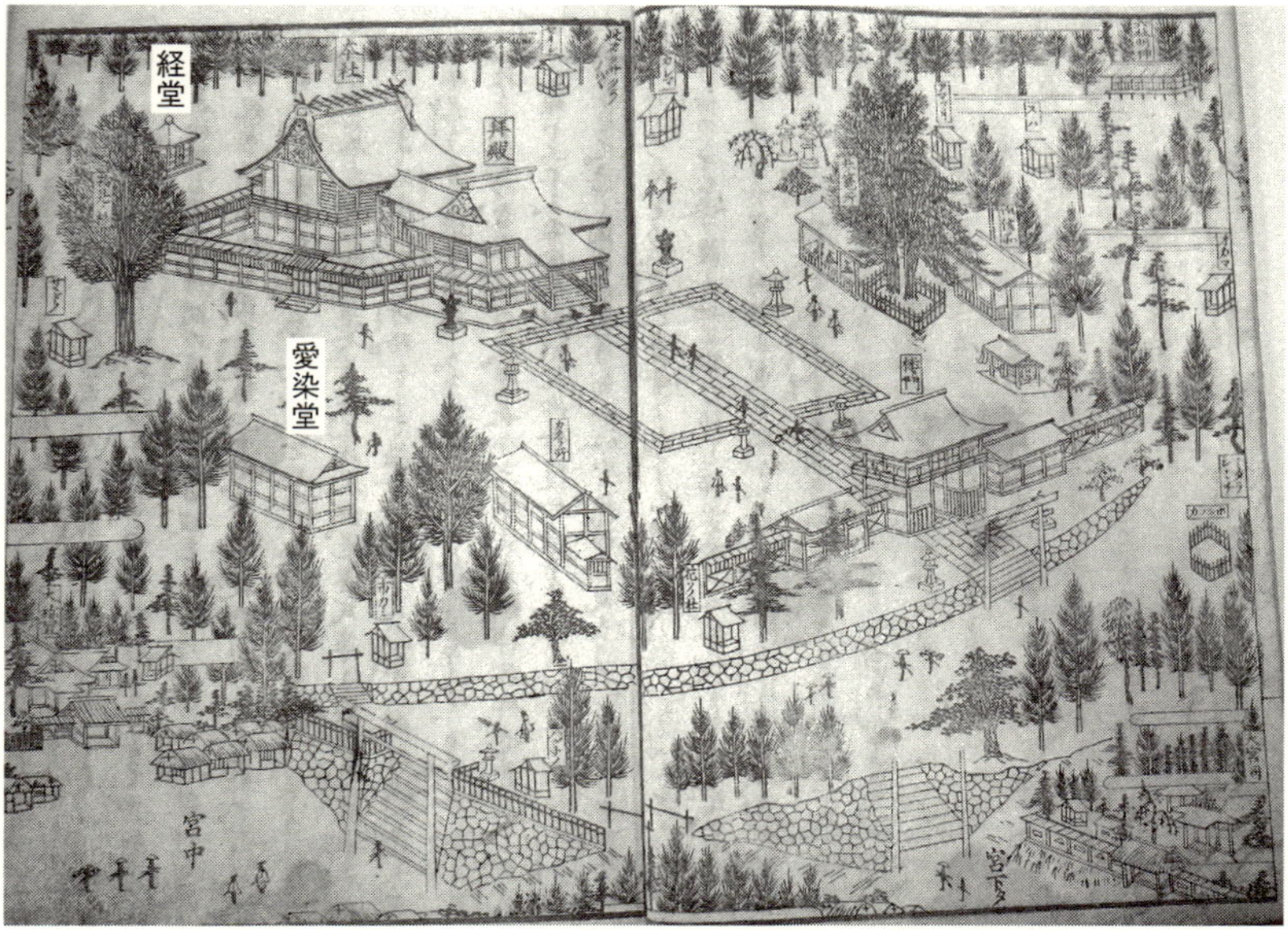

図１　香取神宮境内図
（「香取参詣記」所収、一部修正）

図２　神宮寺境内図（「香取参詣記」所収、一部修正・加筆）

と「三重塔」「鐘楼堂」「観音堂門」も、再建あるいは修覆されたことがわかるのである。

次に詳しく検討する久保木清淵「香取参詣記」（文政十一年刊行）の挿絵である香取神宮境内図（図1）には愛染堂や経堂がはっきりと描かれており、「別当大神宮寺」の図（図2）には、観音堂門・鐘楼堂・本堂（観音堂）・三重塔が描かれ、左には「妙幢堂・法塔院・不断所」（法塔院は「宝幢院」か）と記されている。(6) これが江戸後期の香取神宮および神宮寺の風景であった。

そこで本稿では、久保木清淵「香取参詣記」など江戸後期の地誌類の内容を確認しつつ、中近世の香取神宮周辺での神仏習合的状況を復元していくことにしたい。

すでに同様の試みは、高森良昌の「神仏分離―香取山・金剛宝寺の事例―」や「香取大神宮寺・金剛宝寺考―神仏分離の実態―」(7) などが行っており、本稿が取り上げる諸資料も高森によってすでに紹介・検討されたものが多い。鈴木も権検非違使家本『香取神宮神幸祭絵巻』の検討から、中世の神宮寺や神輿に懸けられた御正体（懸仏）、香取神の本地仏（懸仏）にふれて、中世における神仏習合的状況にふれたことがあり、(8) 新たに「香取神宮の神宮寺・寺院関係資料一覧」をノートしたところである。(9)

一　神宮境内の愛染堂と経堂

江戸後期の地誌類のなかで、香取神宮の神宮寺や周辺寺院を確認するために最も重要なものは、久保木清淵による「香取参詣記」と「香取私記」である。清淵は、香取郡津宮村（香取市津宮）に生まれた漢学者であった。(10)「香取参詣記」は晩年の文政十一年（一八二八）に刊行されたが、その続編にあたる「香取私記」は文政十二年までにはなったが刊行にいたらず、『香取群書集成 第一巻』（香取神宮社務所、一九四三年）に収録されたものである(11)。

まずは、神宮境内の愛染堂と経堂（経蔵）についてみていきたい。所在地については、図1を参照。

1 愛染堂と夏経

「香取参詣記」によれば、香取神宮本社の西方にあった愛染堂には、愛染明王が安置されており、社僧の夏経《げきょう》を勤める所で、「香取私記」には「供僧の夏経法楽の処」とある。明治初年の廃仏毀釈によって、愛染堂は取り壊されたが、本尊の「愛染明王」は惣持院（後出）に移され、現在は惣持院の本尊（秘仏）となっている(12)。周知のように、夏経とは夏安居ともいって、僧侶が安居（雨期の意）の期間に一室にこもり修行（読経）することで、普通は陰暦の四月十六日から七月十五日までであった。神宮境内の愛染堂は、社僧（供僧）の夏経の場であり、香取の神仏を読経で法楽する境内寺院であったのである。

また、元禄十三年（一七〇〇）度造営での遷宮儀礼に関わる記事に、

一　神供献上之節、神楽蓁之惣神官従其役々ニ行事勤之、諄辞奉幣、当社相続神秘之御祈禱勤之、金剛宝寺者、社僧召連、愛染堂着座(13)、

とある。遷宮の際には、香取神宮で相続されてきた神秘の祈禱が行われたのであり、その時に愛染堂は金剛宝寺（別当）が他の社僧を召し連れ着座する所（後掲「読経所」とも）であった。

2 経堂と大蔵経

経堂（経蔵）は、本社の後の神林の中にあった。「香取参詣記」には、「建保年中、左兵衛尉《ママ》平朝臣常重、宋版の一切

経を納め、神宮へ法楽せし所なり」とある。その宋版一切経（大蔵経）は、今はことごとく散佚して数百巻ばかり残るが、それらは「当時神宮寺の預り」となっていたとあるが、「香取私記」には、「今は散佚して、此彼に一二巻ツツ残れり」としている。

これによれば、経堂の宋版一切経（大蔵経）は、江戸後期には散逸して数百巻となり、神宮寺の預かりとなったが、その後文政十一（一八二八）・十二年までには、一、二巻となってしまったというわけである。その一、二巻も神宮寺を離れて現在は、「大般若経巻第七十」が成田仏教図書館に、「大智度論巻第六十」が国立歴史民俗博物館に所蔵されている。(14)

前者の「大般若経巻第七十」の奥書には、

将門末孫右兵衛尉平朝臣常重

建保三年歳次乙亥十一月　日(15)

とあり、すでに指摘されているように、文政十一年段階での「香取参詣記」の指摘と一致する。もちろん、清淵が「香取私記」で注記したように、奥書にある平将門の末孫平常重（千葉常胤の父）の名は、日付の建保三年（一二一五）と矛盾するもので、問題を残している。なお、応永二十年（一四一三）八月に、下総国守護の千葉兼胤が香取社に参詣した際に、「大般若御布施十結（銭十貫文）」が供僧中に施されており、兼胤の父満胤も応永五年の香取社造営時の遷宮の際に、「大般若御布施十結」を供僧中に与えている。(16)室町時代には、大般若経は供僧の管轄下にあったわけで、それに千葉氏当主が繰り返し布施をするのは、千葉氏と大般若経の特別な関係（大般若経は千葉氏の寄進によるもの）を意味しているのかもしれない。そうだとすれば、「大般若経巻第七十」の奥書は、千葉氏による寄進を強調するための「書き込み」というべきか。

さて、後者の「大智度論巻第六十」の奥書には、

奉渡唐本一切経内
建長七年乙卯十一月九日於鹿嶋社遂供養、常州笠間前長門守従五位上行藤原朝臣時朝(17)

とあり、もとは建長七年（一二五五）に鹿島社（鹿島神宮）に奉納されたものであった。この奥書の意味については、『東総の大般若経』の「資料解説」（執筆：植野英夫）に詳しいが、ここでは、この一切経が後に香取市佐原の伊能茂左衛門家に伝来したもので、伊能景晴（一八〇八～一八八五）が、安政三年（一八五六）に佐原市中で売られていたものを入手したものであったことに注目しておきたい。景晴は、その経過について、「大智度論巻第六十」の奥書に継がれた「修補記」に次のように書いている。

香取経蔵本社ノ裏ニ有シ、其内仏経類不残紛失、大別当金剛宝寺ニモ仏経ハ勿論古文書更無□リ、
是経ハ安政三年反故ニナリ佐原江売物ニ来ル内ノ一巻ナリ　景晴記
同年裏打紙ヲ附ル(18)

この「修補記」には「同年裏打紙ヲ附ル」とあり、購入した安政三年に裏打紙を付して修補したときに記したものであった。鹿島神宮から流出したこの一切経は、香取神宮の経堂あるいは神宮寺の什物となったが、安政三年には反故となり佐原で売り物となっていたのである。そうした状況を、景晴は、「香取神宮の本社の裏にあった経蔵（経堂）内の仏経類は残らず紛失し、大別当金剛宝寺（神宮寺）にも仏経はもちろん古文書は更になかった」と修補記に書いたのであった。先の清淵の記事からもわかるように、香取神宮周辺での「廃仏毀釈」は江戸後期から相当に進んでいたのである。

じつは香取神宮周辺には、ほかにも大蔵経が存在したことが確認できる。一つ目は、香取分飯司家所蔵の「大般若

経巻第一百八十三」（ただし、奥書を含む最後の一紙のみ）である。その奥書には、

応安七年甲寅卯月十九日　一交之[19]

とある。書写されたものを、応安七年（一三七四）四月十九日に校正したものであったことがわかる。神官家の分飯司家に渡った経緯は不明であるが、後にふれるように、分飯司は神宮寺での修正会に直接奉仕する神職であり、そうした関係もあったのかもしれない。それはともかく、この大般若経の一部も中世の経堂あるいは神宮寺に所蔵されていたものであろう。

二つ目は、清宮利右衛門（秀堅）所蔵「香取文書」[20]所収の「大般若経巻第五百七十奥書写」（巻末一紙分）である。その奥書写には、

永徳首元辛酉九月廿六日　奉施入　助筆大仲臣信泰幷□男長寿丸[21]

とある。この大般若経は、永徳元年（一三八一）九月二十六日に経堂あるいは神宮寺に施入されたもので、施入者は大中臣信泰・長寿丸父子であった。この親子は、香取大禰宜家の一族であろう。なお、経巻罫外には「伊能氏所蔵」とあり、この伊能氏も先の伊能茂左衛門家のことであろう。

じつは清宮利右衛門所蔵「香取文書」には、成田仏教図書館と国立歴史民俗博物館に所蔵されている二点の宋版一切経（大蔵経）を含む五点の大蔵経が写されている。収録順にみていくと、

①「大智度論巻第六十」の奥書のみ
②「道地経一巻　観種章第一」の冒頭六行（新出）
③「大般若経巻第一百三十三」の冒頭三行（新出）
④「大般若経巻第七十」の奥書のみ

⑤「大般若経巻第五百七十」の奥書を含む巻末一紙分（上記新出）

となる。そして、②の欄外には、

宋版ハ□欄一□ナリ　経文ハスヘテ十七字ナリト云

原神宮寺蔵什　鹿島祠官松岡正文所蔵

との注記がある。「宋版」とあることから、②「道地経一巻　観種章第二」も宋版一切経の一部であったことがわかる。もとは香取の神宮寺の什物であったが、当時は鹿島神宮神官の松岡正文氏が所蔵しており、それを清宮秀堅は書写したのである。この「道地経一巻　観種章第二」も、神宮寺に入る前には経堂にあった宋版一切経と考えられる。秀堅が書写した五点の宋版一切経・大般若経の一部や奥書の写は、もとは経堂にあり、その後、神宮寺の預かるところとなった大蔵経であったとみてよかろう。

これによって、少なくとも六巻の大蔵経が幕末までは香取神宮周辺（鹿島神宮神官松岡正文氏所蔵を含む）に残されていたのであり、そのうち一巻（奥書を含む巻末一紙のみ）が旧分飯司家に現蔵されているのである。

なお、経堂には幕末までは、「永享十二正月日」の銘文があった経筒（高さ一尺一寸二分）が存在したことも付記しておく。[22]

二　神宮寺と十一面観音像

1　神宮寺と修正会

神宮寺について「香取参詣記」は、宮中町の諸神塚（図2の観音堂門の下に見える）の西にあり、門は宮中町に向かうとしている。現在、香取神宮の本殿方向に南西から直接登ることができる坂道があるが、この坂道の途中から左右が神宮寺境内であり、本堂（観音堂）はほぼ現在の坂道の途中に位置し、東向きに建てられていた。したがって、観音堂門は、現在の坂道が「雨乞塚」のところで小道と直交する付近にあったと推定される。図2では、観音堂門の左手に「オクノミヤ（奥の宮）」とあり、参考になろう。三重塔は本堂の南西に位置しており、坂道途中の小字「とうの崎」は「（三重）塔の崎」であったろう。

さて「香取参詣記」には、「香取山金剛宝寺と云、真言宗御朱印二十石、本堂の本尊は十一面観世音菩薩、長一丈六尺春日作、脇士に十二天を安置す」とある。「毎年正月八日より十四日まで観音修正供あり。十四日満会の夜は追儺とて、にきやかなる祭あり」としている。さらに、本堂の後の三重塔は、高さ八丈七尺八寸で、本尊は薬師如来、東照大権現の神牌を安置する。鐘楼は本堂の前にあり、古鐘には「至徳三年丙寅十月」の銘があるとしている。「香取私記」には、「密宗の僧侶の住て、神前の法楽を奉る寺なり」とみえる。

清宮秀堅の「下総国旧事考(23)」には、「神宮寺ハ、言家（ママ）ノ社僧、神前ノ法楽ヲ奉ル寺ナリ」とあり、建永二年（一二〇七）の関白前左大臣家政所下文（後出）に「当社大神宮寺仏聖燈油修理料田等」や「修正仏聖燈油修理料田等」とあることにふれて、

修正トイヘルハ、観音ノ修正会ニテ、今ニ怠慢ナク行ハレ、正月八日ヨリ十四日マデ、七日ノ修法アリ、満会ノ夜ハ、追儺ノ儀アリ。僧侶ハ、壇ニ登テ法供ヲ修シ、祠員ハ庭上ニ列位シ、祭事畢レバ、集会ノ祠員ヨリ始メ、群参ノ人、共ニ堂ノ椽板ヲ撃、鐘ヲ撞キ、邪気ヲ駆除ストナリ(24)。

と観音修正会について説明している。正月八日より十四日までの七日間にわたる修法と満会での追儺の祭事は、修正会の一般的なものである。修正会では、神宮寺の社僧が、祭壇に登り修法し、祠員（神官）が庭上に参列。満会の夜に

祭事が終了すると、集まった神官をはじめ、群参した人々が、ともに本堂の縁板を打ち、鐘（鐘楼の至徳三年〔一三八六〕銘の古鐘であろう）を撞いて邪気を払ったというのである。そして、重要なことはこの「観音修正会」は、当時（秀堅の自序は弘化二年〔一八四五〕）まで怠慢なく続けられていたとあることである。

明治維新以前の香取神宮での祭典・祭事については、伊藤泰歳による「維新前　年中祭典式稿」[25]が詳しい記録を残している。これは奥書に「明治十七年三月」とあるもので、当時の禰宜伊藤泰歳（旧分飯司家当主）が明治維新前における香取神宮の年中祭典の旧儀を調査して記したものであった[26]。

泰歳が記した「修正会」の様子は、「下総国旧事考」の記事よりさらに詳しいものである。

同（正月八日）夜より十四日夜まで、金剛宝寺観音堂ニ於て、修正会を修行す。

初中後の三夜は、大宮司・大禰宜・十八奉行・幣所祝・酒司・土器判官・膳部所・薦長神夫等勤仕す。

毎夜は金剛宝寺六供僧・壇行事等執行す。

八日早旦、金剛宝寺より分飯司方へ、壇行事をして円鏡餅一重を持参せしめ、包丁・菜板を乞ひてこれを裁ち、大宮司・大禰宜及ひ十八奉行に配らしむ。

分飯司より修正会の隧火具・香・散米等を出す。

毎日中供饌の撤を配与する為め、金剛宝寺に於て、鐘を撞きて報す。

（中略）

同十四日夜

追儺

金剛宝寺観音堂に於て修行す。

大宮司・大禰宜・十八奉行・幣所祝・膳部所・酒司・土器判官・鷹長神夫、金剛宝寺六供僧・壇行事等出仕す。各青木の枝を以て払ふ。

今日金剛宝寺より、青木に挟みたる牛王宝印を、大宮司・大禰宜始め諸家に配る。

此夜、郷里の児童等藤の木を以て観音堂の縁を打、此音鹿嶋浦にきこゆる時は、其年大漁なりといへり(27)。

これによれば、正月八日夜から金剛宝寺（神宮寺）観音堂で行われた修正会では、初中後の三夜には大宮司・大禰宜以下の神官が出仕し、毎夜は金剛宝寺の六供僧と壇行事等が修法を執行した。八日早朝には、金剛宝寺（神宮寺）から壇行事に円鏡餅一重を持参させ、神官の分飯司に包丁と菜板で裁断させて、大宮司・大禰宜および十八奉行に配らせた。また、分飯司から修正会のための隧火具・香・散米等が出され、毎日中には撤去した「供饌」（供え物）を配分するために金剛宝寺の鐘を撞き知らせたという。

そして、十四日夜の追儺には、大宮司・大禰宜以下の神官と金剛宝寺の六供僧と壇行事等が出仕し、各々が青木の枝をもって邪気払いをする。また、満会のこの日には、金剛宝寺から青木に挟んだ牛王宝印が、大宮司・大禰宜をはじめとする諸家に配付されたとある。そして夜には、郷里の子どもたちが藤の木で観音堂の縁を打ったという。その音が鹿島浦云々とあるのは、香取神（仏）が本来は梶取神（舟人・漁民の神）であったことが表出したものというべきであろう(28)。

神宮寺観音堂における修正会では、初日の八日早朝に神宮寺に供えられた鏡餅が下げられ、裁断されて大宮司・大禰宜および十八奉行に配られた。また毎日昼には祭壇から下げられた「供饌」（供え物）を配分するために金剛宝寺の鐘を撞き知らせたというが、その対象は「郷里」の人々であったろう。そして満会の十四日には、神宮寺から牛王宝印が諸家に配られたのであった。ちなみに、慶長四年（一五九九）三月七日物申祝起請文は香取の牛王宝印に書かれたものであり(29)、香取神宮寺での牛王宝印の配付は中世以来のことであったろう。

中世の国家儀礼や年中行事について詳細に検討した井原今朝男によれば、修正会とは中世の正月行事で、国家儀礼として上は天皇・院・摂関家から下は荘園鎮守や村落寺社に至るまで同じ日に実施されることで、民衆統合の役割を果たしたものとしている。そして、「中世の修正会では壇供餅を公事として調進し一年間の安穏快楽の祈禱を行ったあと、共飲共食の饗応をうけ、除災招福の護符である牛玉宝印を頂戴して在地に帰った」としている(30)。右で復元した江戸後期の香取神宮寺での正月修正会の諸行事は、井原が整理した修正会一般のあり方とほとんど同じものであり、すでに村落寺社的なものとなっている。しかし、建永二年十月日関白前左大臣家政所下文に載る「香取社大神宮寺修正」や「新寺観音堂修正」は、国一宮としての修正会であったと考えられるのである(31)。

香取神宮の神宮寺において幕末まで行われていた修正会・追儺会の行事は、中世以来のものであったことは間違いないのである。

2　十一面観音像と古鐘・三重塔

さて本堂の本尊十一面観世音菩薩は、廃仏毀釈の難から辛うじて救われ、現在は香取市佐原の荘厳寺に所蔵されている。頭部の十面は失われているが、堂々たる平安仏で、平安前期のものとされている。背面内部には、元禄十三年（一七〇〇）度造営での修理銘が確認されているが(32)、造営の際の棟札には、

（表）

卍　御願主征夷大将軍正二位内大臣源綱吉公　奉行 竹村氏惣左衛門尉嘉行 平岡氏十左衛門尉道留（富）

（種子）　奉再興香取大神宮本地十一面観音一軀脇立廿八部衆　総州香取別当 金剛宝寺 法印高照

合　為国家安栄御武運長保寿福永久也　大仏師法橋和泉善慶今井左近吉次

（裏）

于時元禄十三年庚辰八月吉良辰　（下段の人名略）

とある[33]。種子は、もちろん「キャ（十一面観音）」である。この棟札によると、香取大神宮の本地仏十一面観音には、脇立として二十八部衆があったが、それはすべて失われている。脇立について、「香取参詣記」は「十二天」（前出）としていたが誤りであろうか。

本堂前の鐘楼にあった「至徳三年丙寅十月」銘の古鐘は、現在は神奈川県藤沢市羽鳥の御霊神社に所蔵されている。銘文は、

奉懸

下総州香取太神宮寺大鐘一口

大旦那周防守宗広

大工秦景重

于時至徳三年丙寅十月　日白敬[34]

である。現在の同梵鐘には、一八七二年（明治五）に購入された経緯が追刻されている[35]。幕末までの神宮寺での追儺会では、この梵鐘が撞かれたのであった。

三重塔は明治初年の廃仏毀釈によって破壊され、本尊の薬師如来の所在は不明である。また神宮寺には、「大鼓亨徳」の銘文のある太鼓があったようである[36]。

なお、神宮寺の古文書については、清宮秀堅編纂「香取新誌」が、「香取文書」の総数は関東随一であるなどと説

明するなかで、「神宮寺文書ハ、イサ、カノ金円ニテ、一二葉ヅヽ、他へ売却セシト云」と記していることも確認しておきたい(37)。

さて、ここまで検討してきた神宮寺のあり方は、中世にまで確実にさかのぼるものである。以前に検討したように、図像としての神宮寺の中世的形態は権検非違使家本「香取神幸祭絵巻」にみることができる。この絵巻は、建仁二年（一二〇二）の図籍（絵巻）を至徳三年（一三八六）に書写し、さら永正十三年（一五一六）に再写したもの（あるいはまたその写し）であった。権検非違使家本「香取神幸祭絵巻」に描かれた正神殿や神輿の形態は、文永八年（一二七一）の香取社造営注文の書き上げと多くが一致することが確認できている(38)。ということは、同絵巻に描写された神宮寺の姿も鎌倉時代のものとみてよいのである。そこには、「楼門二王堂」、「塔」（三重塔）、「神宮寺」（本堂）、「鐘楼」が描かれており、それは図2にみる江戸後期の観音堂門と三重塔、本堂、本堂前の鐘楼（立派な鐘楼堂ではないが）とほぼ同様と考えてよいのである。

また、同絵巻では、香取神宮の楼門を出た祭列は一鳥居・二鳥居を進み、神宮寺の正面「楼門二王堂」（神宮寺観音堂門）に突き当たるように描かれている。それは先に想定した東向きの神宮寺の境内と香取神宮の位置関係に対応するのである。

三　供僧と諸寺院

神宮寺（金剛宝寺）別当以下の供僧（社僧）は、七人を原則としたようである。たとえば、嘉暦二年（一三二七）十月日香取社机注文には、「供僧七人」とみえるし(39)、正月元日に本殿前で行われる社官等の姓名の読み上げ（「司召」）では、

一　御読経所座

寺別当　召　　左定額代　召

右又見　召　　左不断所　召

右円寿院　召　　左神主供僧　召

右読師　召

などとして七人（七寺）が原則であり、室町時代から江戸時代にかけて変化はなかった[40]。また、先にふれた神宮寺（金剛宝寺）での正月修正会に出仕したのも、「六供僧・壇行事」の七人であった。愛染堂での夏経に出仕した社僧（供僧）、そして元禄十三年（一七〇〇）度造営での遷宮に際して、愛染堂に着座した金剛宝寺（別当）以下の社僧も七人であったろう。そして「司召」での「読経所」とは愛染堂のことと考えられる。

ただし、天正十九年（一五九一）十一月吉日付で書き上げられた「香取社大禰宜従前々指南仕社人」としては、

供僧之内

神宮寺　根本寺　不断所　円寿院　護摩堂

社僧之外

惣持院　新福寺　宝光院　宝幢院　妙塔院

とあり、これとは別に、

経座之内

又見妨

とある[41]。十六世紀末ころまでには、神官・社僧は大禰宜指南の者と神主（大宮司）指南の者に分かれており、この注文

は大禰宜が「前々より香取を四分三」指南してきたとして書き上げたものであった。ということは、供僧七人のうち五人（五寺）が大禰宜指南の者であり、供僧（社僧）の員数の外に惣持院以下五寺も配下にあるというわけである。
司召での「御読経所座」七人と大禰宜指南の供僧との対応関係をみておくと、次のようになる。

〔御読経所座　七供僧〕　〔大禰宜指南　五供僧〕
寺別当　↓　神宮寺
定額代（神主指南カ）
又見　↓　＊経座へ
不断所　↓　不断所
円寿院　↓　円寿院
神主供僧（神主指南）
読師　↓　根本寺あるいは護摩堂カ

すべてが対応するわけではないのは、大禰宜側からの一方的な主張にもとづく注文であるからであろうが、おおよその対応関係はわかる。供僧（社僧）の多くは塔頭（子院）を相承していたわけで、そのため供僧は寺院名で表記されていくのであった。以下、「香取参詣記」や「香取私記」に記載がある寺院（塔頭）をみておきたい。

【惣持院】
まずは惣持院についてである。大禰宜指南の社僧外の寺院とされているが、惣持院はもともとは神宮寺別当の塔頭であったと考えられる。「香取参詣記」は、本社前より元の道を一町ばかり返り、左の坂を上り一町ばかりのところに、惣持院という真言宗の寺があるとし、惣持院は、正月七日白馬祭の馬面を納める寺だとある。「香取私記」には、

「真言宗にして、東光山惣持院と号す。又金剛頂《ママ》寺と云。追野村にあり。（中略）神領の所務を受て、他の神務なし。只正月七日、青馬祭の馬面、この寺より納む。嘉慶の頃の古文書に、追野村とある是なるへし」とある。

正月七日の白（青）馬祭の馬面についても、伊藤泰歳の「維新前 年中祭典式稿」に詳しいが、ここでは割愛する。江戸時代にはいると、惣持院は金剛宝寺と神宮寺別当職をめぐって出入りを起こすのであるが、その経過についてはすでに矢島英雄によって詳細に検討されている(42)。

先述のように、明治初年の廃仏毀釈によって神宮境内の愛染堂が破壊された際に、本尊の愛染明王は追野の惣持院に移されたのであった。しかし、追野の惣持院は、一九五四年（昭和二十九）の火災によって焼亡し、今は香取市（旧佐原市）の仁井宿に移転している(43)。

【新福寺】

同様に、大禰宜指南の社僧外の寺院とある新福寺は、香取大禰宜家の氏寺であった。「香取参詣記」には、本社から氷室坂を下り右の方に一町ばかり行くと、谷間に新福寺があり、「曹洞宗観音を安置」すると記している。「香取私記」には、曹洞宗で神徳山新福寺と号し、新寺村にあるとし、「大禰宜三十五代、真平か本願にて造立し、往昔は神宮寺と同しく、観音修正会ありし由、建永の御下文に見ゆ。今は只神領の所務に属するはかりにて、神務の沙汰なし」として、建永二年（一二〇七）十月日関白前左大臣家政所下文(44)の記事を引き、江戸後期には神務には関わっていないとしている。

なお、建永二年十月日関白前左大臣家政所下文に載る、神宮寺の初見記事や新寺（新福寺）の十一面観音の成立譚については、別の機会に検討したい。

【不断所】

宮中町の諸神塚の左は、梅木山不断所という寺があったところであるという。「香取私記」には、「神宮寺門前の側にあり」とある。図2の神宮寺門前の左手である。「香取参詣記」には、「飯笹長威入道の碑あり小碑なり。(中略)この所は梅木山不断所」とある。現在の「飯篠長威斎之墓」の付近である。

【根本寺】

ほかには、津宮から神宮に向かって三町ほど行くと、右に根本寺という寺があり、社僧が住したところであるが、その後焼亡して再興されていないとある。「香取私記」には記載がない。

中世の香取文書にみえる他の多くの寺院については、検討することができなかった。他日を期したいと思う。

おわりに

残念ながら、古代以来の神仏習合的な宗教史や明治初年の廃仏毀釈の宗教史上の意味などについて論ずる準備はできていない。ただ一点だけ、本稿がおもに検討した中近世以前、つまり古代の香取神宮周辺の神仏習合的状況についての笹生衛の研究についてふれておきたい。笹生の「東国神郡内における古代の神仏関係」(45)は、近年の香取神宮周辺地域での発掘調査の成果を踏まえて、九世紀になると香取神宮に関係する神戸集落や神官層の間に、集落単位で仏教信仰が浸透し、集落内での在来の神祇信仰と仏教信仰が並存する状況が形成されたことを活写している。

本稿が復元した中近世の香取神宮の神仏習合的状況は、神宮周辺の古代集落内における在来の神祇信仰と仏教信仰との並存状況が、笹生も示唆したように、香取神宮あるいは神宮寺近辺に集中・集約されることで成立したものであろう。その具体的な変遷についても今後の課題である。

註

（1）香取田所家文書二一〜二四号（『千葉県の歴史 資料編 中世2』千葉県、一九九七年、所収。以下『中世2』と略す）、旧録司代家文書二三号・旧源太祝家文書一一号（『千葉県史料 中世篇 香取文書』千葉県、一九五七年、所収。以下『香取』と略す）。
（2）旧大禰宜家文書二七一・二七二号（『香取』）、香取田所家文書七四・七五号（『中世2』）など。
（3）旧要害家文書八号（『香取』）。
（4）旧要害家文書七号（『香取』）。
（5）越川八壽六氏所蔵文書一・二・四号（『香取』）。鈴木哲雄「香取神宮の神宮寺・寺院関係資料一覧（稿）」二四〜二六号（『史流』四六、二〇一六年、所収。以下「一覧」二四〜二六号と略す）。
（6）和綴本。挿絵二枚（図1・2）は、千葉県立中央図書館所蔵の同本を写真撮影したものである。
（7）高森良昌「神仏分離―香取山・金剛宝寺の事例―」（『千葉県の歴史』四六、一九九四年）、同「香取大神宮寺・金剛宝寺考―神仏分離の実態―」（『香取民衆史』八、一九九七年）など。
（8）鈴木哲雄「権検非違使家本『香取神宮神幸祭絵巻』と造営注文」（同『香取文書と中世の東国』同成社、二〇〇九年。初出二〇〇七年）。
（9）鈴木註（5）「一覧」。
（10）『千葉県の歴史 通史編 近世2』（千葉県、二〇〇八年。以下『近世2』と略す）。第十二編第三章（執筆：佐藤裕貴子・酒井右二）。
（11）『香取群書集成 第一巻』（香取神宮社務所、一九四三年。以下『集成一』と略す）の解題。
（12）『東光山金剛宝寺 惣持院の歴史』（東光山惣持院、二〇〇九年。以下『惣持院』と略す。執筆：矢島英雄）。

(13) 香取文書諸家雑集三二号(香取物検校家文書)(『中世2』)。
(14) 図録『東総の大般若経』(千葉県立大利根博物館、一九九九年。以下『東総』と略す)。
(15) 『東総』一九号、「一覧」一四号。
(16) 旧大禰宜家文書一八三号(『香取』)。
(17)(18) 『東総』一六号、「一覧」一五号。
(19) 香取分飯司家文書一四号(『中世2』)、「一覧」一三号。
(20) 清宮利右衛門所蔵「香取文書」については、鈴木哲雄「香取文書の歴史」(註(8)書)で詳しくふれた。
(21) 「一覧」一二号。
(22) 香取文書諸家雑集三八号(『中世2』)、「一覧」一七号。
(23) 『集成一』の解題にあるように、弘化二年の自序があるが、刊行されたのは一九〇五年(明治三十八)であった。なお、清宮秀堅については、『近世2』第十二編第三章(執筆:佐藤裕貴子・酒井右二)に詳しい。
(24) 「下総国旧事考」(『集成一』四五四頁)。
(25) 「維新前 年中祭典式稿」(『香取群書集成 第二巻』(香取神宮社務所、一九四四年、所収。以下『集成二』と略す)。
(26) 『集成二』の解題。
(27) 註(25)「維新前 年中祭典式稿」(五一~五四頁)。
(28) 宮井義雄「舟人の神としての香取神」(同『歴史の中の鹿島と香取』春秋社、一九八九年)、鈴木哲雄「中世香取社による内海支配」(同『中世関東の内海世界』岩田書院、二〇〇五年。初出一九九三年)。
(29) 旧大禰宜家文書二九二号(『香取』)。
(30) 井原今朝男「中世国家の儀礼と国役・公事」(同『日本中世の国政と家政』校倉書房、一九九五年。初出一九八六年)。

(31)　本宮雄之家文書一号（『千葉県の歴史　資料編　中世5』千葉県、二〇〇五年）が正文（ただし、断簡）。旧大禰宜家文書一二号（『香取』）・香取田所家文書二号(2)（『中世2』）は写である。井原今朝男「中世国家の儀礼と国役・公事」（前掲）の表3も参照。

(32)　『佐原市史』（臨川書店、一九八六年。初版一九六六年）九二一頁、奥健夫「荘厳寺蔵　十一面観音菩薩立像」（『国華』一二六五、二〇〇一年）、「一覧」一九号。修理銘には、「江戸中橋大仏師和泉善慶」と「馬喰三丁め大仏師佐近」の名が見える。

(33)　越川八壽六氏所蔵文書一号（『香取』）、「一覧」二四号。

(34)　『千葉県史料　金石文篇二』（千葉県史料調査会、一九七八年）県外三二号、「一覧」一六号。

(35)　『千葉県史料　金石文篇二』（前掲）県外三二号。

(36)　香取文書諸家雑集三七号（神宮寺鐘銘）（『中世2』）、「一覧」一八号。

(37)　清宮秀堅編纂「香取新誌」（『集成二』）、「一覧」参考資料一〇号。

(38)　『香取群書集成　第三巻』（香取神宮社務所、一九八〇年）の解題、鈴木註(8)、笹生衛「香取神宮の歴史と祭り―古代・中世の信仰と『神幸祭絵巻』を中心に―」（図録『香取神宮―神に奉げた美―』千葉県立美術館、二〇一五年）は、同絵巻の諸本六点の関係を明らかにしている。

(39)　香取田所家文書八号（『中世2』）。

(40)　「下総旧事考　巻一」（『集成一』）、「一覧」参考資料一一号。香取文書としては、宝徳二年の司召（香取録司代家文書一四号）、天文二十四年の司召（香取源太祝家文書二二号）、慶長十三年の司召（香取神宮所蔵文書補遺一号）、寛永二十二年の司召（香取大禰宜家文書七七号）、年号未記載の司召（香取案主家文書八五号）がある。宝徳二年の司召では、寺別当と定額代以外は僧侶名（五名）が記されているが、時代が下るにしたがって、固有の僧侶名は少なくなり、寺院名となる。

香取神宮所蔵文書補遺一号は『千葉県の歴史 資料編 中世3』（千葉県、二〇〇一年）所収、他は『中世2』所収。
（41） 香取大禰宜家文書五四号（『中世2』）。
（42） 矢島英雄「佐原（香取）市香取神宮『大別当』惣持院について（一～四）」（『常総の歴史』三〇・三三～三五、二〇〇三・〇五～〇七年）。
（43） 『惣持院』。
（44） 註（31）参照。
（45） 笹生衛「東国神郡内における古代の神仏関係―香取郡・香取神宮周辺の事例から―」（同『日本古代の祭祀考古学』吉川弘文館、二〇一二年、所収。初出二〇〇五年）。

【付記】 本研究は、ＪＳＰＳ科研費 25370757（二〇一三年度～二〇一五年度・基盤研究（C）、研究課題名「下総国一宮香取社の神宮寺・寺院関係資料に関する基礎的研究」、研究代表者「鈴木哲雄」）の助成を受けたものである。

戦国期日蓮僧日恩の歴史的性格
――安房妙本寺日我「学法弟子」の実像――

佐藤　博信

はじめに

戦国期の日蓮僧を代表する安房妙本寺（千葉県安房郡鋸南町吉浜字中谷《なかやつ》。以下、妙本寺と略す）住持（「上人」）日我（一五〇八～一五八八）周辺に多くの僧檀がいたことは、天文二十二年（一五五三）八月二十八日付日我弟子交名《きょうみょう》（「妙本寺文書」一八七。以下、弟子交名と略す）や「妙本寺文書」「小泉久遠寺文書」「定善寺文書」などで知られる。そうした人々の軌跡の検討は、安房妙本寺研究のみならず日蓮宗寺院研究にとっても資するところ多大である[1]。本稿で、日我後住日《にち》侃《かん》（一五二五～一六〇一）や、本乗寺（旧富津市佐貫字市場。現富津市加藤字竹の谷）日膳（一五二八～?）、同様に多くの関係史料を残した遠本寺《おんぽんじ》（鴨川市奈良林字久保）日恩（一五三四～?）を検討する所以である。なお、本文中の「妙本寺文書」～は『千葉県の歴史　資料編　中世3（県内文書2）』（二〇〇一年）、「定善寺文書」～は『宮崎県史　史料編　中世1』（一九九〇年）、戦房～は『戦国遺文　房総編』（東京堂出版、二〇一〇～二〇一六年）、『妙本寺典籍目録』No.～は『校訂妙本寺典籍目録』（興風談所、二〇〇八年）、のそれぞれの所収番号を示す。ただそれら引用の際、写真版などで読みを改めた箇所がある。

可申之由、代官肝煎申事ニ候、其通ニ被成、可然存候、所之儀ハ、致相談、相渡可申候、聽御無沙汰不存候、御透次第必々可御立出候者、可忝候、奉待候、何も其節可得御意候、恐惶謹言、
（慶長十年）
十月十三日　　　　細修理亮
　　　　　　　　　康重（花押）
大宮司様
　尊報

本史料は、細野康重が鹿島大宮司へ佐田村の秋成について伝えたものである。これ以前、佐田村の夏成については、借金・借物があったようである。つまりは、佐田村の夏成の納入に際し、未進分が生じていたことになる。加えて、百姓が自分たちの間で算用もしていた。おそらくは、百姓が領主側に断りなく、控除分などを決定し、納入分から差し引いて本来納入すべき値に不足している状況があったということであろう。このような夏成納入の状況をうけ、細野氏は秋成については定めた納入分を鹿島大宮司方へ渡すと伝えている。

このように、里見氏は佐田村の一部を鹿島神宮と大宮司個人へ寄進し、里見氏家中の細野が佐田村に関する具体的な指示をする立場にあったわけだが、慶長十一年佐田村の知行替という事態が生じる。

〔史料5〕里見梅鶴丸忠義黒印状（№５）
佐田村之内令寄進候田地替之事斛
　知手村
一、弐百石　寄進
一、五十石　神宮寺

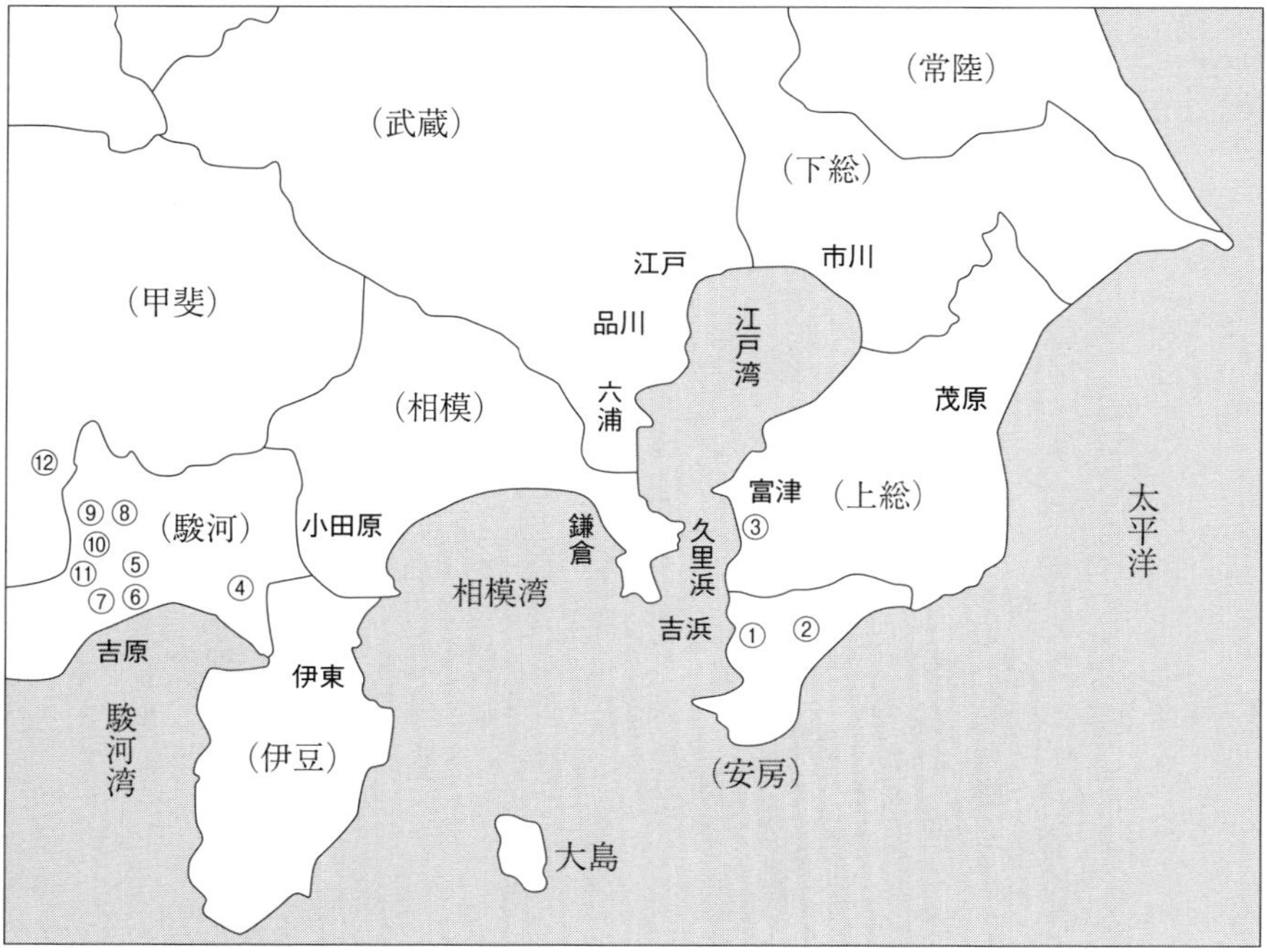

①安房妙本寺（千葉県安房郡鋸南町吉浜）
②遠本寺（千葉県鴨川市奈良林）
③本乗寺（旧千葉県冨津市佐貫。現富津市加藤）
④円蔵寺（静岡県駿東郡長泉町元長窪）
⑤小泉久遠寺（静岡県富士宮市小泉）
⑥妙円寺（静岡県富士宮市小泉）
⑦長遠寺（静岡県富士市三ツ沢）
⑧北山本門寺（静岡県富士宮市北山）
⑨下条妙蓮寺（静岡県富士宮市下条）
⑩上野大石寺（静岡県富士宮市上条）
⑪西山本門寺（静岡県富士宮市西山）
⑫身延山久遠寺（山梨県南巨摩郡身延町）

戦国期東国の日蓮宗寺院

従来、中世末期から近世初頭にかけて、妙本寺（日郷）門流内部には日恩という人物が、太輔公日恩、久成坊日恩、本住坊日恩などと多様にみえるために、その関係如何の理解が研究の障壁となっていた。その点の明確化を踏まえて関係史料を年代的に整理し、その歴史的役割を妙本寺門流全体のなかに位置づけてみたい。この日恩については、先稿「日我周辺の人々の軌跡—日侃・日膳・日恩をめぐって—」・「妙本寺本『源家系図』と里見義堯」で若干検討したことがあったが(2)、その後の研究を踏まえて改めて全面的に検討したい。

一　日我弟子交名の「太輔公日恩」

太輔公日恩の史料的初見は、先の天文二十二年（一五五三）八月二十八日付日我弟子交名の「太輔公日恩 学法弟子」である。弟子交名には「弟子分之契約、生死不定之間、乱中於金谷之籠城記之、互為結縁也」として、後筆分を除くと、五四人（摺消で一人不明）が列記されている。金谷《かなや》城（富津市金谷）籠城中という戦時下で執筆された契りの書である。その記載順は「次第不同」とあるものの、後住「宰相阿闍梨日侃」、小泉久遠寺（富士宮市小泉）代官「兵部阿闍梨日義」、日我甥日常、小泉久遠寺代官後継日提《にちだい》・日膳・日山・日恩という序列が窺われるので、その上位にあったことは間違いない。しかも、「学法弟子」「学法」と記されたのは五四名中日提（日向出身）・日膳（房総出身か）・日恩（房総出身）・日長（日向出身）の四人だけであり、小泉久遠寺代官日義は「学法弟子」ではない。特定な存在にして選抜された人々であったのである。日恩は、当時二十歳で「学法」中最年少であった。なお一層その位置づけが問われる所以である。

そもそも、妙本寺門流における「学法弟子」の存在は、寺祖日郷（一二九三～一三五三）の宗祖日蓮から「学法」を門祖日興から「受法」（「付法」）をそれぞれ相承した日目《にちもく》の正嫡たる意識(3)にその淵源があったとみられる（「妙本寺文書」一四七他）。確かに日郷段階では、その他にも日目の「学法弟子」とされる人物が複数（日寿・日盛《にちじょう》）確認されるものの、その後は「仏法之沙汰所」（日恩「富士諸山邪正記録」『妙本寺典籍目録』№一三二）(4)とされる学頭坊を共有する北山（重《おも》須《す》）本門寺（富士宮市北山）にもみられず、妙本寺門流独特の相承形態と化したことにも、そのことが窺われる。日我自身、学頭坊日杲《にちこう》を「学法ノ師」と位置づけていたのであった。それを相承する日恩らは、日我段階の妙本寺門流における「学法」を担う僧侶と明確に位置づけられていたのであった。

それでは、その前後の日恩の軌跡は如何に確認されるであろうか。妙本寺では、天文十四年十月から十一月にかけて遠本寺常住のために妙本寺本をもって録内御書《ろくないごしょ》(日蓮遺文)一四八通を書写しているが、それは「執持」日我を中心に遠本寺前司公日敬(「妙本寺文書」一四七)以下、日詔・日詮・日自・日膳らによるものであった(「遠本寺本録内御書」『妙本寺典籍目録』№三三二〜三五三)。(5)そこに日恩がみえないのは、天文三年の生まれの当時十二歳という年齢的なものであったと思われる。駿河の「天文年中大乱」(「妙本寺文書」五〇九)後の小泉久遠寺再建工事にやはりその名前がみえないのも、同様と解釈される。

しかし、その後の天文二十二年の弟子交名に「太輔公日恩」とみえるので、それ以前に公名《きみ》・日文字《にち》の使用が日我から許されていたとすれば、当時二十歳であるので、それ以前の出家にともなう所為であったと認識される。日恩の公名太(大)輔は、遠本寺の開基とされる日賢の公名で極めて由緒あるものであった(「妙本寺文書」三二〇〜三二一)。

二　日恩の小泉久遠寺「遊山」

それでは、日恩は、天文二十二年(一五五三)の弟子交名成立段階どこにいたのであろうか。もちろん、弟子交名に記された全員が日我とともに金谷城にいたわけではない。小泉久遠寺代官日義が小泉を離れ金谷城にいたのではないのである。当時の日恩の軌跡を直接示すものはないが、日我が金谷城を逃れて天文二十四年当時安房「岩井郷宮谷奥之小屋」(南房総市富山町宮谷字小屋)にいた頃、日侃・日常・日提・日膳の「懇望」に応えて「一流相伝大事私」(『興風叢書〔7〕』興風談所、二〇〇三年)を書写・伝授しているが、そこに「太輔公日恩」の名前はみえない。日恩と同輩の「学法弟子」の「懇望」・伝授であるのに対してである。それを如何に解釈するかである。

その点、やや遅れるが、弘治四年＝永禄元年（一五五八）二月時正（彼岸）中日に「太輔」が「一代大意抄見聞」（『興風叢書〔3〕』興風談所、一九九五年）を「駿州久遠寺遊山之時、真乗坊正本借用令申書写候」した事実が注目される。真乗坊とは、「日向国之住真乗坊日尭」のことである（定善寺本「当体義抄聞書」）。この写本の筆蹟は後述の年未詳十月日付妙本寺日東宛日恩信心目安（『妙本寺文書』二〇二）と同じとされるので（『妙本寺典籍目録』№一七の備考）、「太輔」＝太輔公日恩とみて間違いない。また同年五月二日には「関東安房国長狭之郡柴原郷上村河崎遠本寺衆　主太輔之」とみえ、「法華文句談義」を「於駿河富士山久遠寺清書」している（『妙本寺典籍目録』№一六八）。この「太輔」も、太輔公日恩のことである。

すなわち、日恩は、弘治四年二月以前に小泉久遠寺に「遊山」し、聖教類の書写・清書作業を行っていたのである。これは、天文二十四年当時「岩井郷宮谷奥之小屋」にはおらず「一流相伝大事私」の「懇望」・授与に関わっていなかったこと、さらには金谷城籠城に加わっていなかったこと、を示唆しよう。その小泉久遠寺に「遊山」したのは、再建終了にともなう天文十八年の代官日義派遣が大きな契機になったと思われる。日我は、工事終了後に再建に活躍した人々の再配置―日踞《にっきょ》をそのまま留める一方で一旦日提・日鎮を妙本寺に戻すなど―を行ったのである。日恩などは、逆に小泉に入って代官日義を支えたのではなかろうか。日提も、その後の永禄二年六月以前に小泉に戻って代官日義を支えている（「一代大意抄私見聞」『妙本寺典籍目録』№七）。

三　日恩と切紙相承

その後、日恩で確認されるのは、元亀二年（一五七一）二月時正（彼岸）に、永禄十一年（一五六八）六月一日死去の里見義堯室正蓮百ケ日に日我が纏めた法要記録を書写したことである[6]。この記録は妙本寺で書写されたと思われるので、当時日恩は妙本寺にいたことになる。そこには、日恩の花押Ａ（掲載図参照）が初めて確認される。当時三十八歳であった。日恩が本書を書写した理由は不明であるが、日恩は後述の通り里見義堯一周忌法要を日我に「競望」したり、「侍ノ系図」里見氏系図を書写したり、里見氏と何らかの関係あっての所為かと思われる。遠本寺との関係を含め、その出自に関わる可能性がある。単に日我の記録を書写したとか、確認した系図を書写したとかいう問題ではなかったと思われる。

花押Ａ

花押Ｂ

次いで、日恩は、その翌年七月二十五日付で日我から切紙相承をうけている（「妙本寺文書」一五七・一七六・一七八・一八四・二三三・二五二・二五六・二六一・「武蔵匡真《きょうしん》寺《じ》文書」）。これに先立つ同年六月二十五日付日膳宛のものが確認される（「妙本寺文書」一八〇〜一八三・二四〇・二四九・二五三・二五五・二五九・二六〇）。切紙相承が「神秘主義」(7)の最たるものとして直接面授される対象とすれば、日恩は当時、妙本寺にいたのではなかろうか。

この日我から切紙相承をうけた日膳と日恩が日我の「学法」弟子であった以上、当該段階に日我による「学法」弟子への集中的な切紙相承がなされたことを示唆する。この特定段階の「学法」弟子への集中的相承の背景は不明であるが、弟子たちの強い要求に基づくものであったと思われる。ただ弟子交名にやはり「学法」と記された日提・日長宛の切紙相承の有無は不明である。これには、両名の伝来史料が妙本寺にまったく存在していないことも考慮されなければならないが、それ以上に日提も日長も、当時小泉久遠寺周辺で活動していたことから相承自体がなかったのではなかろうか。相承の六月・七月付の意味は不明であるが、二十五日付は寺祖日郷忌日（四月二十五日）に因むものであろう。

なお、当時日恩は「弟子大輔阿闍梨日恩」として切紙相承をうけているので、それ以前に阿闍梨号使用が許されていたことが分かる。その点、日膳は「弟子善行坊日膳」として切紙相承をうけているので、そうではなかったことになる。年長の日膳を差し置いて日恩が先に阿闍梨号が許された意味が問われよう。

さらに、日恩は、天正二年（一五七四）九月十二日に日我に里見義堯の一周忌法要を「競望」している（「唯我尊霊百日記」）。日我は天正二年六月一日に死去した里見義堯の法要を行ったが、「明日不《ヲ》レ知《ル》間」として「大輔阿闍梨日恩」と「善行坊日膳」の「競望」に任せて一周忌法要を日恩に、三回忌・七回忌法要を日膳に委ねることを約束したのであった(8)。ここにも先の切紙相承をうけた「学法」日恩・日膳が登場するのである。その際、やはり年長の日膳を差し置いて一周忌法要を強く「競望」し、日我から約束された理由には、先述のような阿闍梨号の有無と里見氏との関係如何によるものであろうか。

以上、日恩は、弘治四年五月から元亀二年二月時正の間に小泉久遠寺から妙本寺に戻り、それから元亀三年七月二十五日〜天正二年六月一日〜九月十二日段階に至るまで妙本寺にいたと推察した。

もちろん、史料的には確認されないが、この間にも日恩の房総と小泉間の往復がなされていた可能性が高い。特に弘治四年五月から元亀二年二月時正の間の比較的長い期間における往復の可能性である。(9) それは、この間に永禄年代前半の日我日向下向の際の比較的長期にわたる小泉久遠寺滞在、「永禄八年移重須」(弟子交名)るとされる小泉久遠寺代官日義の北山本門寺転住事件、その後の「学法」日提の小泉久遠寺代官就任、永禄十一年十二月からの「駿州不慮之大乱」(「妙本寺文書」一二五。甲斐武田信玄の駿河侵攻による戦乱)による小泉久遠寺の多大な被害出来など、小泉久遠寺に関わる重大事が連続していたからである。代官日義を支えるべく小泉久遠寺に派遣されたと思われる日恩が、こうした一連の事態とまったく無関係であったとは想定し難いのである。その調停などに必要とされた最大の人物であったのである。

四　日恩の小泉久遠寺での活動

ところで、その後日恩は小泉久遠寺に戻ったとみえ、天正三年(一五七五)かと思われる三月八日付義詮房宛日提書状(「妙本寺文書」二九四)には、「一、太輔阿之事、使僧同前ニ加異見申候へ共、納得不被申候、此方(小泉久遠寺)逗留之内、重而御意次第ニ異見可申候」とみえる。「太輔阿」闍梨日恩である。同日付同人宛日長書状(「妙本寺文書」四二三)もあるが、そこには日恩はみえない。この日長は、弟子交名に「三位公日長学法　号本承坊」と記された人物である。当時の小泉久遠寺は、「駿州不慮之大乱」による被害からの再建の最中であった。そのことを主に記す両書状である。

そのなかでの当該条目の内容は、小泉久遠寺代官日提が妙本寺使僧と同様に日恩に「異見」したものの、日恩が「納得」しないので、使僧の逗留中に重ねて「異見」する予定であると述べたものである。何か小泉久遠寺に因む事案について妙本寺使僧と小泉久遠寺代官が日恩に「異見」したものの、日恩が納得しない状態であったとみえる。これによって日恩が小泉久遠寺にいたことが証明されるが(10)、この小泉久遠寺に因む事案は何であったのか、またそれにともなう日恩の不満とは何であったのか興味がもたれる。いずれにせよ、日恩の門流内部における存在感を示す一件であったことには違いない。

次いで、天正七年六月六日に「太輔阿闍梨日恩」は、「駿河国富士山本門寺日殿所持」の「平家系図」と「源家系図」を「借用」し、小泉「久遠寺」で書写したという（妙本寺蔵。戦房一六八六・一六八七）。この系図は、「房州御屋形里見義堯之御本」の写本である。日殿は、小泉久遠寺代官日義が北山本門寺に転住し晋山した後の日号である。日義は、天文十八年に小泉久遠寺代官に補任されるので、それ以前の妙本寺在寺中に書写したものと思われる。この日恩の花押は、先の「正蓮百ケ日忌日我談」と同じA型である。

また天正七年四月七日付で「房州御屋形里見之義堯之御本」を書写した一本がある（日向定善寺蔵。戦房一六七七）。これには、「富士山本門寺日殿、房州妙本寺為学問住山□、従彼国之御屋形義堯借用候而、写御申候、又富士久遠寺［　　］之時、於長久保書写畢」という奥書がある。この「長久保」とは、小泉久遠寺の末寺円蔵寺（駿東郡長泉町《ながいずみちょう》元長窪）の在所のことである(11)。この一本も、日恩の書写本とみてよい。

とすれば、日恩は、天正七年四月から六月にかけて日殿本「房州御屋形里見（之）義堯之御本」を書写したことになる。その主体的背景には、先述の通り里見氏との何らかの関係が想定される。また書写の客観的背景として、日義北山本門寺転住事件以来「不和」にあった妙本寺と北山本門寺との関係改善があったと思われる。そのなかで、同じ日我弟子であった日殿とこうした日常的通用を回復させていたのである（「富士諸山邪正記録」）。以後の日恩と北山本門寺の関係も、そのなかで準備され、それが後年日殿の後住日健《にちごん》（一五六一～一六二五）段階に大きな意味を持つことになったのである。

なお、小泉久遠寺とその末寺円蔵寺での書写からして、日恩が当時小泉久遠寺にいたことは確実である。この間のことと思われる事柄に下条妙蓮寺（富士宮市下条）との関係が知られる。北山本門寺と小泉久遠寺が一時「不和」の時に小泉久遠寺と「通融」した下条妙蓮寺日顕の「次ニ清水ノ…〈何ト云本歟不知〉[12]」の死去の際に小泉久遠寺代官日提が「引導」役を、またその一周忌・三回忌は日恩が「談義」（説法）を、各々勤めたというのである（「富士諸山邪正記録」）。

五　「願主日恩」による録内御書の書写

ところで、妙本寺では、天正六年（一五七八）三月十三日から天正九年三月二十五日にかけて「願主　本乗寺常住善行坊阿闍梨日膳」（日膳の阿闍梨号使用の初見）による録内御書の書写が行われている（『妙本寺典籍目録』№三六二～三七二・三七六～三七八）。その際の「右筆」は、「善行坊日膳」本人と「蓮照坊日山」・「太輔日恩」の三人であった。ここに初めて日恩と録内御書書写との関わりが確認される。ただ日恩が関わったのは、「木絵二像開眼事」など一部にすぎなかった。それは、先述の通り、その間の天正七年四月から六月にかけて小泉久遠寺と円蔵寺で日殿本「房州御屋形里見義堯之御本」を書写しているように、房総にいなかったことと関係しよう。それにしても、この間、一時的にせよ、日恩は妙本寺に戻っていたのである。

次いで、天正十二年十月二十八日に「願主日恩」が「法華本門報恩抄下」を書写し、妙本寺に奉納している（『妙本寺典籍目録』No.三八一）。「一校」したのは、「日恩・日山」であった。日恩は、当時妙本寺にいたのである。日山は、先の天正九年の書写の際にも名前がみえた人物である。今度は、初めて「願主日恩」としての録内御書書写であった。日恩は、ここに至りようやく直接的に「右筆」として、また「願主」として主体的に録内御書書写に関わったのであった。

以上、日恩が天正七年六月~天正九年三月~天正十二年十月の間に妙本寺にあって録内御書の書写に深く関わったことをみた。

なお、日我は、その後の天正十四年十一月十一日に七十九歳で死去する。その際の記録＝日侃筆「日我上人御臨終記」(13)が残されているが、そこには、身辺雑事世話役の本乗寺日膳と看護僧大乗坊日運の名前がみえるだけで、日恩など他の僧侶の名前はみられない。とはいえ、日我の葬儀には、日恩以下妙本寺僧が参列した可能性が高い。日我は先立って小泉久遠寺などへの持物の配分を決めており、その際、引き取り作業もなされたに違いない。ただ文中に日我が「共ニ七十九才御同年ニテ先立ケレハ一首遊ス」とされた七月十八日死去の檀那法永（実名不明）のことと、同二十三日死去の遠本寺日敬のことが記されている。日敬は、天文十四年（一五四五）の録内御書書写の「願主」であった。その死去は、当然「遠本寺衆」日恩に何らかの影響を与えたものと思われる。

六　太輔公日恩から久成坊日恩へ

さて、天正十六年（一五八八）十一月十一日付小泉久遠寺（日珍）宛日侃書状に「日侃控関東、日珍富士ニ張陣、日長・日恩之両大将、既被莅法戦場之固口候」（「妙本寺文書」一〇八）とみえる。これは、元亀三年（一五七二）以降の身延山久遠寺（山梨県南巨摩郡身延町）と妙本寺＝小泉久遠寺の寺号「久遠寺」論争にともなうものである。これによれば、住持（「上人」）日侃は「関東」＝妙本寺に控え、代官日珍は「富士」＝小泉久遠寺に張陣し、「両大将」日長・日恩は法戦場に莅み身延山久遠寺との法論に対峙するというのである。日長・日恩は、その最前線に張り付けられていたのであった。ともに日我の「学法」弟子としての面目躍如たる側面である。「両大将」たる所以であろう。

この点について、『富士宗学要集　第八巻』（聖教新聞社、一九九二年、四一〇頁）は「日珍久遠寺代官なるが故に富士の大将、久成坊日恩、薩摩阿闍梨日長三沢と小泉とにありて徧将であれば、軍陣は大盤石であると云ふ、併し日恩後年の背反は或は此時に胚胎したるに非ずや中々の悲愴事である」と解説を加えている。これは、当時日恩は三沢《みつざわ》に、日長は小泉にいたという理解であったと思われる。ただ日恩の「三沢」（富士市三ツ沢）とは長遠寺《じょうおんじ》を指しているかにみえるが、この点は検討の余地があろう。[14] また日長の「小泉」とは、小泉久遠寺の末寺円蔵寺を指すものと思われる。

次いで、同年と推定される十一月十六日付小泉久遠寺日珍宛日侃書状（「妙本寺文書」一二三）に「一、三大部之事、承候、此方（妙本寺）ニも無御座候、久成坊願主一筆之三大部、当寺（妙本寺）ニ寄進候、雖秘蔵候、上セ申候」、同年と推定される十一月二十八日付（妙本寺僧）中納言某宛小泉久遠寺日珍書状（「妙本寺文書」三四四）に「一、御衆中何も御同前之事ニ者御座候得共、久成坊之御事、秀衆僧被成、不惜身命之御心懸、誠々頼母敷存候」、「一、三大部之御料紙、被為越候、来春久成坊頼入書可申候」とみえる「久成坊」が日恩であることは、天正十九年五月晦日付「序品教蔵院日雅私抄」（『妙本寺典籍目録』No.五九・四六八）の書写主体として「久成坊日恩」がみえる通りである。

ここでの日恩の活動は、その「久成坊願主一筆之三大部」とか「三大部之御料紙、被為越候、来春久成坊頼入書可申候」とみえることに象徴されるように「三大部」（「開目抄」「撰時抄」「報恩抄」か）の書写との深い関わり合いであった。「久成坊願主一筆之三大部」が妙本寺に寄進されたり、別途「三大部」の執筆を「頼入」られたりしたのであった。これまでの妙本寺での録内御書書写は、複数の人物による書写であった。「願主一筆之三大部」は、それではなく一筆による書写であった[15]。「三大部」の書写には、膨大な文房四宝を要するので、願主には財力が要請された。日恩自身というよりも、日恩を支える遠本寺僧檀がそれに耐えうる財力を保持していたことになる。またその執筆には、それ以前来の妙本寺における録内御書書写作業が大きな知的財産となっていたと思われる。

ところで、日恩は、天正十二年十月二十八日から天正十六年十一月十一日の間に、公名太輔(阿闍梨)から坊名久成坊のみに名乗りを改めている。花押も、従来のA型から後に確認されるB型(三一二頁掲載図参照)へ改判されているので、ほぼ同時的な一体的行為であったと思われる。公名太輔は、先述の通り、遠本寺の開基とされる日賢との由緒を語るものであったし、坊名久成坊は、「久遠実成ノ釈迦牟尼如来」(「妙本寺文書」二四七)に因む坊名であった[16]。花押Aは、「於東関世出之出頭」(「妙本寺文書」一三七)といわれた「上人」日我の花押に擬するものであった。この変更・改判には、明確な政治的意思の表明が看取されよう[17]。それが小泉久遠寺在住中になされたのであった。その契機としては、結縁ある二人、遠本寺日敬の天正十四年七月二十三日の死去と、日我の同年十一月十一日の死去とが相俟った可能性もあるが、改判からもやはり師匠日我の死去とみてよいのではなかろうか。

以上、日恩が天正十二年十月〜天正十六年十一月の間に妙本寺から小泉久遠寺へ戻っていたこと、その間に名乗りの公名太輔から坊名久成坊への変更と改判という政治的意思の表明がなされたこと、その契機は天正十四年十一月十一日の日我死去が想定されること、この間の日恩の「学法」たる所以が身延山久遠寺との法論や「三大部」書写などで発揮されたこと、などをみた。

七　日恩の「むほん」

ところで、前節で見通した日恩の政治的意思の表明とは一体何であったのであろうか。師匠日我の死去を大きな契機とするならば、当然日我が作り上げてきた日侃を中心とした門流支配のあり方と緊密な関係にあったに違いない。その点との絡みで注目されるのは、妙本寺日侃の後住をめぐる事案との関係である。宿痾に悩む日侃は、日我死去直後から日我の「御掟」と称して学頭坊本永寺日成《にちじょう》を後住に据えようとしたのであるが、「一向無動転」き故に、文禄元年（一五九二）に本大坊を日向に派遣し「急速日成登山」を迫ったのであった。しかし、それでも事態は好転せず、代官日珍と日恩の日向下向が模索される程であった（「妙本寺文書」一一五）。日恩が実際に日向に下向したか否かは不明であるが、この人事案件は、文禄三年二月に妙本寺住持に日珍、小泉久遠寺代官に日成というかたちで落着したのである（「定善寺文書」三五）。それは、日向本永寺学頭坊日成が小泉久遠寺代官を兼帯するという異例なかたちでのものであった。

その際に日恩の力が如何程発揮しえたか否かは不明であるが、「久成坊も九州下向」計画が浮上すること自体、小泉久遠寺のみならず日向諸寺を含めた門流内部での政治的位置を示す証である。それは、先述の天正三年（一五七五）段階に小泉久遠寺に因む事柄について妙本寺使僧と小泉久遠寺代官日提が日恩に「異見」したものの、その納得が得られないという三者関係の在り方とも通ずるものである。その点は、さらに文禄二年閏九月二十一日付小泉久遠寺日珍宛日侃書状（「妙本寺文書」一一三）に「一、久成坊、愚ニ対しむほん（謀叛）をたくミ（巧）、当寺を引切被申候、不及言候」とある事態とも繋がるかにみえる。

この日侃の言辞が日侃後住をめぐる動きのなかでの所産と考えると、日恩の言動が日侃の目論見と必ずしも一致しなかったが故に、「むほん」という極めて激烈な表現がなされ、門流を「引切」ものと断罪されたものと思われる。日恩の言動は、日我の「御掟」と称して日侃の描く学頭坊本永寺日成を後住にという計画と対立するものであったのではなかろうか。とはいえ、日侃の学頭坊本永寺日成後住計画と、実際の妙本寺住持日珍・小泉久遠寺代官日成体制の成立との懸隔は、余りにも大きい。この間、門流内部で様々な議論がなされたに違いない。その懸隔と異例な形での落着は、それだけその間での路線闘争＝権力闘争が激しかった証拠である。その渦中に「むほん」人日恩がいたとすれば、或いは、日恩自身の妙本寺住持の目論見であった可能性も否定しきれないのである。

すなわち、前節で見通した日恩の政治的意思の表明が、以上の事態に繋がるものであったとすれば、明らかに日我の「御掟」、日侃に対抗する妙本寺住持（「上人」）を射程におくものであったとみなされる。ただそれは、権力闘争の果て実現をみなかったのである。

八　日恩の「重須住山」

新たな小泉久遠寺代官日成と妙本寺住持日珍体制の成立は、日恩をめぐる人的関係と門流内部における政治的位置に劇的な変化をもたらしたのであった。それは、史料的制約もあるが、文禄四年（一五九五）四月十二日付「当家見聞」（『妙本寺典籍目録』№一三五）という「於日我上人尊前、連々日恩聴聞申処之御法門之聞書也」を最後に日恩の聖教書写が確認されなくなること、と同時に「慶長年中ニ久成坊日恩重須住山之時分」「日恩三年住山之内」（「富士諸山邪正記録」）と記される事態[18]が招来されたこと、に象徴される。特に後者は、小泉久遠寺からの退去、妙本寺門流から離れたものと評価される。日恩は、明らかに日侃・日珍との権力闘争に敗れたのである。

それでは、その日恩が他門の北山本門寺に住山しえた理由はどこにあろうか。確かに妙本寺・小泉久遠寺と北山本門寺の室町期以来の「両山仏法一和」（「妙本寺文書」三七七）の関係は、小泉久遠寺代官日義の北山本門寺転住事件で一時的に危機に瀕したものの、日我と日出《にっしゅ》の努力で復活せしめられ、それを前提に、日我と日殿、日殿と日提・日長の通用がなされたのであった。しかし、日恩は当時妙本寺門流から離れており、その延長上の事態とはみなしえない。また当時の北山本門寺日健[19]は、前住日殿自死の契機となった西山本門寺と甲斐武田氏の寺宝略奪事件から寺院を再建するという大きな課題を課せられていた。その一環として、山城要法寺日恩を再三自己の後住に嘱するなど他門からの住持招聘の動きを連続させていたのであった[20]。ただこの久成坊日恩が、日義のように時の住持日健から住持として招聘されたのでないことだけは確実である。

それは、日恩が日健段階の北山本門寺の宗教的状況を「上人・衆徒モ代々無学、殊ニ当門流不案内」、「当代悪僧・無学之衆、種々吐悪言」、「本門寺乍号上人ト、如此仕合浅間敷次第也」、「彼寺代々前代未聞大謗罪之事、閉眼聞ハ之可洗耳者ナリ」などと述べるのみならず、「重須住山」中も「日健并ニ対シテ衆徒中ニ申」すことが度々にして、日健とも学頭日長とも法論を行い種々「権実雑乱」を糺すなど、とても住持として招聘される言動とはみなし難いのである。日健も、小泉「久遠寺ハ（北山）本門寺之可為末寺也」と述べて憚からなかった人物であった。

それでも、なお日恩が「重須住山」しえたとすれば、別な条件が存在したとみなければならない。その点、たとえば、日恩は、天正十年（一五八二）三月から同十一年三月の間に死去した「重須ノ学頭本蓮坊日因」のために、慶長九年（一六〇四）七月二十八日に「略演抄」上下（『妙本寺典籍目録』№七〇・七一）を書写している。その前提に「書写之旨趣者、多年雖為願望、彼此之思慮依繁多、徒送星霜耳、此由、日因告処、歓喜之眉目不斜、仍翌月逝去」なる関係が存在したのであった。日恩と北山本門寺学頭日因との緊密な関係が窺われる。こうした住持日健周辺の人物との緊密な関係も無視できない。日恩を受け入れる僧檀・人脈があったのである。それは、「三十余年」間、小泉久遠寺に在住した間に作り上げたものであったに違いない。それこそ、「重須住山」を可能にした基礎的条件ではなかろうか。

さらに客観的条件として、山城要法寺からの招聘計画のみならず、近場でも日義（日殿）がその後「本門寺御住之日、依権実雑乱候、被成離山候旨」（「妙本寺文書」四三二。本文書の宛所は日殿ならん）を示したり、また逆に小泉久遠寺住持に「重須本門寺之末寺之僧を請待」（「妙本寺文書」四一）する動きがあったりと、近在諸寺間で僧檀関係がかなり流動的であったことも事実である。一見閉鎖的にみえる自門と他門の対立構造の壁が、後世の歴史認識の一面的所産であったとすれば、この日恩の「重須住山」も、決して特別な事態ではなかったのである。

なお、その「重須住山」の「慶長年中」の時期であるが、慶長十二年三月二十二日付「富士諸山邪正記録」には「房州長狭奈良林村遠本寺住久成坊日恩」とみえるので、それ以前に遠本寺に戻っていたのである。ただ同記録で具体的な年号を示す記事は、「慶長六年頃、重須之僧俗老若疾病被侵多死畢、然処日健病床ニ伏給、衆徒集リ度々祈念ヲ申也」と、「伝聞慶長七年十月十三日談義云」のみである。また先述の通り、日恩が、天正十年三月から同十一年三月の間に死去した「重須ノ学頭本蓮坊日因」のために「略演抄」を書写したのは、慶長九年七月のことであった。これからして、特に「伝聞慶長七年」という表現に注目して、慶長七年以前の慶長年代の「三年住山」を想定したいと思う。

九　日恩と小泉「久遠寺ノ地中（寺）」

ところで、先述の通り、日恩は、慶長十二年（一六〇七）三月二十二日段階「房州長狭奈良林村遠本寺住」であった。当時七十四歳であった。北山本門寺から直接か否かは不明であるが、房総に戻っていたのである。その「富士諸山邪正記録」には、日恩が富士での活動を総括する文言―「於愚一代之内、富士上下以上五度也、三十余年堪忍之間、老僧衆任伝語、将又某所見之分、末代初心修行之為面々、注之畢」―がみられる。房総と富士を往復すること「五度」にして都合「三十余年」にわたって「堪忍」したというのである。これまでみてきた通り、三度の往復がほぼ史料的に確認出来、その他にも往復が十分想定されるので、都合「五度」というのは真実に近いのではなかろうか。

それにしても「三十余年」にわたる富士での「堪忍」は、日恩の存在とその負荷された歴史的課題が如何に大きかったかの反映である。或る意味では、妙本寺門流による小泉久遠寺支配の中核的存在であった結果である。その間、代官は日義・日提・日珍と交代したものの、その側にあって一貫して存在感を示し続けたのが、日恩であったのである。それは、日我によって「悪僧」日是《にちぜ》の小泉久遠寺に残した負の遺産との闘いの前衛として遣わされたことに原点があったに違いない。日我の「学法弟子」四人のうち三人までもが富士に遣わされた意味は、極めて大きい。

それでは、日恩が長期にわたって活動した拠点はどこであろうか。その点で注目したいのは、「富士諸山邪正記録」の元文二年（一七三七）丁巳十一月二日付識語に「日恩ヨリ遥後世、遠本寺日儀丁巳九月ヨリ久遠寺留主居相勤ル節、右之書、宝蔵ヨリ見出披見之処ニ、右之抄、虫喰文字朽失タル処多キ故、久遠寺ノ地中（寺）善隆坊日慶ト申僧ヲ頼ミ、右之抄、新敷写シ取、宝蔵ニ納置者也、右此善隆坊居住坊地、即昔日恩房州ヨリ富士へ往来之節、此房地ニ逗留有之者也」とみえる記載である。遠本寺日儀は、小泉久遠寺留主居[21]の際、宝蔵にあった「富士諸山邪正記録」の書写を善隆坊日慶に依頼したのであった。その「善隆坊居住坊地」が「昔日恩房州ヨリ富士へ往来之節」「逗留」した地であったというのである。後年の記述であるが、日恩と同様に遠本寺と小泉久遠寺に関わった有縁な人物の証言として注目されよう。

そして、小泉「久遠寺ノ地《(寺)》中善隆坊日慶」は、その識語の翌年の元文三年九月一日付日幽曼荼羅本尊（小泉妙円寺蔵）に「妙円寺暦《(歴)》住善隆坊日慶」とみえるので、「久遠寺ノ地《(寺)》中善隆坊日慶」＝「妙円寺暦《(歴)》住善隆坊日慶」といえよう。日慶は、当時妙円寺住持であったのである。その妙円寺が享保八年（一七二三）九月二十三日付日淳曼荼羅本尊（小泉妙円寺蔵）に「下之坊富士山妙円寺住僧本妙坊日参」とみえる「下之坊《しもんぼう》」と同一体とすれば、この「坊地」とは後年下之坊→妙円寺として顕在化する、それであったということになる。

すなわち、日恩は、小泉「久遠寺ノ地《(寺)》中」の「坊地」（「下之坊」→妙円寺）を「三十余年」にわたる「堪忍」の一大拠点としていたのであった。この結果、富士で活動した日我の「学法弟子」三人は、日提＝小泉久遠寺代官、日恩＝小泉「久遠寺ノ地《(寺)》中」の「坊地」（「下之坊」）、日長＝円蔵寺をそれぞれ拠点に活動したことになる。小泉久遠寺の「地《(寺)》中」とその末寺であった。当然ながら、そのネットワークのなかでの諸種活動であった。

十　日恩の遠本寺帰住

日恩が富士から房総に戻った前後には、すでに妙本寺住持に日珍が就任し、前住で同輩の日侃は慶長六年（一六〇一）六月六日に七十七歳で死去していたのであった（「定善寺文書」六四・「妙本寺文書」四二七）。日提は天正七年（一五七九）以前に、日長は文禄元年（一五九二）二月以前に、それぞれ死去し、日膳も文禄元年十一月十一日に「日我上人御臨終記」を書写したのを最後に、その名前がみえなくなる。時に六十五歳であった。弟子交名に記された日我の弟子たちはほぼこの前後に死去したとみられるので、日恩はその掉尾を飾ったのである。

それでは、その日恩が遠本寺に帰住したのは何時であろうか。遠本寺は、日敬の天正十四年七月二十三日の死去後、日位・日因（「重須ノ学頭本蓮坊日因」とは別人）が住持となっている（妙本寺蔵「遠本寺過去帳」）。その前後、日恩は、小泉久遠寺で活動していたのであった。

その後の日恩の行動を具体的に示すのは、先の①慶長十二年三月二十二日付「富士諸山邪正記録」の「房州長狭奈良林村遠本寺住久成坊日恩」と、②慶長十二年閏四月二十五日付「化儀秘決私」（『妙本寺典籍目録』No.一四九）、③年未詳十月日付妙本寺日東宛信心目安（「妙本寺文書」二〇一。花押B）である。②には七十四歳とみえる。花押はB型段階である。当時日恩が遠本寺にいたことは①の通りであり、日因の跡を継いでいたのであった。③は年未詳とはいえ、日東が和泉堺から妙本寺に上がったのは慶長十二年十月、住持となったのは元和二年（一六一六）十月二十六日（「妙本寺文書」一九八）、死去したのは寛永十年（一六三三）四月十四日とすれば、慶長十二年十月以降なことは確実である。現在確認される日恩関係の終見文書となる。七十四歳以降のものであろう。「霊山参詣之遺言ニテ候」「霊山参詣之可為目足候」という言葉も象徴的で、それから程なくして遠本寺で死去したのではなかろうか(22)。

そもそも、日恩が遠本寺に帰住しえたのは、如何なる歴史的条件によろうか。というのは、日侃から「むほん」人とみなされたこと、その後小泉久遠寺を離れて北山本門寺に「三年住山」した人物であったこと、などを考えると、先述のような有縁な関係からの無条件な帰住とは考え難い。その点、なによりも遠本寺檀那の強い支持が想定されなければならない。それ自体、日恩が有力檀那出身者であったことを逆に裏づけようか。日侃の死去は、一つの外的条件にすぎない。

十一　日恩の歴史的位置

さて、以上、みてきた日恩とは、一体如何なる歴史的性格を備えた人物であったか、その点を総括したい。日恩は遠本寺の開基とされる日賢の公名太輔の襲名、「遠本寺衆」、最年少の日我「学法弟子」「学法」として切紙の相承、録内御書・聖教・系図類の書写、身延山久遠寺との法論などに主体的に関わった学僧であった。と同時に里見氏との関係も想定される出自、年長の日膳を差し置いての阿闍梨号の使用、「加異見申候へ共、納得不被申候」状況の出来、公名太輔から坊名久成坊への変更と改判、日侃への「むほん」「当寺引切」とみなされる行為の出来、「重須(三年)住山」と遠本寺帰住・住持化という極めて政治的にも波乱に富んだ僧侶であった。

問題は、この両側面を如何に統一的・構造的に捉えるかである。その点、日恩の主要な活躍の場が「三十余年」にわたって「堪忍」した「富士」であったにせよ、やはり遠本寺に始まり遠本寺で終わった事実は、極めて重い。問題の核心は、遠本寺の妙本寺門流における歴史的位置にあったとすべきである。そこで、改めて遠本寺の歴史を日我「申状見聞私」(『富士宗学要集　第四巻』)・「当門徒前後案内置文」(「定善寺文書」三二)から検討したい。

そもそも、遠本寺の開基とされる日賢は妙本寺「開発ノ大旦那」佐々宇左衛門尉の弟で、日郷の後住日伝の補佐役＝「三人別当」の一人として活躍し、その後「学頭坊」として後の本乗寺以下七か寺を抱えたのであった。これは、妙本寺開山日郷・後住日伝に対する「学頭坊」日賢という位置づけであった。また日賢は、文和三年(一三五四)十一月八日に「願主藤原国安」とともに日郷曼荼羅本尊を板本尊(妙本寺蔵)として造立せしめる程の人物(俗体としての入道)であった(遠本寺墓地所在の室町期の題目宝塔も関連するか。『安房妙本寺日我一代記』に写真版を掲載)。この体制が後世佐々宇兄弟間での兄＝妙本寺開基・開山(「上人」)日郷と、弟＝遠本寺開山・開基・「学頭坊」日賢でもって、妙本寺門流の始まりと認識されたのであった。日永段階の学頭坊「再建」にともない遠本寺が初代の「学頭坊」とされた所以である(「妙本寺文書」三五三)。「学頭坊」は、「仏法之沙汰所」とともに妙本寺住持(「上人」)に「同輩」として代位しうる位置であったのである。

しかし、この体制は日伝の成長と相俟って両寺・両人間の対立(「不儀」「不和」)となって崩壊し、その結果、日伝は当初日賢の名前自体を換骨奪胎すべく自ら日賢を名乗り、遠本寺の妙本寺の非「同輩」化とその末寺七か寺の吸収・「学頭坊」廃止を行った。その結果の日伝への改名であった。ただ遠本寺は以後も妙顕寺・本顕寺・上行寺などのような妙本寺の直末寺院ではなく、独自に僧檀・寺領・文書を擁する寺院として存立したのであった。正月の年始出仕も、直末寺院の二日ではなく九日か十日であったし、お会式《えしき》(日蓮忌)も独自に実施しえたのであった(「妙本寺年中行事」「定善寺文書」二九)。独自な「遠本寺本録内御書」の「願主」としての編纂・保持も同様であった。門流内で分立競合する主体として一定の自立性を保持し続けていた証拠である。

こうした遠本寺の歴史を踏まえて、日我は「遠本寺衆」日恩を「学法弟子」に位置づけたのであった。それにも拘わらず伏在する対立と緊張が、日我の死去を契機に日恩をして名乗りの公名太輔から坊号久成坊への変更と改判にみられる政治的意思の表明をもたらし、その延長上に「加異見申候へ共、納得不被申候」「むほん」などを生んだのである。日賢の「不儀」「不和」と一脈通ずるものである。「むほん」を経て遠本寺に住持として帰住しえたのも同様である。日恩の位置は、「大謗法之悪人」「悪僧」として擯斥された日是とは、独自に僧檀を構える点で、決定的に異なっていたのである。(23) 日恩の行動は、個人的な次元ではなく、遠本寺と妙本寺との歴史的関係に規定されたものであったと評価すべきである。

おわりに

以上、安房妙本寺日我の「学法弟子」として活躍した日恩の軌跡を、関係史料の整理を通じて不十分ながら検討してきた。要約すれば、以下の通りである。第一に、日恩は「五度」の往復・「三十余年」にわたる「堪忍」を小泉「久遠寺ノ地《（寺）》中」＝「下之坊」で果たしたこと、第二に、その間小泉久遠寺代官は日義・日提・日珍と交代したが日恩は一貫して小泉久遠寺支配の中核的存在たり続けたこと、第三に、その活動の一端に「学法」たる学問的力量が存在したこと、第四に、その活動の原点に日我の「学法弟子」四人のうち三人までが、日恩を含めて日提＝小泉久遠寺代官、日長＝円蔵寺に配されたことからして、日我によって「悪僧」日是の小泉久遠寺に残した負の遺産との闘いの前衛として派遣されたことがあったこと、第五に、日我の死去を契機とする公名太輔から坊名久成坊への名乗りの変更と改判は、日恩の妙本寺住持（「上人」）を射程距離においた政治的意思の表明であったこと、第六に、その延長上に日侃後住をめぐる門流内部での対立のなかで、日侃から「むほん」人と呼ばれたり、小泉久遠寺を離れて北山本門寺に慶長年代に「三年住山」するなどの問題が発生したこと、第七に、ただ北山本門寺住山中も日健などと富士門流の化儀化法をめぐって法論するなど「学法」としての主体性を維持していたこと、第八に、その後出自たる遠本寺に帰住し多くの聖教・録内御書を残したこと、第九に、日恩のさまざまな行動の原点は出自遠本寺の開基とされる日賢以来の妙本寺との対立と緊張によって規定された歴史的刻印にあったこと、である。

とはいえ、史料的制約のみならず不十分な検討も多く、さらなる史料的裏づけと検討が必要なことはいうまでもない。今後とも全体的な見通しをもって検討を続けたい。

註

（1）小生の日蓮宗寺院の研究にはA『中世東国日蓮宗寺院の研究』（東京大学出版会、二〇〇三年）、B『安房妙本寺日我一代記』（思文閣出版、二〇〇七年）があるが、その後の研究には①「上総藻原郷・二宮庄・藻原寺の中世的展開―寺院・都市・城郭―」（『千葉城郭研究』九号、二〇〇八年）、②「安房妙本寺日我と日向法難―特に二通の日我書状から―」（『興風』二一、二〇〇九年）、③「安房妙本寺学頭坊歴代考―日朝から日成まで―」（『興風』二二、二〇一〇年）、④「安房妙本寺と和泉堺本伝寺―新出史料の検討―」（『日蓮仏教研究』四、二〇一〇年）、⑤「安房妙本寺門流の展開と日向―特に細島妙谷寺・本要寺をめぐって―」（『興風』二三、二〇一一年）、⑥「安房妙本寺日要・日我とその周辺―日向長友氏をめぐって―」（『興風』二四、二〇一二年）、⑦「安房妙本寺日安の歴史的位置―安房・鎌倉・駿河・尼崎・日向をめぐって―」（『日蓮仏教研究』五、二〇一三年）、⑧「安房妙本寺門流の展開と駿河小泉久遠寺―特に代官日義・日提・日珍段階を中心に―」（『興風』二五、二〇一三年）、⑨「安房妙本寺門流にみる上人権の実態―特に曼荼羅本尊・上人号・日文字などをめぐって―」（『興風』二六、二〇一四年）、⑩「安房妙本寺関係史料からみる自然災害史序説―房総・駿河・日向を中心に―」（『千葉大学人文研究』四三、二〇一四年）、⑪「安房妙本寺門流にみる正統と異端―特に『悪僧』日是を通じて―」（『千葉大学人文研究』四四、二〇一五年）、⑫「戦国期日蓮宗寺院における贈与の一様態―安房妙本寺日侃注文の分析―」（『金沢文庫研究』三三五、二〇一五年）、⑬「駿河北山本門寺の近世的展開とその特徴―日興墳墓と檀那井出氏に注目して―」（『興風』二七、二〇一五年）、⑭「駿河興津氏と大石寺東坊地相論に関する一考察―安房妙本寺研究の視点から―」（『興風』二八、二〇一六年）などがある。

（2）拙稿「日我周辺の人々の軌跡—日侃・日膳・日恩をめぐって—」（註（1）A書）、「妙本寺本『源家系図』と里見義堯」（『中世東国政治史論』塙書房、二〇〇六年。初出二〇〇六年）。

（3）この点は、坂井法曄「日興門流の形成と展開」（小松邦彰・花野充道編『シリーズ日蓮 第三巻 日蓮教団の成立と展開』春秋社、二〇一五年）を参照。大石寺日因「袈裟数珠の事」（堀日亨編『富士宗学要集 第一巻』聖教新聞社、一九九三年、三七七～三七八頁も参照。以下、『富士宗学要集』は堀日亨編を略す）。

（4）本史料は、『富士宗学要集 第九巻』（創価学会、一九九一年）五六頁に一部掲載されるだけである。堀日亨『富士日興上人詳伝』（創価学会、一九六三年）は「各方面にわたり思い切った僻説」「誑惑言語に絶する」諸点を指摘する（八六五～八六六頁）。なお、日恩関係の本史料のみならず後述の「平家（源家）系図」などが本寺妙本寺に伝来するのは、元来、末寺遠本寺のものが後年本寺に収まったからである（ただその一部は散佚し「武蔵匡真寺文書」としてみえる）。それは、本乗寺に伝来された日膳関係のもの（後述の「本乗寺本録内御書」や日我上代引付など）が妙本寺に伝来するのと同様である。現在の妙本寺文書・聖教類は、基本的に本寺妙本寺自体に伝来したもの（近世末の本東寺日元と定善寺日涌の書写寄進分を含む）、末寺遠本寺と本乗寺に伝来したもの、から構成される。

（5）日詔は、永禄六年の際も「右筆」を勤め、妙本寺の録内御書書写史上大きな足跡を残した人物である。「要実日詔阿」ともみえるので、要賢房日我と同様、日要の一字を新発名として貰った世代であった。学頭坊日杲に託され日向から日我に随伴してきたのではなかろうか（「妙本寺文書」三六二）。永禄四年正月付日我久遠寺・妙本寺惣血脈筋案（「妙本寺文書」一四七）にも「日詔 本行坊 九州衆」とみえる。弟子交名に「於妙本寺死去」、「当門徒前後案内置文」に「日我九州ヨリ帰国ノ後、本行坊死去」とみえるので、永禄七年以降に死去したとみられる。

（6）拙稿「正蓮百ケ日忌日我談」（『千葉県史研究』一四、二〇〇六年）。

（7）桜井英治『室町人の精神』（講談社、二〇〇九年。初版二〇〇一年）三三七頁。

（8） ただ現実には日我延命ゆえに両人主催の法要はなかったと思われる。またこの一連の法要予定に日侃の名前がみえないのは、「上人」日侃は妙本寺で公的な法要を主催する立場にあったからと思われる。「隠居」日我の行為は、私的なそれであった。

（9） なお、妙本寺では、日我の西国下向中の永禄六年三月から四月にかけて「願主」本乗寺日膳と「右筆日向国日詔阿」による録内御書書写が行われているが（『妙本寺典籍目録』No.三五七〜三六一）、そこに日恩はみえない。小泉久遠寺在住ゆえであろうか。

（10） 天正四年八月一日付の「学法弟子日膳」宛日我上代引付が確認されるものの（「妙本寺文書」五一〇。鈴木博『妙本寺蔵永禄二年いろは字 影印・解説・索引』清文堂出版、一九七四年、はその古態を示す写真版を掲載）、日恩宛のものは未確認である。或いは、小泉久遠寺在住で妙本寺に不在であったためか。日我上代引付はその他伊豆実成寺《じつじょうじ》・日向中原家（『宮崎県史 史料編 中世1』）にも伝存し、その内容的検討は池田令道「三位阿闍梨日順師の考察（六十）」（『聖道寺寺報 聖道』二二四、二〇一五年）によってなされている。なお、天正八年十一月日付蓮照坊日山宛日我書状（「椙山林継家文書」戦房一七七三）にみえる「かけ字一ツ」（掛け字＝掛け軸）は「一信二行三学ノ文言、書のせ候」とあるので、上代引付に関わるものではないかという（池田令道師の教示）。

（11） なお、寺号円蔵寺自体の初見は、より後年の明和四年正月付談義秘書聖人御難演（『妙本寺典籍目録』No.七八）の「富士山久遠寺末駿州駿東郡上長窪長久山円蔵寺出水阿日量」という記載である。

（12） 写本には〈何ト云本歟不知〉とみえる。下条妙蓮寺歴代住持に「永禄2・11・5」死去の「日顕」と「天正9・6・10」死去の「日堯」がいる（『日蓮正宗 富士年表』富士学林、一九九〇年）。それによれば、「清水」某は「日堯」ということになる。日顕には、弘治二年十月日付佐野高三郎宛曼荼羅本尊が確認されるという（菅野憲道「戦国期における富士門徒の動向 妙蓮寺の開創年代について（四）」『源立寺寺報 恵日』一〇〇、二〇〇三年）。

(13)『千葉県の歴史　資料編　中世5(県外文書2・記録典籍)』(二〇〇五年)八一七号。

(14)当時日恩が三沢にいたという理解は三沢(富士市三ツ沢)の長遠寺を念頭においてのことと思われるが、その背景となったのは寛永十八年九月十二日付日前板曼荼羅本尊(長遠寺蔵)の「三沢村　日照山長遠寺開基本住坊日恩授与之」、「作者三代目長遠坊日休判　長遠寺二代目施主境円坊日玖判」とみえる本住坊日恩ではないかと思われる。この本住坊日恩は、年月日未詳(寛永七年～寛永十年四月)某書状(「妙本寺文書」二〇〇)に「本住坊をは此方ニ留申候、何様拙子本住坊ヲ同道申候」、「此方ニも一切物書無之候而迷惑申候、平三・四郎兵へ者、本住坊ニ為書申候」とみえる本住坊と同人で、日珍と日東の対立の際に日珍側にあった人物であった。この三沢は、日我の小泉久遠寺再建前後、法(宝)泉坊日鎮と弁公日踞が在寺したところである(「妙本寺文書」一〇・一一・一八七)。当時末寺本隆寺が存在していたのであった(「五時聞書」『妙本寺典籍目録』No.四〇二)。その後、本隆寺は没落し、寛永年代に現在に繋がる長遠寺が本住坊日恩を開基として創建されたのであった。その意味で、本住坊日恩と太輔公日恩＝久成坊日恩は、別人である。

(15)例えば、冠賢一『近世日蓮宗出版史研究』(平楽寺書店、一九八三年)、『図録　日蓮聖人の世界』(日蓮聖人の世界実行委員会、二〇〇一年)を参照。

(16)なお、妙本寺門流では、或る段階から住持(「上人」)＝成就坊、学頭坊＝一乗坊、小泉久遠寺代官＝蓮台坊、日我一族(長友氏)＝惣光坊という由緒・来歴を有する坊号がみえるが(拙稿⑨「安房妙本寺門流にみる上人権の実態」)、久成坊とは次元を異にする坊号かにみえる。久成坊は、遠本寺系のそれの可能性もあろうか。

(17)佐藤進一『[増補]花押を読む』(平凡社、二〇〇〇年)。

(18)堀師は、日恩の「重須住山之時分」を「其比日恩富山ニ徘徊」(『妙本寺典籍目録』No.七一)と評する。

(19)日健の史料的初見は、天正十一年四月二日付示書(中尾堯・寺尾英智編『図説　日蓮聖人と法華の至宝　第一巻　曼荼羅本尊』同朋舎メディアプラン、二〇一二年、六六頁)である。なお、天正九年十月二十三日付日殿曼荼羅本尊(北山本門寺蔵)にみえる「此本尊大坊常住物也　日健(花押)」は同時代のものではない。日健は寛永二年五月十六日に死去し、後に北山本門寺「中興開基」(北山本門寺「歴代上人廟」)と位置づけられている。この点は、拙稿⑬「駿河北山本門寺の近世的展開とその特徴」を参照。

(20)　坂井註(3)「日興門流の形成と展開」を参照。

(21)　この遠本寺日儀は「久遠寺留主居」の際の延享二年閏十二月当時「駿州久遠寺大乗坊住浄蓮坊日儀」(『妙本寺典籍目録』№一六三)とみえるので、小泉久遠寺の有力支坊大乗坊(曾存)に在住していたことが知られる。

(22)　その点、「遠本寺(花押)」らが日珍の後住に推挙した日前が寛永八年八月に住持となっていること(『妙本寺文書』三四三)、その「遠本寺(花押)」の花押型が日恩のものとは異なること、それは正保五年二月二十二日付日前等連署条書(『妙本寺文書』一二六)にみえる「遠本寺日法」のものと思われることから、日恩は慶長十二年十月から寛永八年八月の間に死去したとみられる。「遠本寺過去帳」には歴代の死去年月日の記載はないが、日法は日恩の後住とみえ、また先述の日儀もみえる。

(23)　妙本寺門流において負の遺産を背負った人々には、この遠本寺関係の日賢・日恩以外にも、佐々宇美濃公や日是など多様である。この点は、拙稿⑪「安房妙本寺門流にみる正統と異端」でも言及した。

【付記】　本稿執筆に際し、妙本寺鎌倉日誠師、興風談所池田令道・山上弘道・坂井法曄諸師から種々貴重な教示をえた。また文献閲覧に際しては、興風談所・横浜市立大学図書館の便宜をえた。併せ記し拝謝す。

久保 賢司（くぼ　けんじ）　1962年生　株式会社 五月製作所
「享徳の乱における足利成氏の誤算―貴種の格付け、正官と権官、主君と家臣の関係についても―」（佐藤博信編『中世東国の政治構造』岩田書院、2007年）
「鎌倉公方家の重代の家宝に関する一試論―成氏の登場と伝来家宝および喜連川足利家宝物小考―」（荒川善夫・佐藤博信・松本一夫編『中世下野の権力と社会』岩田書院、2009年）
「「戦国」期 上剋下論―対面時武器携行状況と中世人の心性の視点から―」（佐藤博信編『関東足利氏と東国社会』岩田書院、2012年）

田中 宏志（たなか　ひろし）　1971年生　曹洞宗文化財調査委員会
「古河公方と曹洞宗」（『曹洞宗総合研究センター学術大会紀要』12号、2011年）
「足利藤政再考」（佐藤博信編『関東足利氏と東国社会』岩田書院、2012年）
「足利政氏の下総篠塚退陣に関する一史料」（『戦国史研究』67号、2014年）

滝川 恒昭（たきがわ　つねあき）　1956年生　千葉県立船橋二和高等学校
『戦国遺文 房総編』 1 ～ 4・補遺（共編、東京堂出版、2010～16年）
『房総里見氏』（編、戎光祥出版、2015年）
「戦国前期の房総里見氏に関する考察」（『鎌倉』119号、2015年）

石渡 洋平（いしわた　ようへい）　1986年生　千葉県文書館県史・古文書課嘱託
「戦国期下総一宮香取社をめぐる地域権力―下総千葉氏を中心に―」（佐藤博信編『中世房総と東国社会』岩田書院、2012年）
「戦国期下総国香取社大禰宜職の継承と動向」（『戦国史研究』68号、2014年）
「戦国期上総国における国衆の成立と展開―山室氏を中心に―」（『駒沢史学』86号、2016年）

鈴木 哲雄（すずき　てつお）　1956年生　北海道教育大学教育学部
『香取文書と中世の東国』（同成社、2009年）
『平将門と東国武士団』（吉川弘文館、2012年）
「中世前期の村と百姓」（『岩波講座 日本歴史６　中世１』岩波書店、2013年）

佐藤 博信（さとう　ひろのぶ）　1946年生　千葉大学名誉教授
『古河公方足利氏の研究』（校倉書房、1989年）
『中世東国日蓮宗寺院の研究』（東京大学出版会、2003年）
『中世東国の権力と構造』（校倉書房、2013年）

【執筆者紹介】 掲載順

盛本 昌広（もりもと　まさひろ） 1958年生
『草と木が語る日本の中世』（岩波書店、2012年）
『本能寺の変 史実の再検証』（東京堂出版、2016年）
『増補新版 戦国合戦の舞台裏』（洋泉社新書、2016年）

植野 英夫（うえの　ひでお） 1962年生　千葉県教育庁教育振興部文化財課
「房総半島中央部に伝わる浄土真宗史料」（『親鸞の水脈』 7号、2010年）
「初期真宗門徒における師と弟子―門徒形成の契機として―」
（今井雅晴先生古稀記念論文集『中世文化と浄土真宗』思文閣出版、2012年）
「中世後期、上総国の権現二社に奉納された鰐口をめぐって―新出資料の鰐口の紹介をかねて―」（『袖ケ浦市史研究』17号、2015年）

外山 信司（とやま　しんじ） 1958年生　印西市立木刈中学校
「下総矢作城（大崎城）と大蟲和尚―禅僧の著作にみる戦国期の城郭―」
（千葉城郭研究会編『城郭と中世の東国』高志書院、2005年）
「戦国期千葉氏の元服」（佐藤博信編『中世東国の政治構造』岩田書院、2007年）
「「龍大夫文書」にみる戦国期佐倉の伊勢信仰」
（佐藤博信編『中世房総と東国社会』岩田書院、2012年）

植田 真平（うえだ　しんぺい） 1985年生　宮内庁書陵部
『足利持氏』（編著、戎光祥出版、2016年）
「南北朝・室町期東国史研究の現在」
（川岡勉編『中世の西国と東国』戎光祥出版、2014年）
「公方足利氏満・満兼期鎌倉府の支配体制―「鎌倉府体制」再考にむけて―」
（『歴史学研究』917号、2014年）

小池 勝也（こいけ　かつや） 1987年生　東京大学大学院人文社会系研究科在籍
「『吾妻鏡』以後の鎌倉勝長寿院と東国武家政権」（『千葉史学』65号、2014年）
「室町期鶴岡八幡宮寺における別当と供僧」（『史学雑誌』124編10号、2015年）
「南北朝末期の醍醐寺三宝院院主と理性院院主」（『日本歴史』813号、2016年）

湯浅 治久（ゆあさ　はるひさ） 1960年生　専修大学文学部
『中世後期の地域と在地領主』（吉川弘文館、2002年）
『中世東国の地域社会史』（岩田書院、2005年）
「惣村と土豪」（『岩波講座 日本歴史９ 中世４』岩波書店、2015年）

谷口 雄太（たにぐち　ゆうた） 1984年生
日本学術振興会特別研究員（国際日本文化研究センター）
「武蔵吉良氏の歴史的位置―古河公方足利氏、後北条氏との関係を中心に―」
（『千葉史学』57号、2010年）
「足利氏御一家考」（佐藤博信編『関東足利氏と東国社会』岩田書院、2012年）
「足利一門再考―「足利的秩序」とその崩壊―」（『史学雑誌』122編12号、2013年）

中世東国の社会と文化　中世東国論 7

2016年(平成28年)12月　第 1 刷　350部発行　　定価[本体7400円＋税]

編　者　佐藤 博信

発行所　有限会社岩田書院　代表：岩田　博　http://www.iwata-shoin.co.jp

〒157-0062 東京都世田谷区南烏山4-25-6-103　電話03-3326-3757 FAX03-3326-6788

組版・印刷・製本：亜細亜印刷

ISBN978-4-86602-981-8 C3321　￥7400E

中世東国論

①	佐藤　博信	中世東国の政治構造	6900円	2007.06
②	佐藤　博信	中世東国の社会構造	6900円	2007.06
③	荒川・佐藤・松本	中世下野の権力と社会	9500円	2009.05
④	佐藤　博信	中世房総と東国社会	7900円	2012.03
⑤	佐藤　博信	関東足利氏と東国社会	7900円	2012.03

中世史研究叢書

①	松本　一夫	東国守護の歴史的特質	9900円	2001.11
②	柴辻　俊六	戦国期武田氏領の展開	8900円	2001.12
③	桑田　和明	中世筑前国宗像氏と宗像社	11800円	2003.05
④	佐藤　厚子	中世の国家儀式	5900円	2003.10
⑤	湯浅　治久	中世東国の地域社会史	9500円	2005.06
⑥	久保田順一	室町戦国期上野の地域社会	9500円	2006.02
⑦	佐藤　博信	中世東国足利・北条氏の研究	6900円	2006.05
⑧	垣内　和孝	室町期南奥の政治秩序と抗争	6900円	2006.09
⑨	萩原　龍夫	中世東国武士団と宗教文化	9500円	2007.01
⑩	伊藤　裕偉	中世伊勢湾岸の湊津と地域構造	6900円	2007.05
⑪	田沼　　睦	中世後期社会と公田体制	9500円	2007.05
⑫	服部　治則	武田氏家臣団の系譜	7900円	2007.10
⑬	小山田義夫	一国平均役と中世社会	7900円	2008.04
⑭	有光　友學	戦国史料の世界	7900円	2008.12
⑮	黒田　基樹	戦国期領域権力と地域社会	7900円	2009.01
⑯	井上　寛司	日本中世国家と諸国一宮制	9500円	2009.02
⑰	峰岸　純夫	中世荘園公領制と流通	5200円	2009.03
⑱	久保田順一	中世前期上野の地域社会	9500円	2009.11
⑲	渡邊　大門	戦国期浦上氏・宇喜多氏と地域権力	8400円	2011.09
⑳	久水　俊和	室町期の朝廷公事と公武関係	8400円	2011.10
㉑	上村喜久子	尾張の荘園・国衙領と熱田社	9500円	2012.03
㉒	小林　正信	正親町帝時代史論	14800円	2012.05
㉓	荒川　善夫	戦国期東国の権力と社会	7900円	2012.11
㉔	黒田　基樹	戦国期山内上杉氏の研究	7900円	2013.02
㉕	柴辻　俊六	戦国期武田氏領の地域形成	8900円	2013.05
㉖	山下　孝司	戦国期の城と地域	8900円	2014.06
㉗	木下　昌規	戦国期足利将軍家の権力構造	8900円	2014.10
㉘	長谷川裕子	戦国期の地域権力と惣国一揆	7900円	2016.01
㉙	糸賀　茂男	常陸中世武士団の史的考察	7400円	2016.05
㉚	高岡　　徹	戦国期越中の攻防	8000円	2016.08

戦国史研究叢書　②後北条領国の地域的展開（品切）

①	黒田　基樹	戦国大名北条氏の領国支配	5900円	1995.08
③	荒川　善夫	戦国期北関東の地域権力	7600円	1997.04
④	山口　　博	戦国大名北条氏文書の研究	6900円	2007.10
⑤	大久保俊昭	戦国期今川氏の領域と支配	6900円	2008.06
⑥	栗原　　修	戦国期上杉･武田氏の上野支配	8400円	2010.05
⑦	渡辺　大門	戦国期赤松氏の研究	7900円	2010.05
⑧	新井　浩文	関東の戦国期領主と流通	9500円	2012.01
⑨	木村　康裕	戦国期越後上杉氏の研究	7900円	2012.04
⑩	加増　啓二	戦国期東武蔵の戦乱と信仰	8200円	2013.08
⑪	井上　恵一	後北条氏の武蔵支配と地域領主	9900円	2014.10
⑫	柴　　裕之	戦国織豊期大名徳川氏の領国支配	9400円	2014.11
⑬	小林　健彦	越後上杉氏と京都雑掌	8800円	2015.05
⑭	鈴木　将典	戦国大名武田氏の領国支配	8000円	2015.11
⑮	小川　　雄	徳川権力と海上軍事	8000円	2016.09

論集 戦国大名と国衆

①	黒田　基樹	武蔵大石氏	2800円	2010.05
②	黒田・浅倉	北条氏邦と武蔵藤田氏	2500円	2010.07
③	浅倉　直美	北条氏邦と猪俣邦憲	3000円	2010.09
④	黒田　基樹	武蔵三田氏	2500円	2011.01
⑤	丸島　和洋	甲斐小山田氏	3200円	2011.07
⑥	柴　　裕之	尾張織田氏	3500円	2011.11
⑦	黒田　基樹	武蔵成田氏	3800円	2012.01
⑧	鈴木　将典	遠江天野氏・奥山氏	4000円	2012.03
⑨	浅倉　直美	玉縄北条氏	4800円	2012.06
⑩	天野　忠幸	阿波三好氏	4800円	2012.10
⑪	大西　泰正	備前宇喜多氏	4800円	2012.12
⑫	黒田　基樹	岩付太田氏	4000円	2013.04
⑬	丸島　和洋	信濃真田氏	4800円	2014.03
⑭	丸島　和洋	真田氏一門と家臣	4800円	2014.04
⑮	黒田　基樹	武蔵上田氏	4600円	2014.11
⑯	木下　　聡	美濃斎藤氏	3000円	2014.12
⑰	村井　良介	安芸毛利氏	5500円	2015.05
⑱	山内　治朋	伊予河野氏	4800円	2015.09
⑲	黒田　基樹	北条氏房	4600円	2015.11
⑳	柴　　裕之	織田氏一門	8000円	2016.11